RALF GIESEN

Beziehungsprobleme gibt es nicht

GOLDMANN
Lesen erleben

Buch

Viele Menschen glauben, sie hätten ein Beziehungsproblem. Oft leiden sie unter enormem Stress deswegen. Doch alles, woraus ein Beziehungsproblem bestehen kann, basiert auf unseren Überzeugungen und Glaubenssätzen. Deshalb ist es selten aussichtsreich, vom Partner oder der Partnerin die erlösende Änderung zu erwarten. Viel mehr kommt in Bewegung, wenn wir unsere eigenen Gedanken und Urteile hinterfragen. Byron Katies THE WORK bietet hierfür das ideale Werkzeug. Ralf Giesen zeigt, wie Sie Ihrem »Beziehungsproblem« mit THE WORK zu Leibe rücken und neue Türen im eigenen Verstand, neue Tore im Herzen öffnen.

Autor

Ralf Giesen, Jahrgang 1965, ist Lehrer, Certified Facilitator (ITW), Lehrcoach (vtw), NLP-Lehrtrainer, sowie Gründer und Leiter des Instituts für angewandte Positive Psychologie (ifapp) mit Sitz in Berlin und auf Mallorca. Seit 1997 arbeitet er als Trainer und Coach. 2003 lernte er Byron Katies THE WORK kennen und unterstützte sie 2007 in Kalifornien bei der Gründung des Institute for THE WORK (ITW). Er ist Vorstandsvorsitzender des Verbands für THE WORK of Byron Katie (vtw) und lebt auf Mallorca.

Ralf Giesen

Beziehungsprobleme gibt es nicht

Mit THE WORK zur glücklichen Partnerschaft

Nachwort von Byron Katie

GOLDMANN

MIX
Papier aus verantwortungsvollen Quellen
FSC
www.fsc.org
FSC® C014496

Verlagsgruppe Random House FSC® N001967
Das für dieses Buch verwendete FSC®-zertifizierte Papier
Pamo House liefert Arctic Paper Mochenwangen GmbH.

1. Auflage

Originalausgabe März 2015

Umschlaggestaltung: UNO Werbeagentur, München
Lektorat: Judith Mark, Freiburg
cc · Herstellung: cb
Satz: Fotosatz Amann, Memmingen
Druck: GGP Media GmbH, Pößneck
Printed in Germany
ISBN 978-3-442-22084-7

www.goldmann-verlag.de

Für Herbert, Hannelore und Chris

Inhalt

Einführung

Einen mehrmonatigen Vorlauf und eine gute Planung hatte es gebraucht, um eine vorübergehende Auszeit von meiner Tätigkeit als Seminarleiter zu organisieren. Als Aufenthaltsort wählte ich Barcelona. Dass viele der Einwohner es vorziehen, den heißesten Monat des Jahres an einem der nahen Strände zu verbringen, und dass die Touristen um diese Jahreszeit gar nicht erst kommen, machte es leichter, ein schönes Apartment für den August 2005 zu finden: der perfekte Rückzugsort mit herrlicher Dachterrasse und Blick über die Stadt. Bestens geeignet, um einerseits in Ruhe schreiben zu können und andererseits die Gelegenheit zu haben, mich zwischendurch ins städtische Getümmel zu stürzen, von dem es auch im August noch immer genug gab.

Mein Ziel für diesen Aufenthalt: die Erkenntnisse, die ich in meinen vielen Fortbildungen und Seminaren und vor allem bei der Arbeit mit den Teilnehmerinnen und Teilnehmern zum Thema Beziehungen gewonnen hatte, in einem Buch festzuhalten. Dieser Schatz an Erfahrungen erschien mir so reichhaltig, dass ich es kaum abwarten konnte, ihn mit anderen zu teilen.

Das Projekt startete großartig. Die Struktur des Buches hatte ich im Kopf. Das Schreiben entlang dieses roten Fadens brachte Spaß, und ich machte täglich gute Fortschritte. Was dazwischenkam, war Chris. Ihn kennenzulernen war mir als Single allein in Barcelona zunächst eine willkommene Abwechslung. Doch je öfter wir uns sahen, desto mehr geriet das Buch in den Hintergrund.

Rückblickend betrachtet löst die Erinnerung an diesen Monat in Barcelona großes Schmunzeln und vor allem Dankbarkeit in mir aus. Im Nachhinein verstehe ich, dass ich zuerst mit dem Menschen zusammenkommen sollte, mit dem ich all die guten Ideen ausprobieren und in die Tat umsetzen konnte, bevor ich meine Erkenntnisse und Erfahrungen in einem Buch veröffentlichen würde.

Doch drehen wir die Uhr zunächst noch ein paar Jahre weiter zurück. Vor allem in meinen Zwanzigern war ich in Beziehungen nie wirklich zur Ruhe gekommen. An Intensität gab es keinen Mangel. Von himmelhochjauchzend bis zu Tode betrübt war alles dabei, manchmal im Laufe eines Monats oder einer Woche, und wenn es richtig schlimm kam, dann erlebte ich alle vier Jahreszeiten auch schon mal an ein und demselben Tag. Ich begann in dieser Zeit, viel über Beziehungen und Kommunikation zu lesen und Seminare zu besuchen – hauptsächlich mit dem Ziel, endlich eine glückliche Beziehung führen zu können. Häufig wechselte ich die Strategie, und wenn das nicht half, die Partner. Und ich kann mich gut erinnern, dass ich das Vorhaben »glückliche Beziehung« für mich schon ad acta legen wollte.

Im Rückblick kann ich sehen, wie sich das ab dem Moment änderte, in dem zum ersten Mal The Work of Byron Katie in meinem Leben auftauchte. Unmittelbar nachdem ich The Work zum ersten Mal angewendet hatte, beobachtete ich an mir überraschende und inspirierende Veränderungen. Deshalb begann ich bald damit, so viel Erfahrung wie möglich mit der Anwendung dieser zunächst seltsam anmutenden vier Fragen und den Umkehrungen zu sammeln.

Nicht von heute auf morgen, aber stetig und nachhaltig änderte sich dadurch meine Perspektive auf das Thema Partnerschaft, und diese neue Sichtweise gewann zunehmend mehr Raum in meinem Leben.

Im Sommer 2004 hatte ich endlich die Gelegenheit, Byron Katie persönlich kennenzulernen. Für ihre Europatour buchte ich zwei Seminare. Am Ende war ich so beeindruckt, dass ich einfach nur das Bedürfnis hatte, The Work mit all den Menschen zu teilen, die ich aus meinen Seminaren im Berliner Raum kannte. So lud ich Byron Katie am Abend des letzten Seminartages für den darauffolgenden Sommer nach Berlin ein und freute mich sehr über ihre spontane Zusage.

In den Monaten, die folgten, wendete ich The Work fast täglich an. Als Single hatte ich genügend Zeit, aus früheren Situationen zu lernen, was mir zuvor verborgen geblieben war. Überall da, wo ich meinen Ex-Partnern noch nicht vergeben hatte, und überall da, wo ich mir selbst noch nicht vergeben hatte, gab es etwas zu tun. Und das war eine ganze

Menge. Womöglich machte mich die Verarbeitung all dessen offen für eine neue Partnerschaft, denn genau dieser ersten Phase der intensiven Anwendung von The Work folgte der eingangs erwähnte Monat in Barcelona. Chris und ich lernten uns kennen. Wir verliebten uns, genossen unsere Zeit, und mit Schmetterlingen im Bauch gab es nicht so viel Grund zu worken. Als es dann allerdings nach ein paar Monaten »ernster« wurde, wurde The Work auch in unserer Beziehung wieder mein – und später auch Chris' – ständiger Begleiter. Und seit dieser Zeit vergeht kaum ein Tag, an dem ich Byron Katie nicht dankbar bin für The Work. In dem Prozess des Untersuchens der eigenen Gedanken durfte ich – und darf ich immer noch – unendlich viel über mich, über meinen Partner und über andere Menschen lernen und erkennen.

Das soll nicht etwa heißen, dass zwischen Chris und mir heute immer eitel Sonnenschein herrscht. Darum geht es mir auch gar nicht. Dank der intensiven Auseinandersetzung und der regelmäßigen Anwendung von The Work habe ich für mich die Zutaten für eine glückliche Beziehung gefunden. Im Gegensatz zu früher weiß ich heute, wie ich aus einem schlechten Zustand wieder zu einem guten finde, und genau dieses Rezept möchte ich mit Ihnen, liebe Leserin, lieber Leser, teilen.

Aus diesem Grund habe ich mir nun, einige Jahre später, erneut den entsprechenden Freiraum organisiert, den es für mich zum Schreiben eines Buches braucht. Wenn Sie das Ergebnis jetzt in gedruckter Form in Händen halten, ist das ein Zeichen dafür, dass dieses Mal nichts und niemand dazwischengekommen ist.

Ich möchte Sie einladen auf eine Reise, bei der Sie Drama, Abhängigkeiten und Unzufriedenheit Schritt für Schritt hinter sich lassen und sich für eine neue Erfahrung von Verbindung, Intimität und Zweisamkeit öffnen können. Wenn Sie sich auf diesen Weg machen möchten, setzt das jedoch auch voraus, dass Sie Zeit investieren, dass Sie sich auf einen intensiven Prozess einlassen und dass Sie das Interesse haben, sich selbst ehrlich zu begegnen. Wenn Sie die Offenheit mitbringen, auf die Antworten zu hören, die in Ihnen auftauchen, wird das vermutlich ein sehr spannendes Abenteuer werden. Das Lesen dieses Buches entspricht dann in gewisser Weise dem Studium der Wanderkarte – die eigentliche Wanderung unternehmen Sie dann selbst.

Doch bevor es losgeht, erlauben Sie mir an dieser Stelle noch einen Hinweis: Unterwegs werden Ihnen womöglich auch Frustration, Angst vor dem Scheitern oder das Gefühl von Sinn- und Ausweglosigkeit begegnen. Es lohnt sich jedoch dranzubleiben. Vielen Menschen, mit denen ich gearbeitet habe, ging es ebenso, und auch aus meiner eigenen Erfahrung kann ich das bestätigen.

Im ersten Kapitel werden Sie erfahren, warum uns die üblichen Herangehensweisen bei Schwierigkeiten und Problemen in der Partnerschaft nicht unbedingt weiterbringen. Überlegen Sie sich zum Beispiel einmal, welcher der folgenden drei Aussagen Sie intuitiv am ehesten zustimmen würden, wenn es in Ihrer Beziehung gerade nicht glattläuft:

- »Wir haben ein Problem.«
- »In unserer Beziehung gibt es ein Problem.«
- »Ich habe ein Problem.«

Wenn Sie sich für die erste oder zweite Aussage entschieden haben, ist das ein Hinweis darauf, dass Sie Ihre Beziehung eher aus systemischer Perspektive betrachten. Und aus dieser Perspektive schaut man vor allem auf die Beziehung zwischen den verschiedenen beteiligten Elementen beziehungsweise Personen und nicht so sehr auf die einzelnen Elemente selbst. Aus dieser Perspektive haben dann eher »wir« ein Problem und nicht »ich« oder »der/die andere«. Das ergibt zunächst auch Sinn, denn wir gehen ja davon aus, dass wir gemeinsam eine Beziehung haben. Und wenn es in dieser Beziehung dann knirscht oder kracht, haben eben »wir« ein Problem – ein Beziehungsproblem. Genau mit der Perspektive »Beziehungsproblem« führen wir uns selbst aber in eine Sackgasse. Wenn wir ein »Beziehungsproblem« unterstellen, hat das zur Folge, dass wir davon ausgehen, dass zwei Menschen nötig sind, um das Problem zu lösen. Was passiert aber, wenn der Partner/die Partnerin nicht mitspielt bei der Lösung? Wenn er/sie nicht mitkommt zum Coaching oder zur Therapie? Wenn er/sie Absprachen nicht einhält oder ganz einfach keine Lust hat, gemeinsam am Thema zu arbeiten? Wenn ich zur Lösung des Problems auf die Mitarbeit des anderen angewiesen bin, fühle ich mich abhängig und werde schlimmstenfalls zum Opfer.

Mit dem Fokus auf »Beziehung« und »wir« sitzen Sie bezüglich der Problemlösung also schnell in einer Falle. Daher ist es eine gute Nachricht, dass Sie ein Problem sehen, wo keines sein kann. Ein Problem existiert nach meiner Erfahrung nie »zwischen« zwei Menschen oder »in einer Beziehung«. Ein Problem existiert lediglich in einem einzigen denkenden Verstand. Es sind immer Sie, Sie allein, der/die ein Problem hat! Dass andere Ihnen bestätigen, dass es tatsächlich ein Problem in Ihrer Beziehung gibt, ändert daran nichts. Auch die Tatsache, dass Ihr Partner/Ihre Partnerin in der gleichen Situation ebenfalls ein Problem hat, ändert daran nichts. Denn selbst wenn Sie beide ein Problem haben, heißt das noch nicht, dass es dasselbe Problem ist oder dass Sie es gemeinsam lösen können, geschweige denn lösen sollten. Sie teilen sich nicht ein Problem, sondern haben in diesem Fall zwei – jeder hat eins. Und diese beiden Probleme werden wir hier nicht in einen Topf werfen, sondern genau auseinanderhalten.

Was Sie allein betrifft: Womöglich haben Sie nicht nur ein kleines oder ein großes Problem, sondern sogar mehrere oder ganz, ganz viele – nämlich all die stressvollen Überzeugungen, die das Einzige sind, worunter Sie leiden. Das zweite Kapitel hilft Ihnen zu verstehen, warum das so ist und weshalb es sogar eine gute Nachricht ist. Denn alle diese »Probleme«, die Sie allein haben, können Sie auch allein lösen.

Genau dieser Lösung widmet sich dieses Buch ab dem dritten Kapitel. Wenn Sie damit gleich loslegen wollen, dann lesen Sie am besten dort weiter. Behutsam werde ich Sie damit vertraut machen, Ihre eigenen stressvollen Gedanken wahrzunehmen, sie mithilfe von wiederkehrenden Fragen zu untersuchen und aus verschiedenen neuen Perspektiven zu betrachten. Dann lernen Sie verschiedene Arbeitsmaterialien kennen, die Sie auf Ihrer Reise unterstützen werden. Und schließlich werde ich Hilfreiches zum Umgang mit Befürchtungen ansprechen und zahlreiche andere Themen, die in Beziehungen zu Stress führen.

Sobald Sie sich auf den Weg gemacht haben und Schritt für Schritt vorankommen, profitieren Sie von Ihrem Einsatz. Es ist die beste Investition, die ich kenne. Vielleicht werden Sie sich klarer, freier und sicherer fühlen. Vermutlich werden Sie sich selbst mit jedem Schritt ein besserer Partner beziehungsweise eine bessere Partnerin.

So wie sich Ihre Beziehung zu sich selbst verändert, wird sich auch die Beziehung zu den Menschen um Sie herum verändern. Das bedeutet nicht automatisch, dass alles besser wird. Während sich einige Beziehungen womöglich intensivieren, werden andere vielleicht an Bedeutung in Ihrem Leben verlieren. Auf jeden Fall werden Sie verstehen, warum Sie weder Ihren Partner/Ihre Partnerin noch überhaupt einen Partner brauchen, um auf diesem Weg voranzukommen. Ganz so, als hätten Sie nie begonnen, sich mit The Work zu beschäftigen, werden Sie mit Ihrem Partner beziehungsweise Ihrer Partnerin zusammenbleiben – oder nicht. Lassen Sie sich einfach überraschen, wie sich Ihre Wahrnehmung der Menschen um Sie herum verändern wird und wer der Partner oder die Partnerin an Ihrer Seite eigentlich ist.

Im Verlauf des Buches wünschen Sie sich vielleicht Kontakt zu Gleichgesinnten oder die Unterstützung durch einen professionellen Coach. Auch dafür gibt es zahlreiche Möglichkeiten, die ich Ihnen näher erläutern werde. Ebenso werden wir uns mit allerhand Tipps beschäftigen, die im Umgang mit den Schwierigkeiten hilfreich sind, die Ihnen auf Ihrem Weg begegnen können. Abschließend genießen wir dann gemeinsam mit Byron Katie und Stephen Mitchell die herrliche Aussicht aus dieser neuen Perspektive.

Ich wünsche Ihnen viel Vergnügen auf Ihrer ganz persönlichen Reise.

»Nicht die Dinge selbst, sondern unsere Vorstellung über die Dinge macht uns glücklich oder unglücklich.«

Epiktet

1. Irrwege und Auswege

Seit einigen Jahren beginnt sich mit der »Positiven Psychologie« – auch bekannt unter dem Schlagwort »Glücksforschung« – ein Forschungsschwerpunkt zu etablieren, der sich nach eigenem Anspruch von den defizitorientierten Aspekten der Psychologie abwendet. Stattdessen stellt er in den Mittelpunkt, was den Menschen allgemein stärkt und was das Leben lebenswerter macht. In diesem Zusammenhang werden viele Daten erhoben, um herauszufinden, was uns glücklich macht, unter welchen Voraussetzungen wir besonders glücklich sind und ob es dazu Geld, Gesundheit, Freunde oder anderer Dinge bedarf.

Neben der Tatsache, dass die Höhe des Einkommens weniger Einfluss auf unser subjektives Wohlbefinden hat, als zunächst angenommen, war man vor allem von der Bedeutung »gelingender sozialer Beziehungen« überrascht. Eine gelungene Partnerschaft macht glücklich beziehungsweise umgekehrt: Glückliche Menschen führen glückliche Partnerschaften.

Der weitaus größte Teil der deutschen Bevölkerung sieht das genauso. Auf die Frage »Was ist Ihnen im Leben besonders wichtig?« gaben im Jahr 2013 in einer Umfrage des Instituts für Demoskopie 84 Prozent der Befragten an: »Eine glückliche, stabile Partnerschaft.« Nur »Gesundheit« erhielt mit 90 Prozent einen noch höheren Wert. Alle anderen Aspekte, wie zum Beispiel »gute Freunde haben«, »finanziell abgesichert sein« und »Zeit für sich haben«, rangieren teils deutlich dahinter.[1]

Wunsch und Wirklichkeit klaffen allerdings auseinander. Denn parallel dazu zeigen andere Zahlen, wie weit viele von der Erfüllung dieses Wunsches nach einer glücklichen Beziehung entfernt sind: Während nur für jede/n Zehnte/n ohne feste Partnerschaft das Single-Leben ein Lebensmodell ist, das er/sie sich langfristig wünscht, hat die Zahl jener, die keinen festen Partner haben, in den letzten Jahren deutlich zugenommen. Sie liegt derzeit bei 28 Prozent.[2] Von den Befragten, die in einer festen Beziehung leben, gibt jede/r Dritte an, dass Eigenschaften wie Toleranz gegenüber den Eigenheiten und der Meinung des Partners/der Partnerin sehr wichtig oder wichtig seien. Gleichzeitig werde dies in der eigenen Beziehung nur »eher«, »eher nicht« oder »überhaupt nicht« gelebt. Für die Fähigkeit, Meinungsverschiedenheiten austragen zu können, miteinander diskutieren und streiten zu können,

---

1 Studie des IfD (Institut für Demoskopie), Allensbach. Quelle: Allensbacher Archiv, IfD-Umfrage 6264, (Juni 2013)

2 Studie des IfD (Institut für Demoskopie), Allensbach: »Die Attraktivität des Single-Lebens«, Anhangtabelle 1. Quelle: Allensbacher Archiv, IfD-Umfrage 10084 (Dezember 2011)

liegen die Werte zwischen Wunsch und Realität noch weiter auseinander. [3]

Ist diese Diskrepanz verwunderlich? Nicht unbedingt, denn schließlich kommen wir weder mit einer guten Gebrauchsanweisung für Beziehungen auf die Welt, noch haben wir automatisch die geeigneten Vorbilder in unserem Umfeld. Es lässt sich also leicht erklären, dass die Suche nach dem geeigneten Partner oft vergeblich bleibt oder die Qualität der gelebten Beziehung nicht den eigenen Ansprüchen genügt.

Und genau aus diesem Grund gibt es vermutlich die unzähligen Angebote, die Hilfe versprechen. Von unterschiedlichsten Partnerbörsen im Internet bis hin zu jeder erdenklichen Form der Paarberatung scheint für jeden Typ und jedes Beziehungsproblem etwas dabei zu sein. Nach meiner Erfahrung sind viele dieser Angebote allerdings ebenso wenig hilfreich auf dem Weg zu einer glücklichen, stabilen Beziehung, wie Diäten langfristig zum Wunschgewicht führen.

Das Ende des Schmetterlingseffekts

Im Jahr 1972 hielt der amerikanische Meteorologe Edward N. Lorenz einen Vortrag zu seinen Forschungen über die Atmosphäre. Wenn die Entwicklung der Atmosphäre so instabil sei, wie der Forscher behaupte, dann müsse ja der Flügelschlag einer Möwe genügen, um ein Wetterphänomen in großer Ent-

---

3 Studie des IfD (Institut für Demoskopie), Allensbach: »Subjektiv wahrgenommene Defizite in der eigenen Partnerschaft«, Schaubild 49a. Quelle: Allensbacher Archiv, IfD-Umfrage 10084 (Dezember 2011)

fernung auszulösen, wandte ein namentlich nicht bekannter Zuhörer ein. Dies sei in der Tat der Fall, erwiderte Lorenz und startete die Berechnung der sich nach einem Zeitraum von etwa zwei Wochen im Anschluss an den Flügelschlag ergebenden Änderungen. Im Laufe dieser Phase wurde aus der Möwe ein Schmetterling, und wenig später beantwortete Lorenz in einem zweiten Vortrag, dieses Mal vor der American Association for the Advancement of Science, die Frage, ob der Schmetterling in der Lage sei, mit einem Flügelschlag in Brasilien einen Tornado in Texas auszulösen, mit einem klaren Ja. Der »Schmetterlingseffekt« war geboren.[4]

Die Nachricht von der großen Empfindlichkeit komplexer, dynamischer Systeme für kleinste Veränderungen und Abweichungen in den Anfangsbedingungen machte schnell die Runde. Das eingängige Bild vom Schmetterling fand weite Verbreitung und verdrängte als neues Paradigma an vielen Stellen den bis dahin vorherrschenden Determinismus. Die von Lorenz gewählte bildhafte Verdeutlichung stand bald als Synonym für die Komplexität und die wachsende Bedeutung systemischer Betrachtungsweisen.

Während der Schmetterlingseffekt landauf, landab zitiert wurde, begann man allerorten, die Welt in den Kategorien System, Komplexität und Chaos »neu zu denken«. So hielt die systemische Sichtweise in den 1970er-Jahren auch in Bezug auf die Diagnose und Therapie seelischer Beschwerden und

---

4 Vgl. Edward N. Lorenz: *Predictability: Does the flap of a butterfly's wings in Brazil set off a tornado in Texas?*, Vortrag auf der Jahrestagung der American Association for the Advancement of Science; in: Science 320 (2008) S. 431. Vgl. Spektrum der Wissenschaft 11/2001, S. 66

Konflikte zwischen Menschen Einzug. Der Fokus auf den Einzelnen nahm ab, und gleichzeitig nahm die Bedeutung von Zusammenhängen, von ganzheitlicher Betrachtung und der Beziehung zwischen den beteiligten Menschen zu. Ob in der Sozialarbeit, der Beratung von Organisationen, der Therapie von Einzelpersonen und Paaren: Beinahe alles wurde »systemisch« betrachtet und beurteilt.[5]

Die systemische Therapie suchte beispielsweise die Ursache und Verantwortung von »problematischem« Verhalten bei Kindern nicht mehr ausschließlich bei diesen, sondern bezog das größere Bild ein – die Familie und die Beziehung der einzelnen Familienmitglieder untereinander. Oftmals konnten so neue Ansatzpunkte für mögliche Lösungen und Verbesserungen identifiziert werden. Die neue Perspektive sorgte für die notwendige Unterstützung der »Problemträger«, verlegte den Ansatzpunkt für die Interventionen und erhöhte insgesamt die Chancen auf einen erfolgreichen Therapieverlauf.

Virginia Satir, die gemeinhin als Mutter der systemischen Familientherapie gilt, entwickelte nicht nur das systemische Repertoire und die Methodik. Sie beeinflusste außerdem – von ihr selbst durchaus skeptisch gesehen – die Einführung des Neuro-Linguistischen Programmierens und Verfahrens systemischer Aufstellung, beispielsweise die Familienaufstellung nach Bert Hellinger. Eine Reihe von Methoden also, die für die Beratung und Lösung von Paarkonflikten herangezogen werden.

In Bezug auf den Umgang mit Problemen in Partnerschaften führte der Wandel hin zu einer systemischen Betrach-

5 Vgl. Wikipedia: Systemische Therapie

tungsweise unter anderem dazu, dass nun erstmalig *zwei* Menschen *ein* Problem *miteinander* haben – oder vielleicht auch gleich mehrere Probleme. Im Vordergrund standen nicht mehr ausschließlich das »Du« und das »Ich«, sondern das »Wir« und vor allem: »unsere Beziehung«.

An der muss man nun arbeiten, um die muss man sich kümmern. Man muss sie pflegen und sollte in sie investieren. Sie kann sich verschlechtern und verbessern, in die Brüche gehen oder ewig halten. »Die Beziehung« ist neben dem »Du« und dem »Ich« zu einem eigenständigen dritten Element geworden, auf das wir zwar Einfluss haben, das aber nicht unserer direkten, unmittelbaren Kontrolle unterliegt. Die Beziehung existiert plötzlich außerhalb von uns. Wir können unseren Fokus nun auf sie richten, sie nach allen Regeln der Kunst beschreiben, und wir schaffen Kriterien, mit deren Hilfe wir sie beurteilen können und denen sie genügen muss.

Etwas plakativ formuliert sind wir nicht mehr zu zweit, sondern zu dritt. Es gibt dich, mich und unsere Beziehung. Und auch wenn uns diese Perspektive heute ganz selbstverständlich erscheint, sollte uns dabei eine wichtige Frage nicht aus dem Blick geraten: Hilft uns diese Perspektive dabei, mit dem Partner beziehungsweise der Partnerin glücklich zu sein?

Ich meine, nein. Das Gefühl, es gäbe da ein drittes Element, das nicht unserer Kontrolle unterliegt, ist erwiesenermaßen ein Zustand, den wir nicht mögen, den wir zu vermeiden versuchen und der uns im schlimmsten Fall hilflos und depressiv macht.[6]

---

6 Der Psychologe Daniel Gilbert zeigt in seinem Buch *Ins Glück stolpern* (2006) unter anderem, wie wichtig es ist, dass wir Menschen gerne Kontrolle

Vielleicht werden Sie nun einwenden: »Aber es gibt sie doch – unsere Beziehung. Sie existiert doch!« Und meine Antwort lautet: »Nein, es gibt sie nicht.« Es ist nur eine Sichtweise, dass so etwas wie »eine Beziehung« ein reales, selbstständiges Element sei, das man separat betrachten könne. Würden Sie eine Zeitreise in die 1960er-Jahre unternehmen und sich mit Paaren unterhalten, würden diese vermutlich nicht verstehen, wovon Sie reden.

So hat der Paradigmenwechsel der 1970er-Jahre dafür gesorgt, dass wir mehr und mehr erkennen, dass alles mit allem verbunden ist, und dass wir auf diese Weise leichter verschiedene Ansatzpunkte für Veränderungen in Systemen identifizieren können. Gleichzeitig führt er dazu, dass wir von einigen Dingen stärker getrennt sind als zuvor, dass wir Zusammenhänge stärker verdinglichen und ihnen mehr denn je ein Eigenleben zuschreiben. Und das hat weitreichende Folgen.

Wenn wir erst einmal beginnen, »unseren Umgang« miteinander zu thematisieren, können wir es uns praktisch im Kinosessel bequem machen und uns über dieses »Etwas« unterhalten. Es ist eine Ebene weiter entfernt und hat weniger mit uns direkt zu tun. Wir können dann »den Umgang miteinander definieren«, sind uns vielleicht einig oder auch nicht und haben gegebenenfalls etwas Weiteres, über das wir uns streiten können.

---

haben. Wir möchten Dinge beeinflussen, ändern oder geschehen lassen. Wenn Menschen in der Lage sind, Dinge zu beeinflussen, steigert dies ihr Wohlbefinden und auch ihr Glücksgefühl. Haben die Menschen kein subjektives Gefühl von Kontrollmöglichkeit über ihr Leben, dann tendieren sie zu Depression und Hilflosigkeit.

Wenn ich beginne, »Beziehungsarbeit« zu leisten, ist das so, als hätte ich ein neues Stück Garten – oder einen Acker – übernommen, um den ich mich nun kümmern will, muss, soll oder möchte. Egal, ob ich es nun will, muss, soll oder möchte, ich bemühe mich dann um etwas, das ich als getrennt von mir sehe.

Wenn ich als »Investition in unsere Beziehung« am Samstagmorgen das Frühstück zubereite und es meinem Partner/meiner Partnerin ans Bett bringe, dann ist das, als würde ich die Zeit nutzen, um in meinem Stück Garten endlich den Rasen zu mähen. Ich werde über kurz oder lang eine Rechnung aufmachen und schauen, ob es sich lohnt und ob ich Entsprechendes dafür zurückbekomme.

Wenn ich – weil ich Beziehungsarbeit für notwendig erachte – bereit bin, mir jeden Mittwochabend Zeit zu nehmen, um mich mit meinem Partner/meiner Partnerin auszutauschen, was aus meiner Sicht in der letzten Woche in unserer Beziehung gut gelaufen ist und was nicht, dann ist das möglicherweise nicht mehr, als einen Pflichttermin wahrzunehmen – ungefähr wie ein Elternabend in der Schule, an dem ich mich zwar hin und wieder sogar engagiere, aber doch froh bin, wenn er vorbei ist.

Irgendetwas stimmt hier nicht. Irgendetwas kann hier nicht funktionieren. Der Fokus auf »Beziehung«, in die ich investieren oder an der ich arbeiten muss, schränkt meinen Freiraum und meine Kontrolle über mein Leben ein. Er trennt mich von mir und von meinem Partner/meiner Partnerin gleichermaßen.

Damit kein Missverständnis entsteht: Die Bedeutung des Paradigmenwechsels in den 1970er-Jahren und die Veränderungsansätze, die dadurch möglich wurden, sollen hier nicht in Abrede gestellt werden. Sicherlich war es beispielsweise sinnvoll, verhaltensauffälligen Kindern nicht die alleinige »Schuld« an ihrem Verhalten und die Bürde der Veränderung aufzuerlegen, sondern nach Faktoren im Elternhaus Ausschau zu halten. Ebenso wie es Sinn ergibt, in Organisationen nicht automatisch den Symptomträgern zu unterstellen, sie seien auch die Verursacher eines Problems. Ob es uns aber in Beziehungen grundsätzlich hilft, das »Wir« in den Vordergrund zu stellen, möchte ich bezweifeln.

Der Schmetterlingseffekt gilt inzwischen übrigens als widerlegt. Es dauerte beinahe 30 Jahre, um herauszufinden, dass er einer detaillierteren Analyse nicht standhalten konnte. Inzwischen konnte nachgewiesen werden, dass ein korrektes einzelnes Forschungsergebnis auf unzulässige Art und Weise verallgemeinert worden war.[7]

Das macht die Wettervorhersage für Texas im Moment nicht einfacher, verstärkt aber womöglich Ihr Interesse, auch für die Lösung von Problemen mit dem Partner sich weniger auf die Beziehung zu fokussieren und mehr auf sich selbst. Denn wenn das Wetter nun mal so ist, wie es ist, und der Partner sich so verhält, wie er sich verhält, ohne dass ich darüber die Kontrolle habe, so kann ich doch immer noch beeinflussen, wie ich mich dazu verhalte und wie es mir damit geht.

Und damit sind wir schon bei einem weiteren »Irrweg«, den ich im nächsten Abschnitt beschreiben werde.

---

7 Spektrum der Wissenschaft 11/2001, S. 66

Mein Partner ärgert mich, macht mich traurig oder wütend

Häufig erscheint es uns im Alltag so, als sei unser eigener Zustand die direkte Folge dessen, was andere sagen oder tun. Betrachten Sie dazu bitte einmal folgendes Beispiel: Christine und Timo sind seit mehreren Jahren ein Paar. Aus beruflichen Gründen ist vor kurzem eine Wochenendbeziehung daraus geworden. Für den Freitagabend haben sie sich um 20 Uhr in ihrem Lieblingsrestaurant verabredet, in dem sie schon viele schöne Stunden verbracht haben. Christine ist bereits ein paar Minuten früher eingetroffen, während Timo bisher nicht erschienen ist. Ab 20 Uhr verschlechtert sich Christines Laune mit jeder Minute. Ihre Unzufriedenheit, Traurigkeit, ihre Enttäuschung, der Ärger oder die Wut scheinen eine direkte Folge von Timos Verhalten zu sein.

Das Gleiche gilt übrigens auch für seine Worte. Vor ein paar Wochen waren die beiden nämlich schon einmal in einer ähnlichen Situation. Da hatte Timo Christine am Nachmittag angerufen, um ihr mitzuteilen, dass aus ihrem Treffen nichts werden würde. Er hatte sich entschieden, den Abend mit ein paar Freunden zu verbringen, die zufällig in der Stadt waren. Christines Laune hatte sich in der Sekunde verschlechtert, in der sie diese Neuigkeit erfahren hatte. Kein Wunder also, dass es Christine so vorkam, als sei der Anruf beziehungsweise die Nachricht die Ursache und der Auslöser für ihren Stimmungswandel gewesen. Ganz gleich, ob es etwas ist, das der andere tut oder sagt – wenn es auf unsere Stimmung schlägt, nehmen wir unser Gegenüber als Verursacher wahr.

Für die angenehmen Gefühle gilt das selbstverständlich genauso. Wäre Timo pünktlich um 20 Uhr im Restaurant erschienen, noch dazu mit einer kleinen Aufmerksamkeit im Gepäck, hätte Christine sich vermutlich gefreut. Sie hätte sich geschätzt und geliebt gefühlt. Oder stellen wir uns vor, er hätte sie mittags angerufen, um ihr mitzuteilen, wie sehr er sich auf den Abend freue. Das hätte vielleicht ein Lächeln in ihr Gesicht gezaubert oder ihr Herz ein wenig schneller schlagen lassen. In beiden Fällen läge es nahe zu denken, das gute Gefühl hätte etwas mit Timo, ihrem wunderbaren Partner, zu tun.

Ob es die »unangenehmen« Worte oder Verhaltensweisen des anderen oder die »angenehmen« sind, das Schema bleibt das gleiche: Auf der einen Seite stehen sein Verhalten, seine Worte – die Ursache –, auf der anderen Seite ihr »Zustand« – die Folge.

Halten wir also fest, dass es weit verbreitet ist, einen direkten Zusammenhang zwischen dem Verhalten/den Worten des Gegenübers und den eigenen Gefühlen zu unterstellen.

Was hat das zur Folge? In der Regel haben wir ein Interesse daran, gute Zustände zu mehren und schlechte Zustände zu meiden. Wenn ich nun davon ausgehe, dass das Verhalten eines anderen sich unmittelbar auf meinen Zustand auswirkt, dann bin ich letztlich davon abhängig, dass mein Gegenüber sich so verhält, wie ich es für mein Wohlbefinden brauche.

Falls es Ihnen schwerfällt, das nachzuvollziehen, könnte dies daran liegen, dass diese Abhängigkeit so allgegenwärtig ist, dass sie uns ganz selbstverständlich erscheint.

Solange die Worte und Taten des anderen angenehme Zustände in mir auslösen, ist natürlich alles in Ordnung. Zum

Beispiel zu Beginn einer Beziehung, wenn wir verliebt sind. Dann kann der andere kaum etwas tun, das mich in einen schlechten Zustand versetzt. Doch früher oder später beginne ich, seine Verhaltensweisen zu bewerten und zu unterteilen in solche, die für mich angenehm sind, und andere, die für mich weniger angenehm sind. Ob ich will oder nicht, es gibt dann einfach Worte, die er sagt, und Dinge, die er tut, die mir gefallen, und andere Worte und Dinge, die mir nicht gefallen.

»Es nervt mich, wenn du immer wieder Geschirr benutzt und es anschließend einfach stehenlässt oder nur schmutzig in das Spülbecken stellst. Könntest du es gleich saubermachen und wegräumen oder wenigstens in die Spülmaschine stellen?« Wenn die Antwort lautet: »Na klar, Schatz, danke, dass du mich darauf aufmerksam machst, ich hatte ja keine Ahnung, dass dich das stören könnte« – und wenn sich anschließend auch noch das entsprechende gewünschte Verhalten einstellt –, dann, ja dann, ist immer noch alles gut.

Doch was, wenn die Antwort, die wir bekommen, nicht dem entspricht, was wir uns wünschen?

Wenn ich davon überzeugt bin, dass Worte und Taten des anderen die Ursache für meinen Zustand/mein Wohlbefinden sind, setzt eine unbefriedigende Antwort den Wunsch frei, Einfluss zu nehmen. Wenn es mir nicht gefällt, was er/sie sagt oder tut, habe ich scheinbar nur eine Wahl: Ich muss mein Bestes tun, damit sich sein Verhalten ändert! Je nach Gemüt bitten wir, werden fordernd, kreativ oder beginnen mit dezenter Beeinflussung. Vielleicht schlagen wir einen Tauschhandel vor – deine Socken gegen meine Zahnpastatube –, wir suchen Kompromisse oder manipulieren im Geheimen.

Manchmal ziehen wir auch unsere Freunde zu Rate und werden von diesen in unserer Sichtweise und der Berechtigung unserer Wünsche bestätigt: »Ist doch klar, dass du wütend bist, weil dein Mann schon wieder zu spät gekommen ist.« Oder: »Ich kann gut nachvollziehen, dass du enttäuscht bist, weil sie immer weniger Interesse hat, mit dir zu schlafen.« Wir umgeben uns gern mit den Menschen, die unsere Reaktionen nachvollziehen können. Das scheint den Schmerz zu lindern – doch wenn man es genau betrachtet, gießen wir damit nur Öl ins Feuer.

Aus der dezenten Beeinflussung wird gegebenenfalls pure Manipulation. Unter dem Deckmantel der Liebe, unterstützt durch Moralvorstellungen jeder Art, scheint sie der einzige Weg zur Veränderung zu sein. Und zur Manipulation gehören Bestrafung, Belohnung, Druck, strategisches Vorgehen – alles Mögliche also, was sich nicht wirklich nach der Form von Beziehung anhört, die wir gerne führen möchten. Kein Wunder, denn es hat ja auch nichts mehr mit Liebe zu tun.

Doch Achtung! Das Ganze beruht auf einem Irrtum. Bei dem Ursache-Wirkungs-Zusammenhang fehlt der wichtigste Bestandteil: das Denken.

Sein Einfluss ist weit größer, als uns in der Regel bewusst ist. Es ist unser Denken, das unseren Zustand »macht«. Wir reagieren auf unsere Gedanken, nicht auf das Verhalten oder die Worte des anderen.

Mithilfe der Ideen, die ich Ihnen in diesem Buch vorstelle, werden Sie Einfluss auf Ihr Denken nehmen, was sich wiederum ausnahmslos auf all die unangenehmen Dinge auswirkt, die in einer Partnerschaft gesagt oder getan werden.

Aus der Kombination der beiden Irrwege, die Sie nun kennengelernt haben, ergibt sich in der Praxis oftmals ein dritter, um den es im folgenden Abschnitt gehen wird.

Typische »Beziehungsthemen«

Spätestens wenn die »Beziehung« nicht so läuft, wie wir uns das vorstellen, gehen wir auf die Suche nach Mustern: Ob wir wollen oder nicht, wir achten auf das Wiederkehrende in unserem Verhalten oder dem Verhalten des Gegenübers. Wir versuchen, den Ablauf zu entschlüsseln, wir wollen »verstehen«. Und das hat einen Grund: Wir gehen davon aus, dass »Verstehen« die Voraussetzung für eine Veränderung in die gewünschte Richtung ist. Wenn sich etwas nicht gut oder richtig anfühlt, dann möchten wir darauf Einfluss nehmen und Abhilfe schaffen, »es« verändern. Und wir glauben, dazu müssten wir »es« erst einmal verstehen.

Doch so nachvollziehbar der Wunsch nach Verstehen auch sein mag, er macht uns offen und empfänglich für alle möglichen Erklärungen und Theorien. Egal, ob wir mit anderen sprechen oder Bücher lesen, wir sind damit beschäftigt, Theorien zu erstellen und passende Erklärungen zu finden. Nicht die Details interessieren uns, zum Beispiel das, was ich am 10. April um 19:30 Uhr erlebt habe, sondern die Überschrift, unter der ich dieses und viele andere Erlebnisse subsumieren kann.

In Bezug auf unsere Beziehungen und die Lösung von Konflikten gehen wir davon aus, dass wir vorankommen, wenn wir entdecken, dass wir ein Thema haben mit »Eifersucht«, »Nähe und Distanz«, »Monogamie oder Fremdgehen«,

»Angst vor Verlust«, »räumlicher Trennung«, »Abnahme der Libido« und Ähnlichem mehr. Wir atmen erleichtert auf, wenn im Zusammenhang mit einer Überschrift, einem Thema all die Phänomene beschrieben werden, die wir tagtäglich am eigenen Leib erleben. Wir hoffen, dem Glück in unserer Beziehung einen Schritt näher zu sein, wenn wir uns sicher sind, dass es in unserer Beziehung um »fehlende Wertschätzung« oder »mangelnde Anerkennung« geht. Wir lernen, dass wir als Partner »zu unterschiedlich« oder »zu ähnlich« sind, oder wir machen auf der Suche nach der treffenden Erklärung genetische Unterschiede zwischen den Geschlechtern als Übel aus. Kurzum: Wir glauben, einen Schritt weitergekommen zu sein, weil wir die passende Kategorie für unser Problem gefunden haben.

Doch selbst ein Schritt, der sich gut und richtig anfühlt, ist manchmal ein Schritt in die falsche Richtung. Und dies ist aus meiner Sicht hier der Fall.

Wenn die Überschriften, die Sie gefunden haben, und die Kategorien, mit denen Sie ein Problem beschreiben, bisher nur dazu geführt haben, dass Sie meinen, es besser zu verstehen, wenn sie Ihnen aber nicht dabei helfen, es zu lösen – dann vergessen Sie die Kategorie, die Beschreibung und die Erklärung.

Anstatt zusammenzufassen und zu erklären, ist – wie Sie gleich sehen werden – das Gegenteil hilfreicher: Es gilt »das Problem« zu zerlegen in seine einzelnen Bestandteile. Und bei diesen Bestandteilen handelt es sich ausnahmslos um (Ihre) Gedanken. Ihre Gedanken über alles Mögliche und vor allem über Ihren Partner/Ihre Partnerin, über sich selbst und über Ihre Beziehung.

»Glück ist wie ein Schmetterling.
Solange du ihn verfolgst, bleibt er immer außer Reichweite, und wenn du still wirst, lässt er sich vielleicht auf dir nieder.«

Nathaniel Hawthorne

2. Standortbestimmung

Inzwischen dürfte klar sein, warum es so viele verschiedene Ansätze gibt, Beziehungen zu verändern, zu verbessern oder daran zu arbeiten – und vor allem wird deutlich, warum diese häufig nicht fruchten: Sie bauen ganz einfach auf falschen Voraussetzungen auf.

Petra und Sebastian haben sich sehr auf ihren Urlaub gefreut. Es ist lange her, dass sie zwei ganze Wochen für sich allein hatten, und nun sind sie froh, dass es endlich soweit ist. Für den heutigen Tag steht eine Wanderung auf dem Programm. Sie haben sich gleich nach dem Frühstück aufgemacht und sind nun schon fast zwei Stunden unterwegs. Beide freuen sich auf das Picknick und den wunderbaren Blick über das Rheintal von dem Aussichtspunkt, der in ihrem Reiseführer so zauberhaft beschrieben ist. Die Wegbeschreibung, die sie sich im Zimmer ihrer Pension im Internet angeschaut hatten, sah so einfach aus, dass sie gar nicht auf die Idee gekommen sind, auf die Wanderkarte zu schauen, die sie immer im Gepäck haben. Außerdem hatten sie von mehreren Leuten gehört, dass in dieser Region sämtliche Wege gut ausgeschildert seien.

Petra und Sebastian sind guter Dinge, sie unterhalten sich über Berufliches, wozu sie bisher keine Zeit gefunden hatten, und dann gehen sie wieder eine Weile schweigend nebeneinander her. Beide genießen diese Verbindung zur Natur, das Geräusch des Windes, das Rascheln der Sträucher und das Schimmern der Sonnenstrahlen durch die dichten Kronen der hohen, majestätischen Bäume, die den Weg säumen. So sind sie noch eine ganze Weile voller Energie und Tatendrang.

Und dann gelangen sie an die erste Kreuzung, an der sie sich nicht sicher sind, wie es weitergeht. Sie tauschen sich aus, sind dann schnell wieder einer Meinung und setzen den Weg fort. Doch je länger die Wanderung dauert, desto mehr nimmt die Verunsicherung zu. Müssten sie nicht längst am Ziel sein? Inzwischen diskutieren die beiden an jeder Weggabelung und können sich nur schwer einigen. Nach einem Aussichtspunkt sieht es allerdings weit und breit nicht aus. Zum Glück kommt ihnen nun in Erinnerung, dass sie doch noch die Wanderkarte im Gepäck haben. Sie schlagen die Karte auf und sind froh, dass eine kurze Orientierung genügt. Anhand des Kirchturms, den sie durch die Bäume erkennen können, und des Verlaufs des Rheins weiter unten gelingt es Petra schnell, ihre Position zu bestimmen. Sebastian sieht das allerdings anders, und so überlässt sie ihm schließlich die Führung – jedoch nicht ohne im weiteren Verlauf des Weges beständig zu testen, ob er vielleicht doch die Orientierung verloren hat.

Als die beiden erneut an einer Kreuzung vorbeikommen, die sie schon kennen, beschließt Petra – unter Sebastians lautstarkem Protest –, die Sache nun doch selbst in die Hand zu nehmen, obwohl sie sich inzwischen auch nicht mehr sicher ist, wo sie sich nun wirklich befinden. Sebastian folgt ihr missmutig. Beide könnten inzwischen eine Pause gebrauchen, denn ihr Energielevel ist bereits deutlich gesunken. Je länger Petra darüber nachdenkt, desto mehr macht sich in ihr die Erkenntnis breit: Dieser Tag ist gelaufen.

Nach außen herrscht immer mehr Schweigen. Das Gespräch zwischen ihnen ist inzwischen beinahe vollkommen zum Erliegen gekommen. Auch die schönen Momente in Stille sind verschwunden. Beide sind innerlich einfach zu sehr mit sich selbst beschäftigt. Je weiter der Besuch des Aussichtspunktes und ein schöner Abschluss der Wanderung in die Ferne rücken, desto mehr haben beide für sich begonnen, sich selbst oder ihrem Partner Vorwürfe zu machen: »Ich hätte mir das genauer anschauen sollen.« – »Er hätte nicht behaupten sollen, er kenne sich aus.« – »Wir hätten uns besser vorbereiten sollen.« – »Ich hätte mich nicht auf sie verlassen sollen.« So geht es in ihren Köpfen vor und zurück. Die Schönheit der Natur um sie herum nehmen sie nun gar nicht mehr wahr. Und zu einer besseren Orientierung tragen die inneren Vorwürfe auch nicht gerade bei.

Wie lange kann und wird das so weitergehen?

Kommt Ihnen so etwas bekannt vor? Vielleicht kennen Sie vergleichbare Situationen, in denen es Ihnen ähnlich ging. Aber wichtiger noch: Manchmal steht die Situation bildhaft für die Art und Weise, wie wir unsere Beziehung führen. Wir haben eine Idee, ein Ziel vor Augen – die glückliche Beziehung – und verwenden unsere Energie auf eine bestimmte Strategie, um dieses Ziel zu erreichen. Frust stellt sich ein, wenn wir merken, dass das nicht funktioniert, dass wir unserem Ziel nicht näherkommen und so gut wie nichts erreicht haben. Wir erleben dann sogar im Gegenteil, wie sich die Beziehung verschlechtert und uns immer weniger zufriedenstellt.

Was bleibt uns nun also anderes übrig, als nach bestem Wissen und Gewissen nach dem Schuldigen zu suchen? So tun wir unser Bestes und investieren Zeit, Energie und alle anderen Ressourcen, die uns zur Verfügung stehen. Gleichzeitig spüren und wissen wir, dass wir nicht auf dem Weg sind, unser Ziel zu erreichen. Und wenn die Kräfte schwinden, fällt uns nicht viel mehr ein, als eine Pause einzulegen, zu warten, bis wir wieder zu Kräften gekommen sind, um es dann aufs Neue zu versuchen.

So probieren wir es wieder und wieder, bis wir entweder irgendwann wirklich aufgeben oder zumindest verstehen, dass wir genau das bekommen, was wir immer schon bekommen haben, solange wir weiter genau das tun, was wir immer schon getan haben. Dann wechseln wir zumindest die Strategie und probieren etwas ganz anderes aus. Und oftmals scheitern wir auch damit krachend.

Letztendlich sehen wir keinen anderen Ausweg, als die Beziehung zu beenden. Wir hoffen, dass es mit einem anderen Partner anders läuft, und in der ersten Zeit scheint die Zuversicht realistisch zu sein, bis nach einigen Monaten alte Muster in neuem Gewand auch hier wieder auftauchen. In der Regel werden die Etappen kürzer, und wenn das zu sehr schmerzt, geben wir uns ganz geschlagen und beginnen, uns mit dem Gedanken anzufreunden, für den Rest unseres Lebens Single zu bleiben.

Stopp.

Wenn Sie sich an irgendeiner Stelle wiedererkennen, wenn Sie diese ermüdenden »Wanderungen« aus Ihrer Beziehung kennen oder wenn die bisherigen Strategien für eine glückliche Partnerschaft nicht die gewünschten Ergebnisse gezeigt haben, halten Sie inne! Nehmen Sie sich einen Moment Zeit und atmen Sie einige Male tief durch.

Es ist Zeit für etwas wirklich Neues!

Und dieses Neue beginnt damit, dass Sie zuerst einmal Ihren momentanen Standort korrekt bestimmen.

Petra und Sebastian hatten in ihrem Frust zwei Gebäude verwechselt. Der vermeintliche Kirchturm, den sie durch den dichten Wald hindurch zu erkennen glaubten, hätte sich bei genauerem Hinsehen als Schornstein eines Industriebetriebs der Nachbargemeinde erwiesen, und mit dieser Information wäre es ihnen vermutlich leichtgefallen, den richtigen Weg zu wählen. Ab dem Moment allerdings, da sie den Schornstein für einen Kirchturm hielten, war die Sache fürs Erste gelaufen.

Und Sie? Wie geht es Ihnen? Einige vermeintliche Kirchtürme in unseren landläufigen Auffassungen von Beziehung habe ich Ihnen im letzten Kapitel bereits vorgestellt. Nun werde ich beginnen, Ihnen eine andere Sichtweise auf sich selbst zu ermöglichen. Dies erlaubt Ihnen zunächst einmal eine korrekte Standortbestimmung, und sobald die gelungen ist, können Sie sich von dort aus auf den Weg machen – hin zu einer glücklichen, erfüllten Partnerschaft.

Ganz konkret und im Detail bedeutet dies: Wir beschäftigen uns damit, dass immer Ihre eigenen Gedanken im Spiel sind, wenn Sie meinen, ein äußeres Ereignis würde Ihnen die Stimmung vermiesen. Sie werden die Erfahrung machen, dass es leichter ist und gleichzeitig viel mehr Sinn ergibt, sich selbst zu verändern, als auf eine Veränderung der äußeren Gegebenheiten oder anderer Menschen zu setzen. Sie können feststellen, dass Sie auf diesem Weg wichtige Helfer haben, nämlich ausgerechnet die stressvollen Gedanken oder Gefühle, die Sie am liebsten gar nicht mehr haben wollten. Sie führen Sie zu wahrer Selbsterkenntnis und zu einer glücklichen Partnerschaft – auf jeden Fall mit sich selbst und vermutlich auch mit einem Partner/einer Partnerin an Ihrer Seite.

Lassen Sie uns dazu zunächst einen kleinen Ausflug durch Raum und Zeit unternehmen. Bitte begleiten Sie mich nach Kalifornien – vor fast 30 Jahren. Doch bevor wir starten, möchte ich Ihnen nicht vorenthalten, dass Petra und Sebastian noch einen wunderschönen Sonnenuntergang am besagten Aussichtspunkt verbringen konnten. In dem Moment, in dem ihr Sohn anrief, fiel beiden gleich beim Klingeln ein, dass sie ja ihr Smartphone nutzen konnten, um ganz in Ruhe zu schauen, wo genau sie sich befanden, und so stellte sich der Fehler mit der Verwechslung des Kirchturms heraus. Mit der klaren Perspektive, dass es gar nicht mehr weit war, meisterten die beiden den Rest des Weges mit Leichtigkeit. Die Unstimmigkeiten, die sie den halben Tag beschäftigt hatten, waren schnell vergessen, und die Freude überwog wieder. Der Ausblick war in der Tat atemberaubend, und sie waren froh, gemeinsam aufgebrochen zu sein. Letztendlich war es dann doch die Mühe wert gewesen.

Ich bin – also denke ich

Kalifornien, Februar 1986. In ihrem Zimmer im »Halfway House«, einer Therapieeinrichtung für Frauen mit Essstörungen, wacht die Patientin Byron Kathleen Reid eines Morgens ziemlich anders auf, als sie abends eingeschlafen ist. Sie öffnet die Augen und sieht einen Fuß – ihren Fuß. Außerdem sieht sie eine Kakerlake, die über diesen Fuß krabbelt. Und sie erlebt Lachen – ihr eigenes Lachen, das einfach zu passieren scheint. Sie ist frei von all dem seelischen Schmerz, der sie die letzten Jahre begleitet hat. Der Schmerz, der schließlich dazu führte, dass sie zunächst das Haus und dann ihr Schlafzimmer immer seltener verließ. An diesem Morgen ist ihr bewusst, dass sie all diese Jahre unter den stressvollen Gedanken litt, die in ihrem Kopf herumschwirrten. Plötzlich ist die Erkenntnis da, dass nur die Gedanken, die in uns auftauchen, all das Leiden in unserem Leben auslösen (können). Und diese Erkenntnis hat sie – laut ihrer eigenen Aussage – bis heute nie mehr verlassen.

Das Geschenk, das mit der Erkenntnis so unvermittelt in ihr Leben kam, gibt Byron Kathleen Reid, die heute unter dem Namen Byron Katie bekannt ist, seither unter der Überschrift »The Work« weiter – die Vorgehensweise, auf die wir später noch ausführlich zu sprechen kommen.

Doch bleiben wir noch einen Moment im Jahr 1986, als Byron Katie buchstäblich zu neuem Leben erwachte. Vielleicht gehört die Plötzlichkeit des Erkennens zu dem Maß an Leid, das Byron Katie die zehn Jahre zuvor in ihrem Leben erlebt hatte. Was sie beschreibt, ist die Bewusstwerdung, dass wir nicht unsere Gedanken *sind*, sondern dass wir Gedanken haben, dass Gedanken passieren, dass sie auftauchen – dass sie von irgendwoher kommen und genauso irgendwohin verschwinden. Und dass es diese Gedanken sind, die all die Gefühle von Traurigkeit und Verzweiflung in uns auslösen.

Die meisten von uns kennen – zumindest in abgemilderter Form – diese beiden Zustände. Einerseits sind wir oft »unbewusst«. Wir bewegen uns zum Beispiel durch einen Tag und führen alle möglichen Tätigkeiten aus, ohne wirklich ganz bei der Sache zu sein. Am Morgen erledigen wir verschiedene Routinetätigkeiten im Haus und sind in Gedanken mit der Planung einer kleinen Party am kommenden Wochenende beschäftigt. Wir spielen im Kopf durch, wer alles dabei sein wird, während unsere Hände die schmutzige Wäsche in die Maschine räumen. Das Telefon klingelt, wir wandern an das andere Ende der Wohnung und haben verschiedene Bilder im Kopf, wer das sein könnte – und wir sind uns all dessen nicht bewusst. Je nachdem, wer uns anruft oder wie das Telefonat verläuft, setzen wir das Waschen der Wäsche in guter oder nachdenklicher oder schlechter Stimmung fort: Wir bewegen uns durchs Leben, denkend, handelnd, wir nehmen äußere Impulse auf, setzen diese auf vielfältige Weise in Reaktionen um – und wir sind uns weder all dessen noch unserer selbst bewusst. Manchmal sind die Gefühlsamplituden eher klein: Wir pendeln zwischen einem Lächeln und einem Stirnrunzeln. Manchmal sind sie groß, und wir schwanken zwischen himmelhochjauchzend und zu Tode betrübt. Und dies alles passiert, ohne dass wir uns dessen bewusst sein müssten.

Solange ich mir meiner selbst nicht bewusst bin, erlebt »mein System« dieses Freudigsein, Aufgeregtsein, Traurig-

oder Wütendsein als direkte Reaktion auf einen äußeren Reiz, also zum Beispiel auf die Interaktion mit einem Gegenüber. Wir wachen auf, die Sonne scheint, wir fühlen uns pudelwohl und bedanken uns bei Petrus für das schöne Wetter. Oder wir ärgern uns, dass der Partner seine Unterwäsche schon wieder über das ganze Schlafzimmer verteilt hat, und machen ihn verantwortlich für die schlechte Laune, mit der wir nun in den Tag starten.

So können Minuten vergehen oder Stunden, Tage oder Wochen. Sie können lange, lange Zeit vollständig per Autopilot unterwegs sein, bis es (erneut) einen Moment gibt, in dem Ihnen bewusst wird: Ich bin! Wow!

Einerseits erscheint es so simpel, andererseits ist es eine wirkliche Erkenntnis.

In diesem Moment. Ich bin. In diesem Moment.

Genau genommen fängt exakt in diesem Moment alles an, anders zu sein. Vielleicht bedarf es ein wenig Ruhe, Stille, vielleicht der Konzentration auf die Atmung – um zu erleben, dass »ich« »mir« bewusst sein kann und dass »ich« nicht identisch bin mit diesen Gedanken, die in mir auftauchen. »Ich« habe die Möglichkeit, mich selbst als Beobachter dieser Gedanken zu erleben. Und wenn »ich« der Beobachter bin, dann kann »ich« nicht gleichzeitig die Gedanken sein. Wer ist das also, dieser Beobachter? Wer bin ich? Diese Frage kann der Beginn einer langen, sehr faszinierenden Reise sein. Doch zunächst möchte ich Sie zu zwei kleinen Experimenten einladen.

Bitte lesen Sie sich den folgenden Abschnitt durch, und prägen Sie sich die Anweisungen ein. Legen Sie dann das Buch beiseite, und machen Sie unbedingt zuerst die Übung, bevor Sie weiterlesen.

Machen Sie es sich bequem, dort, wo Sie gerade sind. Sie können gern die Augen schließen, wenn das angenehm für Sie ist, und dann beobachten Sie anschließend einige Minuten lang einfach nur Ihre eigene Atmung. Beobachten Sie, wie die Einatmung automatisch passiert, wie eine kleine Pause entsteht, wie dann die Ausatmung passiert, gefolgt von einer kleinen Pause. Nehmen Sie wahr, wie die Abfolge erneut beginnt. Verändern Sie nichts. Atmen Sie nicht tiefer oder flacher oder mehr in den Bauch oder mehr in die Brust. Beobachten Sie sich beziehungsweise Ihren Körper einfach bei der Atmung.

Bitte machen Sie unbedingt diese Übung, und lesen Sie erst danach weiter!

Und – wie war das? Zunächst wahrscheinlich erst einmal recht angenehm. Da kann nicht viel schiefgehen, wenn Sie einfach nur so dasitzen und atmen und sich dabei beobachten. Doch so gut Sie auch beobachtet haben, und so sehr Sie sich gleichzeitig auf die Atmung konzentriert haben: Parallel dazu haben Sie gedacht, oder man könnte auch sagen, »hat es Sie gedacht«, denn Sie haben sich ja nicht bewusst dafür entschieden zu denken, geschweige denn, dass Sie sich einen bestimmten Gedanken ausgedacht hätten, den Sie hätten denken wollen. Sie hatten Gedanken, während Sie dort saßen oder lagen und die Übung gemacht haben. Die Frage ist allenfalls, ob Ihnen diese Gedanken bewusst waren. Es haben sich entweder einzelne Aussagen, Feststellungen, Wertungen aneinandergereiht. »Ich atme aber nicht besonders tief. Bei mir entstehen gar keine Pausen.« Oder Ihr Verstand ist vielleicht gewandert: »Soll ich mir noch einen Tee machen? Ob Kevin bald nach Hause kommt? Es ist ganz schön laut draußen. Ich liebe dieses Vogelgezwitscher. Dieser Hund geht mir auf die Nerven. Mein Rücken tut weh.« Vermutlich war es sogar etwas, das häufig als innerer Dialog bezeichnet wird: Etwas in Ihnen hat eine Frage gestellt, und es gab eine oder mehrere Antworten, die abgelöst wurden von der nächsten Frage. »Mache ich das richtig? Ich bin mir nicht sicher. Ist die Übung so gemeint? Wie lange sollte ich das jetzt machen? Fünf Minuten?«

Ob Sie wollen oder nicht: Sie denken. Nicht nur während dieser kleinen Übung, in der Sie eigentlich ausschließlich Ihre eigene Atmung beobachten wollten, sondern den lieben langen Tag. Man hat versucht zu quantifizieren, wie viele Gedanken pro Tag auf diese Art und Weise zusammenkommen. Die Angaben sind recht unterschiedlich, was vor allem damit zusammenhängt, dass es (bisher) keine Möglichkeit gibt, eine genaue Messung durchzuführen. Die Schätzungen liegen zwischen 30 000 und 80 000 Gedanken, Tag für Tag. Byron Katie fragt in ihren Veranstaltungen manchmal das Publikum: »Sind Sie heute Morgen aufgewacht und haben entschieden, heute mal nicht zu denken? Schon zu spät!« Sie weist auf diese Weise darauf hin, dass es uns nicht möglich ist, unsere Gedanken mithilfe von Gedanken zu kontrollieren oder abzustellen. Aus ihrer Erfahrung erweist sich das als aussichtsloses Unterfangen. Sie können das ja selbst einmal für sich testen.

Nun bitte ich Sie, die Übung in leicht veränderter Form zu wiederholen. Lesen Sie bitte erneut nur den nächsten Abschnitt, machen Sie die Übung, und lesen Sie erst danach weiter.

Diese Übung dauert ebenfalls nur wenige Minuten. Sie starten wie vorhin, indem Sie es sich bequem machen. Und Sie fahren fort wie vorhin, indem Sie Ihre Atmung beobachten. Machen Sie das drei, vier oder fünf Atemzüge lang, und für den Rest der Zeit beobachten Sie bitte, welche Gedanken in Ihnen auftauchen. Versuchen Sie einen Ausschnitt dieser Vielfältigkeit und Reichhaltigkeit zu entdecken, die da in Ihnen passiert. Nehmen Sie wahr, welche Gedanken auftauchen, während Sie einfach hier sitzen.

Los geht's!

Und – worum ging´s? Ziemlich sicher ist: Während Ihr Körper sich die ganze Zeit am selben Ort befand, hat Ihr Verstand eine Reise durch Raum und Zeit unternommen. Vielleicht war er noch mit dem gerade zu Ende gegangenen Teammeeting oder der Präsentation beschäftigt. Oder er hat den heutigen Abend geplant, das Einkaufen, Kochen oder das anstehende Gespräch mit dem Partner. Er war in Berlin beim Patenkind oder in Costa Rica bei einem Freund, der heute Geburtstag hat. Und währenddessen war es so, als lebten Sie in einer parallelen Welt, die sehr, sehr real erscheint und meist wichtiger und präsenter ist als das Hier und Jetzt. Der Verstand ist beständig damit beschäftigt, einzelnen Eindrücken Bedeutung zu geben, zu vergleichen und zu bewerten.

Der Körper ist immer hier und jetzt (wie sollte es auch anders sein), der Verstand hingegen selten oder nie. Während unser Körper im Hier und Jetzt präsent ist und so vieles »allein« – ohne unser Zutun – regelt (Atmung, Verdauung,

Blutkreislauf, Immunabwehr etc.), bewegt sich unser Verstand frei durch Raum und Zeit.

Menschen, die regelmäßig meditieren, versuchen durch das Stillwerden und die Konzentration auf die Atmung Ruhe im Verstand einkehren zu lassen. Eine Methode, die für viele funktioniert und die wiederum für andere – insbesondere für in unseren Breitengraden sozialisierte Menschen – überhaupt nicht zu funktionieren scheint. Vielleicht, weil sie zunächst die ganze Hektik zutage treten lässt, die man im Verstand so beobachten kann.

Ein weiterer Zustand, der mit großer Ruhe oder Stille im Verstand einhergeht, wird als »Flow« bezeichnet: Wenn wir weder unterfordert noch überfordert sind, wenn wir dabei sind, eine besondere körperliche Fähigkeit unter Beweis zu stellen, segeln, Golf spielen, klettern etc., gibt der Verstand ebenfalls Ruhe. Er arbeitet rational, berechnet, kalkuliert, schätzt ab – das, wozu er womöglich gedacht oder am besten geeignet ist – und tut nichts darüber hinaus.

Und wenn wir gerade nicht »erfolgreich« meditieren oder im Flow sind, dann macht der Verstand, was er will – und denkt sich munter durch Raum und Zeit.

Für den einen oder anderen mag das jetzt noch nicht sehr schlüssig klingen. Die eigenen Gedanken, das eigene Denken, bewusst zu erleben, ist nicht unbedingt einfach, und so gelingt es auch nicht jedem gleich auf Anhieb. Lassen Sie sich einfach ein wenig Zeit damit. Vielleicht haben die Schwierigkeiten damit zu tun, dass es auf den ersten Blick ja auch gar keinen Sinn ergibt: Wenn ich diese Gedanken nun mal habe, wenn sie ohnehin sind, wie sie sind, warum soll ich sie dann unbedingt auch noch bewusst wahrnehmen?

Die Antwort lautet: Weil diese Gedanken, die uns so tagein, tagaus durch den Kopf gehen, dafür verantwortlich sind, dass wir uns so fühlen, wie wir uns fühlen. *Und* weil wir nicht nur in der Lage sind herauszufinden, welche Gedanken es sind, die uns in schlechte Stimmungen oder Zustände bringen, sondern weil wir sogar Einfluss darauf nehmen können, dass sich diese Gedanken verändern. Mit den Gedanken ändert sich dann Ihr Zustand, und mit dem Zustand Ihr Wohlbefinden, Ihr Umgang mit sich selbst, Ihre Partnerschaft und womöglich Ihr ganzes Leben.

Wenn Sie also denken, dass Sie ein Beziehungsproblem haben und dieses Problem bisher nicht lösen konnten, ist es vielleicht an der Zeit, einmal näher hinzuschauen und hinzuhören, welche Gedanken so in Ihrem Bewusstsein rund um dieses Thema auftauchen und diese einer Überprüfung zu unterziehen. Wie so eine Überprüfung aussieht, davon handelt in weiten Teilen dieses Buch. Mit dem Weg, den ich Ihnen im Folgenden beschreibe, werden Sie in der Lage sein, die Gedanken zu identifizieren, die für Ihre negativen Stimmungen, Ihren Stress mit dem Partner, Ihren Kummer oder Ihr Leid verantwortlich sind. Sie werden mithilfe von vier einfachen Fragen und einigen neuen Perspektiven auf Ihre Gedanken vermutlich in der Lage sein, sich aus diesem selbstgebastelten Käfig zu befreien – genauso, wie das vielen Menschen vor Ihnen schon gelungen ist. Vielleicht werden Sie überrascht sein, wie viel Raum für freundliche, friedliche und liebevolle Gedanken dann in Ihnen entsteht.

Kehren wir mit dieser Idee noch einmal zurück zu Christine und Timo, die in ihrem Lieblingsrestaurant verabredet sind.

Ob sie es nun will oder nicht, Christines Verstand steht um 20 Uhr natürlich nicht still. Ein Gedanke nach dem anderen taucht auf, und in ihrem Fall sind das einige rund um das Thema »Zuspätkommen«, »Verbindlichkeit« etc. Solange Christine auf Autopilot läuft, geschieht das Denken quasi unbemerkt und unbeobachtet. Es passiert einfach – ohne dass Christine genau sagen könnte, was passiert. Sie nimmt es weder zur Kenntnis noch hat sie direkten Einfluss auf seinen Inhalt. Die einzelnen Gedanken kommen und gehen; wir könnten nicht sagen, woher sie kommen, wir wissen auch nicht, wohin sie gehen, und wir nehmen sie meist nicht einmal wahr in dem Moment, in dem sie da sind.

Aber ganz gleich, ob Ihnen Ihre Gedanken nun bewusst sind oder nicht – klar ist: Es ist weder das Verhalten Ihres Gegenübers noch sind es seine Aussagen, die Ihre Stimmung erzeugen. Vielmehr sind es allein die Gedanken in Form von Bewertungen, Beurteilungen, Bedeutungszuschreibung, die dazu in der Lage sind, Ihren Zustand zu beeinflussen. Ohne Ihre eigene Interpretation gibt es keine negative Stimmung.

Während Christine auf Timo wartet und dabei auf Autopilot läuft, taucht zunächst der Gedanke auf: »Er verspätet sich schon wieder.« Hinzu kommen Bilder und »kleine Filme« aus vergangenen Situationen, in denen das schon einmal passiert ist. Christine sieht das Hotelzimmer an der türkischen Riviera aus dem letzten Urlaub vor sich, sie hat die Situation in ihrer Wohnung vor Augen, wo sie für Timo gekocht hatte und dann allein dort saß und es später und später wurde. Wie automatisch reist ihr Verstand weiter zurück, und sie erinnert sich, dass er gleich beim zweiten Mal, als sie verabredet waren, einfach zu spät kam, und wie sehr sie das geärgert hat.

So gesehen war er einfach ein notorischer Zuspätkommer, und alles, was sie bisher versucht hatte, um das zu ändern, hatte nichts gefruchtet. Und wie sie so dasitzt, sieht sie Bilder von sich, unzufrieden mit einem langen Gesicht, und Bilder von ihm, abgehetzt und sich entschuldigend. Sie sieht Bilder von einem Abend, der sich völlig anders entwickelte, als sie sich das vorgestellt hatte, und dann fängt sie auch noch an, sich selbst Vorwürfe zu machen, weil sie es doch nun langsam besser wissen müsste. Am Ende dann landet sie doch wieder bei Timo und seinem Verhalten, dass er sie nicht wertschätzt und respektiert. Und während der ganzen Zeit ist ihr nicht bewusst, welch »schlechter Film« da in ihrem Kopf abläuft.

Dabei gäbe es Alternativen: Drehen wir die Uhr ein paar Minuten zurück. Nehmen wir an, wir befinden uns in besagtem Restaurant. Es ist 20 Uhr, und nun stellen Sie sich bitte vor, Christine wäre gerade dabei, ein spannendes Buch zu lesen. Sie hatte schon während der Zugfahrt mehr als drei Stunden am Stück gelesen und konnte das Buch kaum aus der Hand legen. Womöglich wäre Timos »Zuspätkommen« nun die willkommene Gelegenheit, noch ein wenig weiterzuschmökern. Vielleicht würde Christine nicht einmal merken, wie er das Restaurant betritt und erleichtert ist, dass sie nicht voller Enttäuschung dort sitzt, um ihn mit einem strafenden Blick zu tadeln. An Timos Verhalten hätte sich nichts geändert. Er käme auf die Minute zur gleichen Uhrzeit – und Christine wäre in einem komplett anderen Zustand. Ist das nicht Hinweis genug, dass der Zeitpunkt seines Erscheinens nicht die Ursache für ihren Zustand sein kann?

Byron Katie hat vor einiger Zeit auf Facebook den folgenden Spruch veröffentlicht: »If you are alone in a room and you´re suffering, eventually it will dawn on you that you´re the one who is causing it. Check mate.« Meine freie Übersetzung lautet: »Wenn du allein in einem Raum bist und leidest, wird es dir irgendwann dämmern, dass du selbst die Person bist, die das verursacht. Schachmatt!«

Das trifft es auf den Punkt, viel mehr gibt es dazu gar nicht zu sagen.

Das Leben ist wie eine Reihe von Perlen auf einer Schnur

Voll und ganz stimme ich Eckhart Tolle zu, der sagt, dass das Leben nur aus einem einzigen Moment besteht – dem immerwährenden JETZT. Und dennoch ist es für unsere Überlegungen zunächst einmal sinnvoll, sich das genaue Gegenteil vorzustellen. Tun wir einfach so, als bestünde das Leben aus einer Vielzahl von Momenten, die wie Perlen auf einer Schnur aneinandergereiht werden.

In jedem einzelnen Moment passiert eine Vielzahl von Dingen: Ich sehe, höre, fühle, schmecke und rieche etwas. Meine Sinne verarbeiten diese vielfältigen Eindrücke teils bewusst und zum großen Teil unbewusst. Unbewusste und/oder bewusste Gedanken beschreiben, bewerten und kommentieren das Ganze, Gefühle kommen auf, und es gibt bewusste und unbewusste Reaktionen im Innen (erhöhter oder verlangsamter Puls etc.) und nach außen (Mimik, Gestik etc.). Und so geht es nahtlos zum nächsten Moment über, und zum nächsten und zum nächsten. Die Reaktionen des einen Moments vermischen sich mit neuen Sinneseindrücken zum nächsten Moment. Es entsteht ein Kreislauf von Reiz und Reaktion, ununterbrochen kommentiert durch Gedanken. Kurz gesagt: »Ich« befinde mich an einem bestimmten Ort, zu einer bestimmten Zeit, und interagiere mit meiner Umwelt.

Prinzipiell halten wir uns dabei für relativ objektiv, was die Aufnahme von Informationen beziehungsweise ihre Verarbeitung betrifft. Wir gehen davon aus, dass es das zu sehen gibt, was wir sehen, und wir halten unsere Reaktionen auf das Verhalten unseres Gegenübers ebenso für selbstverständlich.

Tatsächlich ist unsere Wahrnehmung aber gar nicht so objektiv, wie wir denken, und unsere daraus abgeleiteten Interpretationen sind nicht so stichhaltig, wie wir glauben. Hinzu kommt, dass eine Überzeugung, die sich erst einmal gebildet hat, wie ein Wahrnehmungsfilter wirkt. Ob Sie wollen oder nicht, fortan fällt es Ihnen leichter, Dinge wahrzunehmen, die diese Überzeugung bestätigen, als Dinge, die sie widerlegen würden oder im Widerspruch zu ihr stehen. Evolutionsbiologisch betrachtet ist das sehr hilfreich. Es hilft Ihnen vor allem, sich schnell in der Welt zurechtzufinden – und das ist schließlich eine lebenswichtige Fähigkeit. Die »Ungenauigkeiten«, die das mit sich brachte, konnten zu Zeiten, in denen es jeden Tag ums Überleben ging, vernachlässigt werden, sie waren nicht so wichtig.

Unsere Wahrnehmung der Sonne ist ein anschauliches Beispiel, anhand dessen sich dieser Effekt einmal verdeutlichen lässt. Stellen Sie sich vor, Sie sitzen in einer kleinen Bar am Strand, und über dem Meer beginnt gerade die Sonne in ihrer ganzen Pracht unterzugehen. Sie genießen das Farbenspiel rund um diesen feuerroten Ball und den wunderschönen Himmel. Und? Wie groß ist die Sonne? Größer, als wenn sie mittags direkt über Ihnen steht, oder? Mit Sicherheit. Zumindest nehmen wir Menschen das so wahr – und wenn es Ihnen anders geht, wären Sie vermutlich der erste Mensch, der diese Wahrnehmung nicht teilt.

De facto handelt es sich hier aber um eine optische Täuschung, um ein wahrnehmungsphysiologisches Phänomen, das unter dem Begriff »Mondtäuschung«[8] bekannt wurde. Es wird bereits seit mehr als 100 Jahren untersucht und ist immer noch nicht vollständig erklärt. Wir »sehen« die Sonne (oder den Mond) am Horizont oder kurz darüber einfach größer als oben am Firmament – und wir könnten das auch beim besten Willen nicht ändern. Dabei gibt es dafür keine physikalische oder astronomische Ursache. Die variierende Entfernung von der Erde beziehungsweise der längere Weg des Lichts durch die Atmosphäre fallen als Gründe jedenfalls aus. Ersteres erklärt nur einen »Größenunterschied« von wenigen Prozent, Letzteres die Veränderung der Farbe.

Wenn Sie die Sonne einmal am Firmament und einmal am Horizont fotografieren würden – beide Male mit einem Objektiv gleicher Brennweite –, dann hätten Sie den Beweis. Die Kamera lügt nicht. Unsere Sinnessysteme in gewisser Weise eben schon.

Dies ist nur eines von vielen, vielen interessanten Beispielen, die ich hier anführen könnte. Und mir ist es an dieser Stelle nur wichtig festzuhalten, wie wenig objektiv unsere Sinneswahrnehmung ist.

Die Sonne ist also weder größer noch kann der Sonnenuntergang direkt Gefühle in Ihnen auslösen. Dazu bedarf es

---

8 Vgl. Wikipedia: Mondtäuschung

Ihrer Gedanken, des inneren Kommentars, einer Bewertung. Sie finden das Farbenspiel am Horizont bezaubernd, großartig oder einfach wunderschön, und all das sind Gedanken, die Sie bewusst oder unbewusst beim Betrachten des Sonnenuntergangs haben. Und diese Gedanken sind es, die diesen angenehmen Zustand in Ihnen auslösen. Freude ist die Reaktion Ihres Körpers auf angenehme Gedanken.

Schade nur, wenn diese angenehmen Gedanken über den Sonnenuntergang, den Sie von der Strandbar aus beobachten, sich abwechseln mit Gedanken wie: Morgen soll es wieder regnen. Der Urlaub geht bald zu Ende. Das Essen hier ist viel zu teuer. Ich hätte nicht herkommen sollen. Ich hätte länger bleiben sollen etc.

Und so reiht sich ein Moment an den nächsten und den nächsten und den nächsten. Neue, weitere Sinneseindrücke, neue, andere körperliche Vorgänge, neue, weitere Reaktionen … ein unendliches Spiel bis zu Ihrem letzten Atemzug (und dabei lassen wir jetzt den Schlaf einmal außen vor).

Und während wir landläufig davon überzeugt sind, dass wir in erster Linie externe Stimuli relativ objektiv verarbeiten – wir halten die Sonne am Horizont für größer und finden das Farbenspiel objektiv betrachtet einfach schön –, verarbeiten wir in erster Linie interne Stimuli sehr, sehr subjektiv und reagieren auf unsere bewertenden Gedanken.

Es ist wie Schattenboxen: Wir denken, dass wir auf unsere Außenwelt reagieren, dabei reagieren wir auf unsere Innenwelt. In jeder Sekunde verarbeiten wir zigtausendfach mehr interne Daten als externe.

Das Phänomen der optischen Täuschung ist im weiteren Verlauf dieses Buches weniger relevant. Es handelt sich dabei genau genommen nur um die Spitze des Eisbergs. Viel bedeutsamer ist die »interne« Täuschung: all die Gedanken, die wir unbewusst oder bewusst haben und von deren Richtigkeit wir so überzeugt sind – selbst wenn sich das nicht gut anfühlt.

Und damit sind wir wieder bei der Perlenschnur!

Bleiben wir also bei dem Bild, dass ein Moment sich an den anderen reiht. Beständig werden Informationen verarbeitet, Gedanken passieren, Gefühle kommen auf. Und mit diesem Ablauf entstehen angenehme und unangenehme Zustände.

Ein Zustand wird als gut erlebt, wenn alles im Einklang ist, wenn sich eine relative Ruhe im Verstand ausbreitet oder wenn wir im Flow sind. Also immer dann, wenn entweder die inneren Kommentare und Bewertungen zu dem, was wir wahrnehmen, positiv und freundlich ausfallen. Sprich: Wenn wir mögen, was wir wahrnehmen. Oder dann, wenn wir so in der Tätigkeit aufgehen, die wir gerade ausführen, dass unser Verstand allein darauf ausgerichtet ist. Wenn wir weder über- noch unterfordert sind, sondern eher wie eine gut funktionierende, gemütlich vor sich hin schnurrende Nähmaschine arbeiten.

»Unangenehm« wird ein Moment dann, wenn uns unsere Gefühle, unsere Stimmung signalisieren, dass etwas nicht so ist, wie es unserer Meinung nach sein sollte. Intuitiv beginnen wir dann, Einfluss auf unsere Umgebung zu nehmen, um das, was schiefläuft – außen – zu korrigieren, in der Hoffnung, dadurch wieder ins innere Gleichgewicht und somit in den guten Zustand zu kommen.

Das ist zunächst einmal völlig in Ordnung so – vor allem, wenn die äußeren Faktoren meinem direkten Einfluss unterliegen und das Gleichgewicht problemlos wiederhergestellt werden kann. Mir ist kalt in der Wohnung – ich drehe die Heizung höher. Es wird wärmer – alles ist gut! Ich bitte meinen Partner, beim nächsten Mal und fortan pünktlich zu sein, weil mir das wichtig ist. Er ist und bleibt pünktlich – alles ist gut!

Wenn etwas allerdings nicht in meinem Einflussbereich liegt, sieht die Sache anders aus. Regnet es beispielsweise, und ich will, dass die Sonne scheint, gibt es dafür leider keinen Schalter. In diesem Fall habe ich also wenig davon, wenn ich mich mit dem Regen anlege. Wenn ich dagegen begreife, dass mein schlechter Zustand nicht durch den Regen, sondern durch meine Gedanken verursacht ist, habe ich deutlich mehr Handlungsspielraum.

Ähnlich ist es, wenn unser schlechter Zustand mit einer anderen Person zu tun hat. Am liebsten würden wir ihn wie die Heizung behandeln, aber das funktioniert eben nicht. Tatsächlich verhält der andere sich häufiger wie das Wetter. Er unterliegt einfach nicht meiner Kontrolle.

Ein häufig zitiertes Gebet, das dem US-amerikanischen Theologen Reinhold Niebuhr zugeschrieben wird, bringt auf den Punkt, worum es geht:

> Gott, gib mir die Gelassenheit, Dinge hinzunehmen, die ich nicht ändern kann, den Mut, Dinge zu ändern, die ich ändern kann, und die Weisheit, das eine vom anderen zu unterscheiden.

Mit der Gelassenheit und der Weisheit werden wir uns in den weiteren Kapiteln beschäftigen.

Unsere Gefühle regulieren wir selbst

Nun haben wir auf der einen Seite also unsere Perlenschnur, die aus aneinandergereihten Momenten besteht, und auf der anderen Seite den Zusammenhang, dass unsere Gedanken verantwortlich sind für die Stimmungen und Gefühle in jedem einzelnen Moment.

Der Bereich, den es wirklich lohnt, in den Fokus zu rücken, sind Ihre eigenen bewussten und unbewussten Gedanken! Hier liegt das große Potenzial für jede Veränderung. Das ist eine gute Nachricht, wenn Sie Interesse daran haben, für Ihre Stimmungen selbst die Verantwortung zu übernehmen, und eine schlechte, wenn Sie es sich lieber in Ihrem bisherigen Weltbild beziehungsweise in Ihrer Komfortzone bequem machen wollen.

Diese Betrachtungsweise, dieser Zusammenhang zwischen Gedanken und Gefühlen ist übrigens nicht neu. Er spiegelt sich in der Aussage »Unsere Gefühle regulieren wir selbst«, die in der Lebens- beziehungsweise Selbsthilfeliteratur häufig zu finden ist. Er ist die Grundlage der kognitiven Psychologie und der kognitiven Therapieformen. Allerdings kenne ich keine Vorgehensweise, in der er so radikal beherzigt und umgesetzt wird wie in The Work of Byron Katie.

Wie Sie in den folgenden Kapiteln lesen werden, geht es zuerst darum, unseren eigenen Verstand, das eigene Denken ein wenig auszuleuchten. Da wir uns eines Großteils unserer Gedanken gar nicht bewusst sind, bedarf es vor allem der Stille und des Innehaltens, um hier ein wenig Licht ins Dunkel zu bringen. Erst in der Stille werden wir uns bewusst, welche Gedanken »es« in uns denkt. In dieser Stille lösen sich alle möglichen Beziehungsthemen in ihre Bestandteile auf, in viele einzelne Gedanken. Je mehr mir diese Gedanken bewusst werden, desto besser kann ich sie mithilfe von The Work untersuchen, sie auf ihren Wahrheitsgehalt hin überprüfen, testen, welche Reaktionen sie hervorrufen etc.

Dieses Untersuchen meiner Gedanken wird zur Folge haben, dass mich einzelne stressvolle Gedanken aus meinem Repertoire immer seltener aufsuchen. Von außen wird dies daran zu erkennen sein, dass mich Aussagen und Verhaltensweisen meines Partners/meiner Partnerin zunehmend weniger stressen. Stattdessen entsteht Mitgefühl, und die Liebe kann frei fließen. Je weniger direkten Einfluss die Aussagen und Verhaltensweisen des/der anderen auf mich haben, desto leichter werden die nächsten Schritte fallen.

Und das ist nach meiner Erfahrung noch nicht alles. Es kommt noch viel besser. Vielleicht werden Sie, wie viele andere Anwender von The Work, für sich selbst die Erfahrung machen, dass Gedanken, die schmerzen, sich bei näherer Betrachtung als nicht wirklich stimmig und schlüssig herausstellen. Das ist aus meiner Sicht eine der wichtigsten Botschaften, die The Work bereithält. Jeder »unangenehme« Zustand ist die Folge von stressvollen Überzeugungen, die sich ihrerseits als »nicht wahr« herausstellen, wenn ich mir die Zeit nehme, sie zu überprüfen. Der »unangenehme« Zustand ist somit mein Freund und Helfer, der mich darauf hinweist, dass ich (mal wieder) etwas glaube, das sich bei näherer Überprüfung als nicht wahr, als unzutreffend, als die Realität nicht vollständig abbildend herausstellen wird.

Da ich diesen Zusammenhang für sehr wichtig halte, möchte ich ihn noch einmal in anderen Worten zusammenfassen:

Solange wir es nicht besser wissen, »bekämpfen« wir schlechte Zustände dadurch, dass wir versuchen, unser Gegenüber zu verändern. Und selbst wenn sich dies als mühsam, aussichtslos und hoffnungslos herausstellt, hören wir nicht damit auf. Dabei übersehen wir, dass es gar nichts zu bekämpfen gibt, dass wir lediglich einen Hinweis darauf bekommen, dass wir gerade einen (oder mehrere) Gedanken glauben, über den es sich lohnt, viel mehr herauszufinden, als uns in diesem Moment zugänglich ist. Und mit dem, was wir dort entdecken, wird sich die ganze Welt verändern. Es heißt ja schon in der Bibel: »Der Glaube versetzt Berge«.[9]

---

9 Hiob 9,5

»Wer nichts über Glück weiß, kann es auch nicht finden. Wer hingegen viel über Glück weiß, kann es sogar trainieren.«

Manfred Spitzer, Hirnforscher

3. Erste Schritte

In jedem Moment, in dem wir unzufrieden sind, gibt es also ein Problem mit unserer internen Datenverarbeitung. Das, was wir in dem Moment denken beziehungsweise glauben, steht dann im Widerspruch zur Realität. Es ist, als würden wir uns in einem Kampf mit der Realität befinden – einem Kampf, den wir allerdings niemals gewinnen können. Wir sind dabei Gefangene unserer eigenen Interpretationen, Gedanken, Überzeugungen, die im Widerspruch zu dem stehen, was um uns herum geschieht. Diese Interpretationen, Gedanken und Überzeugungen sind wie die Wände des Gefängnisses, aus dem wir keinen Ausweg sehen. Und genau das wollen wir nun ändern.

Achtsam die eigenen Gedanken wahrnehmen

Der erste Schritt auf dem Weg aus diesem Gefängnis hinaus besteht nun darin, dass wir ruhig werden, still werden und uns bewusst machen, welche Gedanken es sind, die uns in einem dieser als unangenehm erlebten Momente beschäftigen. Es geht darum, die Gedanken ganz bewusst wahrzunehmen. Weder das Nicht-Haben-Wollen oder Überspielen sind hier die Lösung, sondern das genaue Hinschauen und Hinhören.

Dazu bitte ich Sie, zunächst die Reihe der kleinen Übungen fortzusetzen, die wir im letzten Kapitel begonnen haben. Bitte lesen Sie den folgenden Abschnitt, und prägen Sie sich die einzelnen Schritte der Übung ein. Legen Sie dann unbedingt das Buch beiseite, und nehmen Sie sich ein wenig Zeit für diese etwas komplexere Übung.

Machen Sie es sich wieder bequem. Wenn es bei den bisherigen Übungen angenehm für Sie war, schließen Sie wieder die Augen. Den meisten Menschen hilft dies dabei, den Fokus nach innen zu richten. Beobachten Sie – ohne etwas zu verändern – einige Atemzüge lang Ihre Atmung. Und dann begeben Sie sich auf eine innere Reise durch die Zeit. Sie reisen in die Vergangenheit und lassen verschiedene Begegnungen, Momente und Situationen mit Ihrem Partner beziehungsweise Ihrer Partnerin vor Ihrem geistigen Auge vorüberziehen. Identifizieren Sie verschiedene Momente, die Sie mit ihm oder ihr erlebt haben, und wählen Sie dann einen Moment, den Sie als unbefriedigend, unangenehm oder ganz einfach nicht so schön erlebt haben, wie er Ihrer Meinung nach hätte sein können. Stellen Sie sich eine »Unangenehm«-Skala von 1 bis 10 vor. 1 steht für »etwas unangenehm«, und die 10 bedeutet »Katastrophe«. Wählen Sie für diese Übung einen Moment, den Sie mit einer 3 oder 4 bewerten würden. Sobald Sie sich entschieden haben, beenden Sie die Suche und blenden alles andere aus, so gut es Ihnen möglich ist.

Verweilen Sie nun bei diesem Moment. Wann genau war das? Und wo war es? War es morgens, mittags oder abends? Wie sah die Welt um Sie herum aus? Wie sah Ihr Partner, Ihre Partnerin aus? Wie war er/sie gekleidet? Waren noch andere Personen dabei? Was genau wurde gesagt, und was genau ist passiert? Lassen Sie alles noch einmal vor Ihrem geistigen Auge vorbeiziehen. Und beschäftigen Sie sich dann ausführlich damit, welche Gedanken Sie hatten. Wie haben Sie das Geschehen in Gedanken kommentiert? Finden Sie heraus, welche Gedanken in Ihnen aufgetaucht sind, und nehmen Sie das, was damals unbewusst passierte, nun einmal ganz bewusst zur Kenntnis. Achten Sie darauf, dass Sie sich weder dafür verurteilen noch dafür rechtfertigen, diese Gedanken gehabt zu haben. Nehmen Sie einfach zur Kenntnis, dass Gedanken da waren, und finden Sie heraus, welche es waren.

Hier noch einmal die einzelnen Schritte in der Kurzfassung:

1. Machen Sie es sich bequem, und schließen Sie die Augen, wenn Sie möchten.
2. Konzentrieren Sie sich einige Atemzüge lang ausschließlich auf Ihre Atmung.
3. Reisen Sie durch die Zeit und finden Sie eine unangenehme, »stressvolle« Situation mit Ihrem Partner beziehungsweise Ihrer Partnerin.

4. Rufen Sie sich die Situation noch einmal genau in Erinnerung.
5. Identifizieren Sie die Gedanken, die Sie hatten.

Stopp.

Führen Sie nun zunächst die Übung durch, und lesen Sie erst danach weiter!

Wie war das? Welche Erfahrungen haben Sie gemacht? Sind verschiedene Situationen vor Ihrem geistigen Auge aufgetaucht? Haben Sie ein paar Gedanken wahrnehmen können, die Sie in der Zwischenzeit vergessen hatten oder die Ihnen – als Sie die Situation »real« erlebten – gar nicht bewusst waren? Die Wahrnehmung dieser Gedanken ist das, worum es hier geht. Und das wird mit ein wenig Übung immer leichter. Bisher wussten Sie ja womöglich gar nichts anzufangen mit diesen stressvollen Gedanken. Von daher gab es auch keinen Grund, sich dauernd daran zu erinnern oder sie ganz bewusst wahrzunehmen. Doch das ändert sich nun womöglich. Die eigenen stressvollen Gedanken sind ein wichtiger Schlüssel zur Veränderung, und die Veränderung beginnt damit, diese Gedanken erst einmal wahrzunehmen. Und je mehr Ihnen klar ist, wie wichtig diese Gedanken sind, desto leichter wird es Ihnen fallen, ein Bewusstsein dafür zu entwickeln.

Während Sie eben diese Übung durchgeführt haben, hat sich Ihr Zustand verändert. Je intensiver Sie sich an die Situation erinnert haben, desto mehr werden Sie sich so gefühlt haben, wie Sie sich damals fühlten. Die bloße Vorstellung reicht aus, um die gleichen neuronalen Netzwerke zu aktivieren, die in der damaligen Situation aktiv waren. Für Ihr Gehirn spielt es keine Rolle, ob Sie etwas erleben oder es sich »nur« vorstellen. Vereinfacht gesagt, reagiert das Gehirn auf Ihre Vorstellung so, als sei diese real.

Sie können das ganz einfach testen, indem Sie sich eine pralle, sonnengereifte Zitrone vorstellen. Sie halten die gelbe, glänzende Frucht in Ihrer Hand, spüren ihr Gewicht, ertasten die Beschaffenheit der Schale. Zum Glück handelt es sich um ein unbehandeltes Exemplar, denn gleich werden Sie unvermittelt hineinbeißen und Ihre Zähne durch die Schale hindurch tief in das Fruchtfleisch graben.

Und? Haben Sie es bemerkt? Soeben hat Ihr Speichelfluss messbar zugenommen. Die Gedanken allein, die Bilder, die Sie gesehen haben, setzen körperliche Reaktionen in Gang. Sie müssen nichts dafür tun oder besser gesagt, Sie könnten es nicht einmal unterbinden. Es unterliegt nicht Ihrer bewussten Kontrolle. Stellen Sie sich einfach vor, dass dies den lieben langen Tag so geschieht. Ihr Körper reagiert auf Ihre Gedanken. Wären Ihre Gedanken die Melodie, so wäre der Körper das Instrument, auf dem diese gespielt würde.

Aus diesem Grund lade ich Sie ein, die eher traurige, irritierende, beängstigende oder verwirrende Melodie, die durch die erste Übung dieses Kapitels entstanden ist, nun durch eine andere zu ersetzen. Das, was in die eine Richtung funktioniert, funktioniert nämlich auch in die andere.

Stellen wir nun unsere Skala von 1 bis 10 auf den Kopf: Diesmal ist alles angenehm. 1 hat die geringste Intensität und 10 ist so toll, dass es kaum auszuhalten ist. Es geht jetzt also um schöne Momente in Ihrer Partnerschaft,

Momente, die Sie in allerbester Erinnerung haben. Wählen Sie dieses Mal eine 5 oder 6. Welche Situation fällt Ihnen ein? Wo waren Sie? Wann war das? Was haben Sie getan? Was wurde gesagt? Und dann fokussieren Sie sich auf die Gedanken, die Sie in diesem Moment hatten. Nehmen Sie Kontakt auf zu dem, was Ihnen in der damaligen Situation vermutlich nicht bewusst war. Entdecken Sie auch hier etwas von der Vielfältigkeit und Reichhaltigkeit der inneren Prozesse. Sicher ist, dass es sich dieses Mal besser anfühlen wird und einen angenehmeren Zustand in Ihnen auslöst.

Und hier wieder die Kurzfassung:

1. Machen Sie es sich bequem, und schließen Sie die Augen, wenn Sie möchten.
2. Konzentrieren Sie sich einige Atemzüge lang ausschließlich auf Ihre Atmung.
3. Reisen Sie durch die Zeit und wählen Sie eine wunderschöne, angenehme Situation mit Ihrem Partner beziehungsweise Ihrer Partnerin.
4. Erinnern Sie sich noch einmal ganz genau an die Situation.
5. Identifizieren Sie die Gedanken, die Sie hatten.

Stopp.

**Führen Sie nun zunächst die Übung durch,
und lesen Sie erst danach weiter!**

Nun fühlen Sie sich erneut anders, und zwar vermutlich besser. Mit geschlossenen Augen haben Sie eine weitere Reise unternommen, dieses Mal hin zu einem angenehmen Ereignis. Aus Moll wurde Dur, und Ihr Körper dankt es Ihnen zum Beispiel mit tieferer oder gleichmäßigerer Atmung und einem leicht verringerten Muskeltonus. Indem Sie Erinnerungen aktiviert haben, haben in Ihrem Gehirn die gleichen neuronalen Netze »gefeuert«, die während des realen Ereignisses aktiv waren. Und all das, während Ihr Körper sich nicht einmal vom Fleck bewegt hat. Sie sind immer noch »hier«! Falls Sie gerne ins Kino gehen, kommt Ihnen das bestimmt bekannt vor. Ein guter Film nimmt Sie so gefangen, dass Sie vergessen, im Kino zu sein. Sie erleben das ganze Spektrum der Gefühle mit allen körperlichen Reaktionen und sind womöglich so auf die Handlung fokussiert, dass Sie vergessen, sich in einem abgedunkelten Raum in einem geschlossenen Gebäude zu befinden und auf eine Leinwand zu schauen. Und dabei ist genau genommen kein Film so überzeugend wie der, der ständig in Ihrem Verstand abläuft. Egal, ob Sie nun im Sessel sitzen und sich mit geschlossenen Augen etwas in Erinnerung rufen, oder ob Sie gerade aktiv sind und Ihr Verstand einfach das aktuelle Geschehen kommentiert: Sie befinden sich ständig in »einem Film«, und Ihr Verstand ist Regisseur und Kommentator zugleich.

Und dennoch: Ruhig werden, still werden und die eigenen Gedanken zu identifizieren ist der erste Schritt, das aus Interpretationen und Überzeugungen errichtete Gefängnis zu verlassen. Je mehr Sie üben, sich gegebenenfalls auch rückwirkend Ihrer stressvollen Gedanken bewusst zu sein, desto leichter wird es Ihnen fallen, stressvolle Gedanken gleich in dem Moment, in dem sie auftauchen, bewusst wahrzunehmen. Je mehr Übung Sie darin haben, Ihre Gedanken bewusst wahrzunehmen, desto besser. Denn je bewusster Sie Ihre Gedanken wahrnehmen, desto seltener werden Sie stressvolle Situationen erleben, in denen Sie sich zu 100 Prozent mit Ihren Gedanken identifizieren. Und je weniger Sie damit identifiziert sind, desto schwerer wird es für Sie, ein Problem in Ihrem Geist zu überleben. Oder wie es Eckhart Tolle formuliert: »Wann immer du den Verstand beobachtest, entziehst du den Gedankenformen Bewusstsein. Und das wird dann zu dem, was wir Beobachter oder Zeuge nennen. Dadurch wird der Beobachter – der reines Bewusstsein jenseits aller Form ist – stärker, und die mentale Struktur wird schwächer.«[10]

Wenn Sie mehr darüber erfahren möchten oder gerne weitere Anleitungen hätten, dann empfehle ich Ihnen neben den Büchern von Eckhart Tolle die Beschäftigung mit MBSR, der sogenannten Mindfulness-Based Stress Reduction, der achtsamkeitsbasierten Stressreduktion. Ähnlich wie bei der Meditation geht es auch bei MBSR um die Wahrnehmung dessen, was in diesem Moment geschieht. *Anders* als bei der Meditation geht es bei der MBSR neben der Beruhigung und Sammlung des Geistes vor allem um die Wahrnehmung dessen, was ist, um die nicht wertende, absichtsvolle Aufmerksamkeit. MBSR wurde von dem Molekularbiologen Jon Kabat-Zinn bereits Ende der 1970er-Jahre entwickelt. Die erste Studie, die die positiven Auswirkungen belegte, veröffentlichte er selbst im Jahr 1982[11]. Danach war es eine Weile relativ ruhig um die MBSR. Seit 2002 sind allerdings zahlreiche weitere wissenschaftliche Studien erschienen, die dazu geführt haben,

---

10 Vgl. Happinez (Sept. 2013), S. 43

11 Vgl. Wikipedia: Achtsamkeitsbasierte Stressreduktion

dass MBSR heute populärer ist denn je. Während wir Meditation eher im spirituellen Bereich verorten, wird MBSR unter anderem in Kliniken sowie in Workshops und Seminaren unterrichtet. Achtsamkeit ist in Mode, und es gibt gute Gründe dafür!

Im Sinne der Vorgehensweise von The Work, die ich Ihnen in diesem Buch vorstelle, ist das Wahrnehmen und Beobachten allerdings nur der erste Schritt. Je mehr Sie erkennen, dass es sich »nur« um einen (oder mehrere) Gedanken handelt, desto besser. Dies ist ein wichtiger Anfang, der bereits einen großen Unterschied macht. Das gesamte Bild ergibt sich allerdings erst, wenn Sie mehr über die nächsten beiden Schritte erfahren, die Sie womöglich hinaus aus Ihrem Gefängnis geradewegs in die Freiheit führen.

Kontinuierlich die eigenen Gedanken aufschreiben

Ich habe bereits erwähnt, dass wir vermutlich zwischen 30 000 und 80 000 Gedanken pro Tag denken. Bezogen sind diese Zahlen auf den Wachzustand eines »normal denkenden« Menschen. Ein großer Teil dieser Gedanken wiederholt sich ständig – am gleichen Tag, am nächsten Tag, Woche für Woche, Monat für Monat, Jahr für Jahr. Wenn man die Zahlen auf kleinere Zeiteinheiten herunterrechnet, ergibt das 30 bis 80 Gedanken pro Minute beziehungsweise 0,5 bis 1,5 Gedanken pro Sekunde, und die sind eben nicht alle neu und kreativ, sondern sie wiederholen sich ständig und tauchen in Schleifen immer wieder auf. Viele sind Begleiter, die schon jahrelang an Ihrer Seite sind.

Solange wir unsere Gedanken nicht beobachten und bewusst zur Kenntnis nehmen, sind uns auch diese Wiederholungen nicht bewusst. Und je leichter Sie nun durch das achtsame Beobachten Zugang zu Ihren Gedanken finden, desto leichter kommen Sie sich selbst auf die Schliche und entdecken neben den einzelnen Gedanken auch Muster und Wiederholungen.

Auf das Beobachten folgt nun als nächster Schritt das Aufschreiben Ihrer Gedanken. Seit ich The Work regelmäßig anwende, habe ich ständig ein Heft, eine Kladde oder einen Block griffbereit, sodass ich jederzeit ohne Anlauf einfach niederschreiben kann, was gerade in meinem Kopf vorgeht. Manchmal tue ich das sofort in einer Situation, die ich als belastend und stressvoll erlebe, und manchmal hinterher, das hängt von den Umständen ab. Egal, ob gleich oder später, das Aufschreiben schafft einen weiteren hilfreichen Abstand zwischen »mir« und »meinen Gedanken«. Die Gedanken sind eben flüchtig, und so klar sie erscheinen, während sie da sind, so schnell sind sie auch wieder verschwunden und durch andere ersetzt. Wenn ich noch einmal Revue passieren lasse, welche Gedanken ich – insbesondere in einer stressvollen Situation – hatte und diese zu Papier bringe, unterstützt dies den Prozess der Bewusstwerdung dessen, was in mir vorgeht. Ich entdecke die Muster und Wiederholungen, und ich habe schwarz auf weiß die einzelnen Gedanken vor mir, die diesen Zustand ausgelöst haben.

Für das Aufschreiben gibt es keine »Regeln«. Sie können es zunächst ganz einfach auf eine spontane, ungeordnete Weise tun.

Bitte probieren Sie dies nun einmal aus. Es ist wichtig, dass

Sie diese Übung nun wirklich durchführen, da wir das »Ergebnis« – also das, was Sie aufschreiben werden – bereits im nächsten Kapitel nutzen werden. Hier also die genaue Vorgehensweise:

Legen Sie sich bitte Papier und Stift zurecht, machen Sie es sich bequem, nehmen Sie ein paar Atemzüge lang Ihre Atmung wahr und starten Sie dann Ihre mentale Reise hin zu der »unangenehmen« Situation mit Ihrem Partner, für die Sie sich am Anfang dieses Kapitels bereits entschieden haben. Fokussieren Sie sich wieder auf die Gedanken, die Sie damals wahrgenommen haben, und schreiben Sie diese dann einfach unzensiert und unsortiert auf. Was haben Sie über ihn/sie gedacht? Welche Gedanken über sich selbst hatten Sie? Wie haben Sie die Situation bewertet und kommentiert? Schreiben Sie alles auf, was Ihnen einfällt. Manchmal kann man im Nachhinein nicht mehr sagen, ob ein Gedanke in der Situation da war oder ob er hinterher dazugekommen ist, doch all das ist jetzt im Moment nicht wichtig. Schreiben Sie einfach alles auf, was auftaucht.

Stopp.

Los geht's!

Nun haben Sie das »Rohmaterial«, Ihre Gedanken, die auf die eine oder andere Weise daran beteiligt sind, dass Ihr Verstand die Situation als unangenehm einstuft. Damit arbeiten wir gleich weiter. Doch zunächst möchte ich Ihnen noch sagen, dass es neben dieser »unstrukturierten« Form des Aufschreibens auch eine strukturierte Form gibt: das Arbeitsblatt »Urteile über deinen Nächsten«. Wie Sie es für sich nutzen können, wird ausführlich im Kapitel »Meilensteine« erklärt.

Mit The Work stressvolle Gedanken untersuchen

Wenn ich es geschafft habe, still zu werden, die Gedanken wahrzunehmen, die auftauchen, und wenn ich diese Gedanken aufgeschrieben habe, ist das oftmals schon ein großer Schritt. Allein dies wird dazu führen, dass ich in einer vergleichbaren Situation vielleicht nicht mehr ganz so leicht die Fassung verliere wie vorher. Die auftretenden Gefühle werden mich nicht mehr im gleichen Maß überfallen. Ich werde nicht mehr genauso identifiziert reagieren wie zuvor.

Trotzdem ist mein Problem natürlich noch nicht gelöst. Bisher habe ich vor allem den Ursprung meines Problems näher eingekreist und sogar schriftlich festgehalten. Nun geht es darum, diese Gedanken zu untersuchen, sie einer Realitätsprüfung zu unterziehen.

Ich lade Sie ein, in Betracht zu ziehen, dass Ihre stressvollen Überzeugungen vielleicht eine völlig andere Bedeutung haben, als Sie es vermuten: Während wir unangenehme Zustände in der Regel dahingehend interpretieren, dass wir gerne unsere Umgebung, unser Umfeld, unser Gegenüber ändern möchten, bitte ich Sie, nun einmal davon auszugehen, dass es sich bei jedem unangenehmen Zustand lediglich um ein Signal handelt, das Sie mit dem Klingeln eines Weckers vergleichen können. Dieses Signal deutet nicht wie gemeinhin angenommen darauf hin, dass außen etwas falsch ist. Es deutet vielmehr darauf hin, dass mein Denken eines Updates, einer Art Revision bedarf. Meine bisherige Sichtweise greift zu kurz, ist unreif, übersieht etwas – und etwas in mir macht mich darauf aufmerksam, dass es hier etwas zu entdecken gibt, was ich bisher übersehen habe.

Die Chancen stehen gut, dass ich herausfinde, worum es sich handelt, wenn ich nun beginne, meine Gedanken der Untersuchung zu unterziehen, die Byron Katie uns mit den vier Fragen und Umkehrungen anbietet.

»Denkgewohnheiten müssen nicht ewig gleich bleiben. Eine der bedeutendsten Entdeckungen der Psychologie in den letzten 20 Jahren ist, dass Menschen ihre Art zu denken verändern können.«

Martin Seligman

4. Vier Fragen und die Umkehrungen

Hier sind sie also, Byron Katies vier Fragen, mit deren Hilfe Sie nun Ihre stressvollen Gedanken und Überzeugungen untersuchen können. Sie finden sie außerdem auf der Innenseite des hinteren Umschlags, damit Sie sie jederzeit griffbereit haben.

1. Ist das wahr?
2. Können Sie absolut sicher sein, dass das wahr ist?
3. Wie reagieren Sie, wenn Sie diesen Gedanken glauben?
4. Wer wären Sie ohne diesen Gedanken?

Im Anschluss an die Beantwortung der Fragen kehren Sie Ihre Aussage um. Dabei können Sie zwischen drei Arten von Umkehrungen unterscheiden: Aussagen können immer ins Gegenteil, häufig zu sich selbst und auch zum anderen umgekehrt werden. Was das konkret heißt, werde ich gleich noch genauer erklären. Bilden Sie zuerst eine Umkehrung ins

Gegenteil und finden Sie mindestens drei echte Beispiele, die belegen, dass diese Aussage genauso wahr ist wie der Ursprungssatz oder wahrer. Fahren Sie dann auf die gleiche Weise mit der nächsten Umkehrung fort, bis es keine weitere Umkehrung mehr gibt.

Ich werde Ihnen dieses Vorgehen nun anhand eines eigenen Beispiels verdeutlichen. Es geht um einen Moment, in dem neben Chris und mir auch noch unser Freund und Kollege Sascha beteiligt war. Wir waren zu dritt in einem unserer Lieblingslokale in Berlin, der »Feinbäckerei«, und hatten gerade unser Mittagessen bestellt. Der Gedanke, den ich untersuchen möchte, lautet: »Chris sollte mich nicht unterbrechen.«

Frage 1: Ist das wahr?

Auf diese erste Frage gibt es nur zwei Antworten: Ja oder Nein. Wenn Sie sich diese Frage stellen oder wenn Sie sie gestellt bekommen, entsteht meist ein innerer Dialog, ein inneres Abwägen. »Einerseits ja, weil …, aber andererseits auch wieder nicht …« usw. Wenn man genau hinhört, gibt es also weitere Gedanken als Antwort auf die Frage. Doch bei dieser Frage geht es darum zu »landen«, sich selbst zu fragen: Ist dieser Gedanke wahr? Es geht darum zu schauen, ob ich innerlich bei einem Ja oder bei einem Nein lande. Ein »Ich weiß es nicht« ist streng genommen keine Antwort. Es ist eher ein Ausweichen gegenüber der Frage. Und doch – wenn das »Ich weiß es nicht« die beste Antwort ist, die ich im Moment geben kann, dann ist es eben so. Denn eines ist ganz wichtig:

Ich kann The Work nicht richtig oder falsch machen. Meine eigene ehrliche Antwort ist immer das, was zählt, sie ist immer richtig.

Wenn ich mich noch einmal in diese Situation in der »Feinbäckerei« hineinversetze und mich frage: »Ist das wahr, Chris sollte mich nicht unterbrechen?«, ist die erste Antwort: Ja, klar. Er ist mir ins Wort gefallen, hat mich nicht mal den Satz zu Ende sprechen lassen. Er wollte nicht mal wissen, was ich dazu zu sagen habe. Ja, das stimmt auf jeden Fall. Außerdem macht man das nicht, es gehört sich nicht. JA!

Manchmal sind wir hier eben mit der Antwort besonders schnell. Manchmal kommt das Ja schon, bevor die Frage zu Ende gestellt ist.

Das bedeutet wohl einerseits, dass ich mir besonders sicher bin, und andererseits ist es ein Zeichen dafür, dass ich mir keine besondere Mühe gebe, die Frage jetzt, in diesem Moment zu beantworten. Ich gebe sozusagen eine Antwort wieder, die ich vielleicht schon lange im Kopf habe, die mir selbstverständlich ist. Es ist halt so, weil es immer schon so gewesen ist, und dabei übergehe ich, worum es bei The Work geht: nämlich darum, die Fragen ehrlich, offen und so gut es mir in diesem Moment möglich ist, zu beantworten. Manchmal geht das am besten, wenn ich erst einmal die Augen schließe oder einen tiefen Atemzug nehme, mir den Gedanken, den ich gerade untersuche, noch einmal leise oder laut vorspreche und mich dann überraschen lasse, welche Antwort jetzt in diesem Moment ganz von allein auftaucht. Manchmal ist das Ergebnis überraschend und manchmal nicht.

Wichtig ist darüber hinaus, dass es nicht darum geht, wie das Ergebnis lautet. Es gibt kein besseres oder schlechteres

Ergebnis, schon mal gar kein richtiges oder falsches Ergebnis. Am Ende ist es nicht wichtig, ob ich ein Ja oder ein Nein finde. Entscheidend ist, dass ich mir Zeit nehme, meine ehrliche Antwort in diesem Moment zu finden. Es geht um den Prozess, nicht um das Ergebnis.

Der einzige Unterschied ist, dass ich bei einem Ja mit der zweiten Frage weitermache und bei einem Nein gleich weitergehe zur dritten Frage. Selbst bei einem Nein, also selbst wenn ich die Aussage nicht mehr für wahr halte, ist die Untersuchung keinesfalls beendet. Es gibt noch einiges zu entdecken in den weiteren Fragen und den Umkehrungen.

Frage 2: Können Sie absolut sicher sein, dass das wahr ist?

Hier wiederholt sich das Spiel gewissermaßen. Wenn man die Fragen die ersten Male stellt oder beantwortet, hören sich Frage 1 und 2 sehr ähnlich an. Die Einladung ist, sie einfach wirken zu lassen, sich keine Gedanken über die Idee oder die Theorie zu machen, die möglicherweise dahintersteht, und einfach zu schauen, welche Antwort nun auftaucht.

Wenn ich mich jetzt frage: »Kann ich mir absolut sicher sein, dass es wahr ist, dass Chris mich nicht unterbrechen sollte?«, nehme ich mir dieses Mal etwas mehr Zeit. Es ist ein wenig stiller, während ich diese Frage in mir hin und her bewege, das Restaurant und Chris und Sascha vor meinem inneren Auge sehe. Und das Ja fühlt sich immer noch wie die richtige, stimmige Antwort an.

Frage 3: Wie reagieren Sie, was passiert, wenn Sie diesen Gedanken glauben?

Hier ist es hilfreich, sich eine Zeitlinie vorzustellen. Der Gedanke taucht zu einem bestimmten Moment in der Zeit auf, und bei der Beantwortung der Frage 3 geht es darum herauszufinden, zu berichten, was unmittelbar danach geschieht.

Innerlich sehe ich also Chris, wie er in diesem Restaurant am Kopfende des Tisches sitzt. Ich sehe Sascha, wie er mir gegenübersitzt und uns abwechselnd anschaut. Ich spreche, und während ich spreche, beginnt Chris ebenfalls zu sprechen, etwas lauter als ich und mit nach vorn geneigtem Oberkörper. So, als würde er sich zwischen Sascha und mich schieben und durch seine Kopfhaltung dessen Blicke auf sich ziehen. In mir taucht der Gedanke auf: »Er sollte mich nicht unterbrechen.« Und wie reagiere ich nun, wenn ich diesen Gedanken glaube? Ich kriege nicht mit, was Chris eigentlich sagt. Ich bin total mit meinen eigenen Gedanken beschäftigt. »Wie kann er nur! Wieso übergeht er mich einfach? Wie unhöflich von ihm! Wieso ist es ihm egal, was ich zu sagen habe?« Ich verliere den Faden, ich vergesse, was ich eigentlich sagen wollte. Ich fühle mich fremd in dieser Situation und sehr getrennt von Chris. Ich habe gar keine Lust mehr, das Gespräch fortzusetzen. Ich bin genervt, enttäuscht.

Bei der Beantwortung der dritten Frage geht es darum, ganz bewusst wahrzunehmen, was alles im Anschluss an diesen Gedanken passiert und welche weiteren Gedanken auftauchen. Welche Bilder tauchen vor meinem inneren Auge auf? Wie gehe ich mit mir selbst und meinem Gegenüber um? Was sage oder mache ich in der Folge, beziehungsweise was sage oder mache ich nicht? Wie reagiert mein Körper, welche Gefühle tauchen auf?

Die Reaktionen auf den Gedanken, um den es hier geht, sind sehr vielfältig. Es ist eine reichhaltige innere Welt, die sich offenbart, wenn ich genau hinschaue. Und das ist genau der Punkt. Ich lasse das, was sonst in Windeseile einfach geschieht und vorüberzieht, nun vor meinem geistigen Auge noch einmal ablaufen, als sei es in Zeitlupe geschehen. Je detaillierter ich den Ablauf hier noch einmal ganz bewusst Revue passieren lasse, desto mehr tue ich das, worum es bei der dritten Frage geht! Ich berichte neutral, »objektiv« über das, was in mir, in meinem Körper und in meinem Kopf geschieht. Es geht nicht um Erklärungen oder Verteidigungen und auch nicht um neue Geschichten (wann Chris das schon mal gemacht hat, dass er das sowieso häufig tut etc.). All das wären Geschichten, die mich davon abhalten, The Work zu machen. Und wie sagt Byron Katie so schön: The Work funktioniert – allerdings nur, wenn du die Fragen auch wirklich beantwortest.

Frage 4: Wer wären Sie ohne den Gedanken?

Zurück zur Situation, zurück zu dem Moment, in dem ich den stressvollen Gedanken hatte. Wer bin ich in dem Moment, in dem ich spreche und von Chris unterbrochen werde? Wer wäre ich – stattdessen – in diesem Moment ohne den Gedanken »Chris sollte mich nicht unterbrechen«?

Das erscheint manchmal wie eine absurde Frage, denn ich hatte den Gedanken ja. Manche Menschen beginnen an dieser Stelle, sich vorzustellen, wie es gewesen wäre, wenn die Situation anders gewesen wäre – sprich: wenn Chris nicht angefangen hätte zu sprechen, während ich sprach. Doch darum geht es ausdrücklich nicht. Die Situation, also das, von dem ich meine, dass es genau so passiert sei, bleibt bestehen. Der einzige Unterschied ist nun, dass mein stressvoller Gedanke darüber nicht da ist. Wer wäre ich dann – eben ohne diesen Gedanken? In meinem Beispiel also: Wer wäre ich – während ich spreche und Chris ebenfalls zu sprechen beginnt – ohne den Gedanken »Er sollte mich nicht unterbrechen«? Erst einmal wäre ich immer noch ich. Und ich wäre ruhiger, gelassener. Ich wäre eher überrascht und weniger genervt. Ich würde sehen, wie sehr Chris das, was er Sascha und auch mir in dem Moment mitteilen möchte, bewegt. Ich würde sehen, dass er von der Idee, die er gerade hat, begeistert ist. Außerdem wäre meine Atmung ruhiger. Ich würde »es nicht so genau nehmen«.

Auch hier geht es darum, die Antwort, die innerlich auftaucht, wahrzunehmen, zur Kenntnis zu nehmen – ohne sie zu bewerten oder zu kommentieren.

Wenn ich mir die Antworten auf die Fragen 3 und 4 mit einem größeren Abstand anschaue, dann kann ich es oft auf diese Kurzform bringen: Mit dem Gedanken – Stress, ohne den Gedanken – kein Stress. Oder manchmal einfach auch: ohne den Gedanken weniger Stress.

Und in gewisser Weise lernt mein Verstand anscheinend aus dieser Bewusstmachung. Er versteht, dass diese stressvollen Gedanken nicht hilfreich sind, dass sie weder die Situation in die von mir gewünschte Richtung beeinflussen (Chris hört ja nicht auf, mich zu unterbrechen, nur weil ich denke, er sollte das nicht tun), noch für einen guten Zustand sorgen. Ganz im Gegenteil: Sie bringen mein körperliches und geistiges System auf eine Weise in Wallung, die nichts bewirkt – außer mehr oder zusätzlichen Stress. Sehr ungesund also – und gleichzeitig so vertraut und so weit verbreitet.

Es gibt bei The Work grundsätzlich kein Ziel, nichts, worauf wir hinarbeiten. Es ist eher die Bewusstwerdung, die hier zählt und die sich dann von ganz allein in uns entfaltet.

An dieser Stelle tauchen sicher viele offene Fragen oder Einwände auf: »Ich kann doch sein Verhalten nicht einfach so stehenlassen« – »Es ist doch wichtig, deutlich zu machen, wenn etwas nicht in Ordnung ist«. Und so weiter. Ich möchte Sie an dieser Stelle um ein wenig Geduld bitten – auf diesen Punkt werde ich später noch detailliert zu sprechen kommen. Zunächst einmal ist es wichtig festzuhalten, dass mir der stressvolle Gedanke in der Situation nicht weiterzuhelfen scheint – und dass ich ohne ihn besser dran wäre.

Manchmal fällt es auch einfach schwer, überhaupt eine Antwort auf die Frage zu finden. Der Gedanke, die Überzeugung ist dann so hartnäckig, dass ich gar nicht in der Lage bin, mir vorzustellen, wer ich ohne den Gedanken wäre.

Ich gebe Ihnen im Kapitel »Wenn es schwierig wird …« weitere Hinweise, was man in solchen Fällen tun kann. Zunächst ist aber erst einmal wichtig, dass es völlig okay ist, auf Frage 3 womöglich keine Antwort zu haben. The Work funktioniert wunderbar, auch wenn ich einmal keine Antwort finde. Was zählt, ist, dass ich ehrlich hinschaue und mir genügend Zeit lasse. Wenn mir dann nichts einfällt, ist das auch in Ordnung!

Die Umkehrungen

Nach der Beantwortung der vier Fragen geht es mit den Umkehrungen weiter. Wie bereits erwähnt unterscheiden wir drei Arten von Umkehrungen:

- die Umkehrung ins Gegenteil
- die Umkehrung zum anderen
- die Umkehrung zu sich selbst

Die Reihenfolge spielt dabei keine Rolle. Kehren wir zurück zu »Chris sollte mich nicht unterbrechen«. Die Umkehrung ins Gegenteil lautet dann: »Chris sollte mich unterbrechen.« Um mich dieser Idee zu nähern, frage ich mich erst einmal ganz grundsätzlich, ob das auch wahr sein könnte. Wenn ich das grundsätzlich für möglich halte, wenn ich Lust habe, näher hinzuschauen, dann gehe ich auf die Suche nach Beispielen, die (für mich) belegen, dass diese Aussage auch stimmt.

Achtung: Je mehr ich anfangs davon überzeugt war, dass es stimmt, dass Chris mich nicht unterbrechen sollte, desto weniger Sinn ergibt es vielleicht zunächst, sich diese Umkehrung anzuschauen. Und genau aus diesem Grund ist es ja so wichtig und spannend. Von manchen Dingen bin ich schon so lange überzeugt, dass ich keine andere Möglichkeit mehr in Betracht ziehe. Das Überzeugtsein von dem einen Ausschnitt der Realität kann mich so in seinen Bann ziehen, dass ich das Gegenteil – formuliert in einer Aussage – gar nicht mehr verstehe, dass mir der Sinn des Satzes buchstäblich verborgen bleibt. Ich kann Sie nur dazu einladen, jede Umkehrung grundsätzlich in Betracht zu ziehen – verwerfen kann man sie ja später immer noch. Das In-Betracht-Ziehen ist oft ein erster Schritt, um über den Tellerrand hinauszudenken, ein notwendiger Schritt, um alte, überholte Denkmuster zu verlassen. Während ich mich durch das Beantworten der Fragen schon ein wenig mehr im Frieden mit der Realität befinde, warten bei den Umkehrungen manchmal große Überraschungen.

»Chris sollte mich unterbrechen.« Welche Beispiele kann ich finden, dass das auch wahr ist in dieser Situation? Das Erste, was mir einfällt: Er hatte in der Tat anscheinend klar erfasst, was ich sagen wollte. Er brauchte anscheinend den Rest meiner Ausführungen nicht mehr zu hören, um seine Ideen und das, was er beisteuern wollte, zum Ausdruck zu bringen. Das fühlt sich zwar immer noch ein wenig unhöflich an, und doch es ist richtig – das war mir entgangen –, dass er meine Argumente klar erfasst hatte. Wie stimmt die Aussage noch, dass er mich unterbrechen sollte? Wie, auf welche Art und Weise, ist diese Umkehrung also noch wahr? Kann ich ein weiteres, ein zweites Beispiel finden? Ja. Chris sollte mich unterbrechen, damit wir uns nicht unnötig lange mit meinem Beitrag zum Thema beschäftigen. Korrekt, das stimmt auch! Wäre ich nicht so pikiert gewesen, hätte ich gemerkt, dass ich bereits dabei war, mich zu wiederholen. Chris und Sascha hatten bereits erfasst, worum es mir ging. Drittens: Er sollte mich unterbrechen, ganz einfach, weil er es getan hat! Es regnet, dann soll es wohl regnen. Die Sonne scheint, dann soll sie wohl scheinen. Dinge passieren, weil sie passieren. Und sie sollten anscheinend passieren, sonst würden sie nicht passieren. An dieser »Begründung« habe ich mir anfangs häufig die Zähne ausgebissen. Was soll das? Dann wäre ja alles okay und in Ordnung. Würde ich dann gar nichts mehr kritisieren oder nicht in Ordnung finden, geschweige denn etwas verändern können? Nein, darum geht es nicht. Es geht auch nicht um eine theoretische Diskussion oder um die Frage, ob das immer stimmt. Eine solche Diskussion wäre vor allem eins – der sichere Ausstieg aus dem Prozess der Work, die gerade stattfindet.

Wie könnte es also stimmen, dass Chris mich unterbrechen sollte in diesem Moment? Ja, er sollte mich unterbrechen: Es war für ihn so natürlich und so selbstverständlich, wie den nächsten Atemzug zu nehmen. Woher weiß ich das? Ich weiß es, weil es schon so oft passiert ist und weil es immer wieder passiert. Weil ich es ihm schon mehrfach gesagt habe, und obwohl er mir verspricht, sich Mühe zu geben, passiert es wieder und wieder. Er sollte mich unterbrechen, ja, das stimmt, solange er das tut. Es wird so lange stimmen, bis er lernt, sich anders zu verhalten. Und wenn das nie der Fall sein wird, weil es für ihn gar nicht wesentlich ist und er lieber etwas anderes lernt? Dann sollte er mich einfach weiterhin unterbrechen, weil es in diesem Moment sein natürlicher Ausdruck ist. Sein Verhalten ist ein Ausdruck dessen, was er in seinem Leben gelernt und erfahren hat. Es passt zu den Vorbildern, die er hatte, zu dem, was er lernen durfte und nicht lernen durfte in seinem bisherigen Leben, und vor allem passt es zu all seinen Glaubenssätzen und Überzeugungen. Es passt zu dem, was er in dem Moment über mich, über sich und über die Situation glaubt. Genau genommen: Wenn er das alles glaubt, ist es ihm gar nicht möglich, sich anders zu verhalten. Er ist dazu nicht in der Lage, er weiß nicht, wie es geht. Ich kann es drehen und wenden, wie ich will. Chris ist »unschuldig«, und es ist wahr: Er sollte mich unterbrechen – ob mich das nun stört oder nicht.

Aus der Perspektive des Workers »sollten« andere das tun, was sie tun, ganz einfach weil sie auf dem Hintergrund ihrer Überzeugungen gar nicht anders handeln können in diesem Moment. Grundsätzlich gilt das für jedes Verhalten, das Menschen zeigen. Es gilt auch für Dinge, die wir moralisch nicht in Ordnung finden, und ebenso für Dinge, die ein Straftatbestand sind. Einzig das Verhalten zu verurteilen, hilft nicht weiter – weder dem »Täter«, der nicht lernen kann, sein Verhaltensrepertoire zu erweitern, noch dem Opfer, denn so wird das »unerwünschte Verhalten« mangels Alternative zwangsläufig erneut auftauchen. Andererseits ist das keine Diskussion darüber, ob jemand für eine Straftat bestraft oder ins Gefängnis kommen sollte. Das steht auf einem völlig anderen Blatt.

Doch zurück zu meiner stressvollen Überzeugung, die ich gerade untersuche. Nachdem ich nun einige Beispiele dafür gefunden habe, dass meine erste Umkehrung, die Umkehrung ins Gegenteil, auch stimmt, gehe ich weiter zur nächsten Umkehrung. Der Satz »Chris sollte mich nicht unterbrechen« wird zu »Ich sollte Chris nicht unterbrechen« – die Umkehrung zum anderen, indem ich die beiden beteiligten Personen vertausche. Aus dem Subjekt im Satz wird das Objekt und umgekehrt.

Kann ich das auch finden? Habe ich Lust, da mal hinzuschauen? Ja. Gut, dann geht es darum, konkrete Beispiele zu finden, die belegen, dass das auch stimmt.

Ja, ich habe ihn unterbrochen, allein dadurch, dass ich gar nicht mehr zugehört habe. Ich bin ausgestiegen aus dem

Thema, aus der Diskussion, aus dem Kontakt. Ich habe genau das gemacht, was ich ihm vorgeworfen habe.

Ja, ich habe aufgehört, ihm zuzuhören. Anstatt seinen Einwurf in Ruhe anzuhören, war ich mit anderen stressvollen Gedanken über ihn beschäftigt.

Ja, ich sollte ihn nicht unterbrechen, weil ich so genau das tue, was ich ihm vorwerfe. Ich trage nicht dazu bei, dass sich unsere Gesprächskultur verbessert. So wie ich mich verhalten habe, lebe ich nicht das, was ich sage – nämlich, dass es darum geht, sich gegenseitig ruhig zuzuhören, den anderen aussprechen zu lassen.

Ich sollte ihn nicht unterbrechen, weil es sich einfach besser anfühlt, wenn ich mit gutem Beispiel vorangehe und ihm zeige, was ich meine und wie ich denke, dass wir miteinander umgehen sollten.

Ich sollte ihn nicht unterbrechen, weil es freundlich ist – ihm gegenüber und mir selbst gegenüber –, den Anfang zu machen und nicht Auge um Auge, Zahn um Zahn vorzugehen.

Ich sollte ihn nicht unterbrechen, weil ich mich mag, wenn ich ruhig, gelassen und freundlich bin – anstatt im Widerstand und mit dem Gefühl, im Recht zu sein.

Wow, das sind bereits mehr als drei Beispiele, und ja, manchmal ist es leicht, welche zu finden, und es wird immer leichter, wenn der Zugang einmal gefunden ist. Wichtig ist an dieser Stelle vor allem: Selbst wenn ich erkenne, was ich selbst beitragen kann, geht es niemals darum, mir selbst einen Vorwurf zu machen oder plötzlich selbst das Gefühl zu haben, etwas falsch gemacht zu haben. Ein schlechtes Gewissen, ein Selbstvorwurf ist unter Umständen sogar kontraproduktiv. Selbstvorwürfe helfen mir nicht weiter und führen nicht dazu, dass ich mich beim nächsten Mal weiser verhalten werde. Es geht bei The Work um Erkenntnisse und Einsichten. In diesem Fall um das Erkennen, dass wir beide uns in dieser Situation eigentlich ganz ähnlich verhalten. Dass ich mein Verhalten in seinem finden kann und umgekehrt. Dass nicht einer von uns richtig ist und der andere falsch. Dass nicht einer besser ist oder schlechter, sondern dass wir beide – auch wenn es sich pathetisch anhören mag – »unschuldig« sind. Beide sind wir »Gefangene« unseres Verhaltens, unserer Gedanken und des Kreislaufs, der daraus entsteht. Besserung ist erst in Sicht, wenn ich mir die Ruhe und Zeit nehme, genau anzusehen, was in diesem Moment geschieht, und das ist eine ganze Menge.

Aus »Chris sollte mich nicht unterbrechen« wird »Ich sollte mich nicht unterbrechen«, wenn ich diesen Satz zu mir umkehre.

Will ich da hinschauen? Ja! Wie mache ich das, mich unterbrechen, in dieser Situation? Und stimmt es, dass ich das besser nicht tun sollte?

Ja, ich unterbreche mich – in meiner ruhigen Atmung, in meiner gelassenen Stimmung zum Beispiel. Der Gedanke »Er unterbricht mich« geht außerdem einher mit Bildern, auf denen ich einen Ralf sehe, der unterbrochen wird. Diese Bilder sehe nur ich, und das ist eine weitere Art, wie ich mich unterbreche. Ehe ich mich versehe, bin ich mitten im Krieg mit der Realität – in diesem Fall mit Chris' Verhalten. Was habe ich davon? Nichts! Sollte ich das unterlassen? JA! Wenn ich die Wahl zwischen den folgenden beiden Alternativen hätte: A) Chris hört auf, mich zu unterbrechen. B) Ich höre auf, mich zu unterbrechen. Was wäre mir lieber, womit wäre mir mehr gedient? Zweifelsohne damit, dass ich aufhöre, mich zu unterbrechen. Davon würde ich profitieren – nicht nur im Umgang mit Chris, sondern auch mit jedem anderen Menschen, der mich unterbricht. Mehrere Fliegen mit einer Klappe geschlagen. Und außerdem fühlt es sich reifer und weiser an. Ich würde es genießen, nicht mehr so davon abhängig zu sein, dass andere sich so verhalten, wie ich es will oder brauche. Diese Unabhängigkeit und Flexibilität fühlen sich viel besser an!

Damit habe ich nun den »Zyklus« der Untersuchung mit den Fragen und Umkehrungen zu dieser einen Aussage abgeschlossen.

In Anschluss an eine solche Untersuchung bin ich manchmal zunächst ein wenig verwirrt oder durcheinander. Manchmal bin ich eher nachdenklich, weil sich so viele neue Informationen in mir hin und her bewegen. Und oftmals fühle ich mich so wie jetzt einfach befreiter und viel entspannter.

Aus der Schwarz-Weiß-Betrachtung ist ein Mehr an Vielfalt geworden. Mein Verstand hat die eingefahrenen Bahnen verlassen und neue Wege gefunden, die Situation zu betrachten. Ich habe meinen Tunnelblick erweitert. Die festgefahrene Sichtweise hat sich aufgelockert, neue Informationen sind mir zugänglich. Wo es vorher im Netz meiner neuronalen Verbindungen eine Datenautobahn und Brachland gab, gibt es nun immer noch eine (alte) Datenautobahn und neue Feldwege, Trampelpfade, die sich zu Schnellstraßen und Autobahnen entwickeln können.

Glaubenssätze und Überzeugungen wirken wie Wahrnehmungsfilter. Das bedeutet, dass ich grundsätzlich viel leichter

Beispiele wahrnehme, die das, was ich sowieso schon glaube, bestätigen. Seit ich begonnen hatte zu glauben, Chris sollte mich nicht unterbrechen, sammelte mein Verstand Beispiele dafür, dass er es tut und wieso er es nicht tun sollte. Das wiederum ließ meine im Gegensatz zur Realität stehende Überzeugung immer stärker werden, was erneut zu mehr Beispielen führte. Wenn ich Beispiele für die eine Sichtweise finde, ist die Kehrseite, dass ich Beispiele für andere Sichtweisen (Umkehrungen) ausblende. Dass sich Glaubenssätze und Überzeugungen verstärken, geschieht somit wahrnehmungsbedingt von allein.

Aus meiner Sicht ist die Anwendung von The Work der aktive Prozess, dies zu unterbrechen und im buchstäblichen Sinne umzukehren. Und zwar »Stück für Stück« beziehungsweise Satz für Satz. Jede Work, die Beantwortung der Fragen und das Finden von Beispielen für die Umkehrungen, ist ein bewusstes Innehalten, das den Prozess der automatisierten Verstärkung unterbricht und die Aufmerksamkeit auf das lenkt, was bisher übersehen wurde. Wenn der Anfang erst einmal gemacht ist – und dafür reichen anscheinend die wenigen Beispiele aus, die wir als Beleg für die Umkehrungen finden –, geraten die bisherigen Überzeugungen ins Wanken. Aus »A ist wahr, und B, C und D sind falsch« wird »A ist wahr, und B, C und D sind auch wahr, genauso wahr oder sogar wahrer«. Aus Schwarz-Weiß wird bunt, und aus Einseitigkeit wird Vielfalt. Und ab sofort findet der Verstand Beispiele für A, B, C und D.

Als ich begonnen habe, The Work anzuwenden, dachte ich, dass es darum geht, dass die Umkehrungen wahrer sind als die ursprüngliche Überzeugung, und mit der Zeit habe ich für mich herausgefunden, dass das Nebeneinander von A *und* B *und* C *und* D wertvoller ist und die Realität anscheinend besser abbildet als die ständige Suche nach der »richtigen« Antwort oder Überzeugung. Zugegebenermaßen ist es nicht immer einfach, dieses Nebeneinander, diese Vielfalt (aus)zuhalten. Hin und wieder hätte es mein Verstand am liebsten ganz einfach, nämlich schwarz und weiß. Doch vermutlich sind diese Zeiten vorbei, und das Schwarz-Weiß wird mir nicht mehr die (vermeintliche) Ruhe und Erfüllung bieten, die ich darin gesehen habe.

Und noch einmal zurück zu der Untersuchung, die ich soeben durchgeführt habe. Im Anschluss an die Work werden sich nun in mir die Dinge erst einmal neu sortieren. Das Gute ist: Sie tun das ganz von allein. Es ist mir schon manchmal passiert, dass ich mitten in der Nacht aufgewacht bin mit einem Beispiel im Kopf. Ein Beispiel für eine Umkehrung, für die ich am Tag zuvor beim besten Willen keines finden konnte. Die meisten Menschen, die ich kenne, empfinden es als erleichternd, dass es an dieser Stelle keiner Nachsorge bedarf. Es gibt nichts aufzuschreiben, und ich muss mir nichts merken. Dass ich noch mehr tun kann, wenn ich will, steht auf einem anderen Blatt, und darauf werde ich am Ende des nächsten Kapitels eingehen.

Wenn ich am Ende einer Untersuchung das Gefühl habe, die Situation noch nicht wirklich verstanden zu haben, wenn es sich noch unbefriedigend anfühlt, wenn es sozusagen »noch nicht reicht«, dann schreibe ich ein vollständiges Arbeitsblatt »Urteile über deinen Nächsten« genau über diese Situation. Das ist sozusagen der Königsweg, der der Untersuchung einzelner Sätze vorzuziehen ist, insbesondere weil er noch mehr in die Tiefe geht. Insgesamt ist dieser Prozess des Schreibens und Untersuchens eines kompletten Arbeitsblattes jedoch komplexer, ihm ist daher das gesamte folgende Kapitel »Meilensteine« gewidmet.

Die Untersuchung

Doch zunächst sind nun Sie an der Reihe. Über The Work zu lesen, ist das Eine, eigene Antworten auf die Fragen und echte Beispiele für Umkehrungen zu finden das Andere.

Gut zu wissen also, dass Sie niemand anders brauchen, um The Work anzuwenden. Sie können sich ganz allein an die Untersuchung Ihrer stressvollen Überzeugungen machen. Dazu brauchen Sie – auch weiterhin – lediglich Stift und Papier, denn es empfiehlt sich auf jeden Fall, auch die Untersuchung schriftlich durchzuführen.

Nehmen Sie also die Unterlagen zur Hand, auf denen Sie in der letzten Übung die stressvollen Gedanken notiert haben. Lesen Sie diese noch einmal durch, und entscheiden Sie sich für einen Gedanken. Nehmen Sie einfach den, der Ihnen in diesem Moment besonders schmerzhaft erscheint oder Sie einfach am meisten interessiert. Legen Sie sich fest. Sie können es nur richtig machen. Schreiben Sie dann den Satz, den Sie untersuchen möchten, oben auf ein Blatt Papier.

Nun beginnen Sie mit der Untersuchung, indem Sie nacheinander die vier Fragen beantworten. Schreiben Sie Ihre Antworten unbedingt auf. Es ist die Eigenart des Verstandes zu wandern, und das wird er vermutlich tun, während

Sie dabei sind, die Fragen zu beantworten. Das schriftliche Vorgehen unterstützt Sie dabei, das Raster der Fragen einzuhalten, und – wie Byron Katie immer wieder betont – The Work funktioniert nur, wenn man die Fragen wirklich beantwortet.

Seien Sie offen, lassen Sie sich überraschen, schrauben Sie Ihre Erwartungen nicht zu hoch. Es geht einfach darum, loszulegen und Erfahrungen zu sammeln.

Sobald Sie zu den Umkehrungen kommen, empfehle ich Ihnen, zuerst zu überlegen, wie eine mögliche Umkehrung lautet und diese dann ebenfalls aufzuschreiben. Und wenn sie einmal auf Ihrem Blatt steht, fragen Sie sich, ob dieser Satz ebenfalls wahr sein könnte. Wenn Sie dies bejahen, dann lassen Sie ganz in Ruhe drei echte, möglichst konkrete Beispiele auftauchen, und schreiben Sie dazu ebenfalls einige Stichpunkte auf, bevor Sie mit der nächsten Umkehrung weitermachen. Dieses Vorgehen wiederholen Sie so lange, bis Sie keine weitere Umkehrung mehr finden können. Die Untersuchung dieses Gedankens ist dann abgeschlossen, und Sie können mit dem nächsten stressvollen Gedanken fortfahren.

Und für den Anfang: Auch bei The Work gilt, dass noch kein Meister vom Himmel gefallen ist, den Meister macht eher die Übung. Seien Sie unbesorgt, wenn Ihnen zum Beispiel bei einer Umkehrung keine Beispiele einfallen. Ihr Verstand wird sich an diese Vorgehensweise gewöhnen, und mit der Zeit wird es Ihnen womöglich immer leichter fallen.

Im weiteren Verlauf des Buches werde ich Ihnen übrigens noch das Arbeitsblatt »Untersuche eine Überzeugung« vorstellen, das Sie bei der Durchführung der Untersuchung zu

Hilfe nehmen können, und ich werde Sie vertraut machen mit den zahlreichen Möglichkeiten, sich dabei von einem Gegenüber begleiten zu lassen.

Stopp.

Auf geht's!

»Die kürzesten Wörter, nämlich ›ja‹ und ›nein‹, erfordern das meiste Nachdenken.«

Pythagoras von Samos

5. Meilensteine

The Work wird oft beschrieben als ein Prozess, stressvolle Überzeugungen zu entdecken und zu untersuchen. Sowohl mit der »Entdeckung« als auch mit der »Untersuchung« haben Sie nun erste Erfahrungen gesammelt. Als Nächstes möchte ich Ihnen das Arbeitsblatt »Urteile über deinen Nächsten« vorstellen. Dieses Arbeitsblatt ist eine große Hilfe dabei, in der Tiefe und im Detail sorgfältig und systematisch die verschiedenen Gedanken zu identifizieren, die in einer einzigen Situation auftauchen. Das Arbeitsblatt ist also so etwas wie der Königsweg bei der Ent-Deckung stressvoller Überzeugungen.

Rufen Sie sich bitte noch einmal das Bild der Perlenschnur in Erinnerung, das als Metapher für die Aneinanderreihung einzelner Momente diente. In jedem Moment, in dem Sie in Ihrer Partnerschaft nicht glücklich und zufrieden sind, gibt es stressvolle Gedanken in Ihrem Verstand. Gedanken, die Ihnen nicht unbedingt bewusst sind, Gedanken und Überzeugungen vielleicht, die schon länger nicht mehr oder noch nie überprüft wurden. Gedanken, die Sie irgendwann einmal zum ersten Mal hatten und die Sie dann begonnen haben, mehr und mehr zu glauben. Gedanken, von denen viele sich als Schleife inzwischen ständig wiederholen. Einige sind konkret auf einzelne Menschen bezogen, andere hingegen nehmen wir mit von Mensch zu Mensch und glauben zum Beispiel über unseren Partner das, was wir auch schon über den Partner davor oder vielleicht über unsere Eltern oder andere wichtige Menschen geglaubt haben.

Diese stressvollen Gedanken kommen nicht einzeln oder isoliert daher. In jedem Moment, in dem Stress dominiert, bewerte ich das, was passiert. Ich habe eine Vorstellung davon, was anders sein sollte und wie es besser wäre. Ich will etwas Bestimmtes, und ich habe Ideen, was ich brauche, um wieder glücklich zu werden, wo ich es jetzt ja gerade in diesem Moment nicht bin. All dies wird berücksichtigt in dem Arbeitsblatt, um das es nun geht. Vielleicht werden Sie überrascht sein, was in einem solchen Moment – bewusst oder unbewusst – alles in Ihnen vorgeht.

Auf das Aufschreiben folgt die Untersuchung. Im Laufe des Prozesses werden Ihnen voraussichtlich viele Aspekte der Realität bewusst werden, die zuvor verborgen waren. Dadurch lässt sich die eher einseitige, schwarz-weiß-malerische Sichtweise immer weniger aufrechterhalten. Das innere Erleben verliert seine Rigidität. Vielleicht tauchen zunächst Zweifel auf, oder eine verloren gegangene Erinnerung ist plötzlich wieder da. In beiden Fällen verändert sich Ihre Sicht auf die zuvor als unangenehm erlebte Situation. Es wird neue Antworten auf die Frage geben: Was ist zu tun? Und das Verhalten anderer erscheint in einem anderen Licht oder verändert sich, weil sich durch meine Einsichten auch mein Verhalten ändert. Die Situation verliert ihren »Schrecken«, und auf manches, was ich eigentlich nie mehr erleben wollte, kann ich mich nun von Herzen freuen.

Was zunächst für die eine Situation gilt, gilt dann auch für alle anderen. Und mit der Zeit werden Sie immer mehr die Fähigkeit erlangen, in stressvollen, unangenehmen Momenten in Ihrer Beziehung ganz ruhig, bei sich und innerlich friedvoll zu sein. Und gerade wenn es Ihnen nicht mehr so notwendig oder dringlich erscheint, werden diese Momente sich verändern – womöglich nicht nur mit Ihrem Partner/Ihrer Partnerin, sondern auch mit anderen Menschen in Ihrem Umfeld.

Ich würde sagen, jeder stressvolle Moment ist es wert, mithilfe dieses Arbeitsblattes ausführlich betrachtet, untersucht und letztendlich »verstanden« zu werden. Und auch wenn das nun ebenfalls eine Überzeugung ist: Meine Lebensqualität hat sich verbessert mit jeder Situation, die ich mithilfe eines Arbeitsblattes durchleuchtet habe. Viele dieser Situationen haben sich anschließend völlig verändert.

Doch der Reihe nach.

Das Arbeitsblatt »Urteile über deinen Nächsten«

Das Arbeitsblatt, das Sie nun brauchen, finden Sie auf der Innenseite des vorderen Umschlags. Sie können es auch auf www.thework.com/deutsch oder www.vtw-the-work.org herunterladen. Das Arbeitsblatt besteht aus sechs nummerierten, unterschiedlichen Punkten. Es wird in seinen Formulierungen fortlaufend weiterentwickelt, existiert aber bereits seit den 1990er-Jahren. Es ist von Byron Katie urheberrechtlich weltweit geschützt. Jeder ist eingeladen, es zu verwenden, und wird grundsätzlich gebeten, beim Teilen mit anderen die Quelle anzugeben. Bitte drucken Sie sich nun zunächst ein Arbeitsblatt aus. Ich werde Sie dann Schritt für Schritt dabei begleiten, es auszufüllen. Wenn Sie auf das Ausdrucken verzichten möchten, dann nehmen Sie bitte ein leeres Blatt zur Hand, schreiben Sie bei allen sechs Punkten dann zuerst die Satzanfänge auf, so wie Sie es auf dem Beispielarbeitsblatt in der vorderen Umschlagklappe sehen können, und vervollständigen Sie diese dann in aller Ruhe mithilfe der folgenden Anleitung.

Das Arbeitsblatt ausfüllen

Inhaltlich sind bei diesem Arbeitsblatt zwei Dinge besonders wichtig. Konzentrieren Sie sich auf …

- das Geschehen in einem einzelnen, spezifischen, stressvollen Moment.
- eine andere Person, die der vermeintliche Auslöser für den Stress ist, den Sie empfinden; zum Beispiel also Ihren Partner beziehungsweise Ihre Partnerin.

Es geht sozusagen um eine Perle auf Ihrer Schnur. Wählen Sie, welche das jetzt sein könnte. Sie können sich fragen, wann und wo Sie besonders großen Stress mit Ihrem Partner/Ihrer Partnerin hatten. Welche Situation möchten Sie besser verstehen, an welcher Stelle würden Sie sich eine Veränderung am sehnlichsten wünschen? Und wie gesagt: Es zählen nur die Situationen, in denen Ihr schlechter Zustand vermeintlich durch die andere Person, also Ihren Partner beziehungsweise Ihre Partnerin, ausgelöst wurde.

Entscheiden Sie sich für einen bestimmten Moment in Raum und Zeit. Dieser Zeitpunkt und dieser Ort sind der Kontext für alles, was Sie jetzt aufschreiben werden.

Das Arbeitsblatt über diese Situation auszufüllen, ist in gewisser Weise wie eine Meditation. Vergegenwärtigen Sie sich den Ort und den Zeitpunkt. Wo waren Sie? Was haben Sie um sich herum wahrgenommen? War es Vormittag, Nachmittag oder Abend? Saßen Sie, standen Sie, lagen Sie? Wo war die andere Person in diesem Moment? Was haben Sie gesehen oder gehört? An welche Details können Sie sich erinnern?

Während ich das Kapitel schrieb, in dem es unter anderem um Christine und ihre Gedanken über Timo ging, der nicht pünktlich zur Verabredung erschien, fiel mir eine ähnliche Situation ein, die ich einmal mit Chris erlebte. Das war kurz nachdem wir uns kennengelernt hatten. Ich wohnte noch allein und war zu Hause in meiner Küche. Ich freute mich auf einen gemütlichen entspannten Abend zu zweit und einen guten Rotwein. Chris wollte um 21 Uhr bei mir sein. Um Punkt 21 Uhr rief er an, um mir mitzuteilen, dass er noch eine Freundin nach Hause bringen würde und dass es noch ein Weilchen dauern werde, bis er bei mir sei.

Wenn ich genau hinschaue, ist der Moment, den ich mir näher anschauen möchte, der Moment unmittelbar nachdem wir unser Telefonat beendet haben. Der Moment, in dem mir klar wurde, dass der Abend, den ich mir vorgestellt hatte, so nicht Realität werden würde.

Während ich nun das Arbeitsblatt ausfülle und bearbeite, werde ich immer wieder auf diesen Moment zurückkommen. Ich vergegenwärtige mir, wie ich in der Küche auf einem der Barhocker sitze, den Blick aus dem Fenster gerichtet. Ich erinnere mich und sehe vor meinem inneren Auge, wie ich langsam das Telefon aus der Hand lege, wie ich am liebsten mit der Hand auf die Tischplatte schlagen würde und mir das dann doch verkneife, um stattdessen meine Augenbrauen hochzuziehen und eine Grimasse zu schneiden.

Ich bitte Sie, sich nun ebenfalls für eine Situation, einen Moment zu entscheiden und den Kontext so gut es geht noch einmal lebendig werden zu lassen. Worum soll es bei diesem ersten Arbeitsblatt gehen? Vielleicht wählen Sie den Moment, der Ihnen bei der Übung in Kapitel 3 eingefallen ist. Eine 4 oder 5 auf der Intensitätsskala ist gut geeignet, um einen ersten Versuch mit dem Arbeitsblatt zu wagen.

Sollten Sie an dieser Stelle den Einwand haben, Ihre stressvollen Gedanken seien gar nicht so sehr gegen den Partner gerichtet oder über den Partner, sondern bezögen sich eher auf sich selbst, dann haben Sie bitte ein wenig Geduld. Wir kommen noch auf das Thema »stressvolle Gedanken über sich selbst« zu sprechen. Um The Work zu verstehen und zu erleben, zeigt die Erfahrung, dass es sinnvoll ist, zunächst mit einem »Thema« zu beginnen, an dem ein anderer Mensch, zum Beispiel der eigene Partner oder die eigene Partnerin, beteiligt ist.

Sind Sie in jedem Moment, den Sie mit Ihrem Partner beziehungsweise Ihrer Partnerin verbringen, glücklich? Die Antwort erübrigt sich, denn dann würden Sie vermutlich dieses Buch nicht lesen. Es gibt sie also, die Momente in der Partnerschaft, in denen wir unzufrieden sind mit dem Partner, und genau um einen dieser Momente soll es nun gehen.

Wenn Sie also jetzt gleich beginnen, Ihre Gedanken zu Papier zu bringen, dann achten Sie darauf, sich nicht zu zensieren. Viele von uns lernen von klein auf, dass wir nicht mit dem Finger auf andere Menschen zeigen sollten, dass wir nicht schlecht über andere denken sollten. Und hat es funktioniert? Bei mir nicht. Ich habe diese Gedanken, und ich habe gelernt, sie eher zu verdrängen als auszusprechen. Und hier ist nun genau das Gegenteil gefordert.

Wenn es darum geht, ein Arbeitsblatt auszufüllen, gibt es keinen Grund, weise sein zu wollen. Dies ist der Zeitpunkt, *allen* Gedanken, die in mir da sind, zu erlauben, sich auszudrücken und den Weg aufs Papier zu finden.

Punkt 1 des Arbeitsblattes

Versetzen Sie sich nun noch einmal in die Situation, die Sie ausgewählt haben, und nehmen Sie Kontakt zu Ihren Gefühlen auf. Wie haben Sie sich in dem betreffenden Moment gefühlt? Waren Sie verärgert, deprimiert, traurig, ängstlich, verletzt oder verwirrt? Welche Gefühle tauchten auf? Manchmal ist es nicht leicht, Gefühle zu benennen, manchmal sind es auch ganz verschiedene Gefühle, die alle auf einmal auftauchen. Lassen Sie sich ruhig Zeit, und notieren Sie gegebenenfalls mehrere verschiedene Beschreibungen, schreiben Sie diese in die erste Lücke auf Ihrem Arbeitsblatt.

Ich war in dem Moment in der Küche enttäuscht und verärgert. Die Enttäuschung überwog, zwischendurch gab es

Wellen von Wut und Ärger, und dann kehrte die Enttäuschung zurück. Also schrieb ich auf das Arbeitsblatt: »Ich bin *enttäuscht und ärgerlich* wegen Chris, weil …« Als Nächstes geht es darum zu beschreiben, welches Verhalten Ihres Partners/Ihrer Partnerin dieses Gefühl auslöst. Was soll hinter dem Wort »weil …« stehen? (Als aufmerksamem Leser dürfte Ihnen bereits bewusst sein, dass es nicht das Verhalten Ihres Partners/Ihrer Partnerin ist, das ein Gefühl in Ihnen auslöst, sondern Ihre Gedanken. – Der entscheidende Punkt ist aber, dass Ihnen das in dem unangenehmen Moment selbst nicht bewusst ist. Versuchen Sie daher beim Ausfüllen des Arbeitsblattes nicht, weiser zu sein, als Sie es in dem betreffenden unangenehmen Moment waren.)

Bezogen auf mein Erlebnis mit Chris gibt es nun verschiedene Möglichkeiten: »Ich bin enttäuscht und ärgerlich wegen Chris, weil er seine Freundin nach Hause bringt.« Nein, das ist es nicht. Das ist ja im Prinzip ein netter Zug von ihm. Diese Höflichkeit oder Großzügigkeit schätze ich an ihm. Darum kann es hier nicht gehen.

»Ich bin enttäuscht und ärgerlich wegen Chris, weil er später kommt.« Nein, das trifft es auch nicht. Würde er später kommen, weil er die betreffende Freundin ins Krankenhaus bringen muss, wäre ich weder enttäuscht noch ärgerlich, dann hätte ich Verständnis oder wäre in Sorge. Auf jeden Fall wäre ich nicht enttäuscht oder ärgerlich. Ich bin enttäuscht und ärgerlich wegen Chris, weil ich ihm nicht so wichtig bin. Mhm, das kommt der Sache schon näher. Aber es ist noch nicht das, was ich wirklich glaube. Ich bin enttäuscht und ärgerlich, weil er meine Bedürfnisse nach einem schönen Abend und der Einhaltung unserer Verabredung nicht ernst nimmt. Ja, das trifft es! Und das schreibe ich jetzt in der kürzesten Form, bei der nichts verloren geht, auf.

»Ich bin enttäuscht und ärgerlich wegen Chris, weil *er meine Bedürfnisse nicht ernst nimmt.*«

Den Zusatz »nach einem schönen Abend und der Einhaltung unserer Verabredung« lasse ich hier weg. Ich behalte es zwar im Hinterkopf, aber für den eigentlichen Satz, den ich untersuchen werde, wäre es zu lang und zu kompliziert.

Versuchen Sie jetzt so spezifisch wie möglich herauszufinden, was es ist, das Sie in der von Ihnen gewählten Situation stört, und vervollständigen Sie den entsprechenden Satz auf Ihrem Arbeitsblatt. An diese Stelle auf dem Arbeitsblatt gehört nur ein einziger kompletter Satz.

Wenn ich länger bei meiner unangenehmen Situation verweile, taucht noch auf: Ich bin sauer, weil Chris nichts aus vergangenen Situationen lernt. Denn schließlich kommt das so nicht zum ersten Mal vor. Wow – nicht schlecht, da ist Saft drin, das gehört angeschaut. Aber eins nach dem anderen. Das ist kein zweiter Satz für dieses Arbeitsblatt, das gehört auf ein weiteres Arbeitsblatt. So reichhaltig kann eine einzelne Situation sein. Doch zunächst bleibe ich bei dem Arbeitsblatt, das ich soeben begonnen habe.

Es bleibt bei »Ich bin enttäuscht und ärgerlich wegen Chris, weil *er meine Bedürfnisse nicht ernst nimmt*«.

Überlegen Sie nun – bezogen auf die Situation, die Sie ausgewählt haben –, welche Aussage über die andere Person den Nagel auf den Kopf trifft. Was genau macht Sie so ärgerlich, wütend oder traurig? Vervollständigen Sie dann den Satz unter dem ersten Punkt des Arbeitsblattes.

Punkt 2 des Arbeitsblattes

Was will ich von Chris in dieser Situation? Ja, was will ich von ihm? Was meine ich, erwarten zu können? Was, meine ich, sei mein gutes Recht, in dem Moment, in dem ich in der Küche sitze und nach dem Telefonat mit Chris das Handy beiseitelege?

Auf meinem Arbeitsblatt habe ich den Raum, an allem festzuhalten, was ich gerne hätte – wie ein kleines Kind, das seinen Willen durchsetzen will. »Ich will, *dass er auf der Stelle zu mir kommt!*« – »Ich will, *dass er pünktlich ist!*« – »Ich will, *dass er mich an die erste Stelle setzt!*« Solange Groll da ist, den ich spüren kann, bin ich bei Punkt 2 an der richtigen Stelle. Hier ist der Ort für den Trotzanfall, die Wut. »Ich will, *dass er mich nicht versetzt!*« – »Ich will, *dass er seine Zusagen einhält!*« Ich warte und lade mich selbst ein, weitere Antworten auf diese Frage zu finden. Es geht darum, ein Inventar zu erstellen, ein Inventar all der Gedanken, die bewusst und unterbewusst da sind in dieser Situation. Und früher oder später stelle ich fest, dass der Trotzanfall nachlässt. Nach einem, zwei, fünf oder zehn Gedanken ist alles Wollen zu Papier gebracht.

Und nun sind Sie wieder an der Reihe. Vergegenwärtigen Sie sich die gleiche Situation, den gleichen Moment vor Ihrem inneren Auge, über den Sie unter Punkt 1 geschrieben haben. Was wollen Sie in diesem Moment von Ihrem Partner beziehungsweise von Ihrer Partnerin? Nehmen Sie Kontakt auf zu dem Persönlichkeitsanteil in Ihnen, der am liebsten wie ein trotziges Kind mit dem Fuß auf den Boden stampfen würde, und warten Sie dann, welche Gedanken auftauchen. Schreiben Sie alles auf, was auftaucht, bis die Wut und der Trotz langsam, aber sicher weichen. Das ist der Zeitpunkt, um zum nächsten Punkt auf dem Arbeitsblatt überzugehen.

Punkt 3 des Arbeitsblattes

Was sollte Chris tun in dieser Situation? Wenn der Trotzanfall vorbei ist, tritt schon ein wenig mehr Ruhe ein, und ich kann klarer denken. Ich bin nun weniger das kleine trotzige Kind und werde mehr zu einem rational denkenden Menschen, der meist auch viele Ideen dazu hat, wie andere sich verhalten sollten und was gut für sie wäre. Um diese Eigenschaft, diese Fähigkeit geht es hier. Welchen Rat habe ich für Chris in diesem Moment, während ich in der Küche sitze und mein Telefon aus der Hand lege? Welche Empfehlung habe ich für ihn, die zu beherzigen gleichzeitig ihm gut täte und mir das gäbe, was ich möchte? Welcher Tipp wäre also sowohl für ihn als auch für mich ein Schritt in die richtige Richtung? Und dabei achte ich darauf, Schritte zu wählen, die nicht zu groß, sondern wirklich machbar sind – auch aus der Perspektive des anderen betrachtet. »Chris sollte nicht *so spontan reagieren.*« – »Er sollte *den Abend besser planen!*« – »Er sollte *mich berücksichtigen, wenn er anderen eine Zusage macht.*« Ja, das glaube ich wirklich, das ergibt für mich Sinn! Und ist es auch machbar für Chris? Ja, ich glaube schon.

Und was sind Ihre Gedanken? Welchen Rat haben Sie für Ihr Gegenüber?

Punkt 4 des Arbeitsblattes

Oberflächlich betrachtet, erscheint der vierte Punkt auf dem Arbeitsblatt vielleicht wie eine Wiederholung. Meine Empfehlung ist, dass Sie beim Ausfüllen des Arbeitsblattes die Nuancen wahrnehmen und wirklich sorgsam vorgehen. Nach dem Trotz, der Wut und dem Ärger (Punkt 2), nach den Ratschlägen (Punkt 3) geht es nun vor allem um die Traurigkeit, die sich einstellt, wenn uns emotional in einer Situation etwas fehlt. Was brauche ich vom anderen, um glücklich zu sein? Und zwar ohne die Uhr zurückzudrehen oder das, was bereits unmöglich ist, wieder möglich zu machen? Das Kind ist ja bereits in den Brunnen gefallen, und das wird hier nicht geleugnet oder ungeschehen gemacht. Vielmehr wollen wir nun sehen, wie wir es da wieder herausbekommen.

Anhand meines Beispiels verdeutlicht: »Ich brauche, dass Chris pünktlich ist« wäre hier keine hilfreiche Antwort. Ich könnte diesen Gedanken natürlich überprüfen. Er ist allerdings keine Antwort auf die Frage, um die es beim vierten Punkt des Arbeitsblattes geht, denn ich weiß ja bereits, dass das nicht der Fall ist, dass er nicht pünktlich sein wird, und genau diese Realität soll hier nicht geleugnet werden. Was würde es wiedergutmachen? Was würde das bestehende Problem »lösen«, und zwar nicht nur so, dass ich halbwegs zufrieden bin? Was würde mich wirklich glücklich machen? Hier brauche ich erst einmal Zeit, um diese Frage ein wenig sacken zu lassen. Das ist manchmal notwendig, damit die unterbewussten Überzeugungen auftauchen können. Wovon bin ich überzeugt? Was glaube ich wirklich, was mich jetzt glücklich machen würde?

»Ich brauche – um wieder glücklich zu sein –, *dass Chris sich für sein Verhalten entschuldigt, dass er mir verspricht, dass es nicht mehr vorkommt und dass er sich dann auch daran hält.*« Das halte ich schriftlich auf dem Arbeitsblatt fest.

Und nun sind Sie wieder an der Reihe. Welches sind Ihre Bedürfnisse, was glauben Sie von Ihrem Partner, Ihrer Partnerin zu brauchen, um so schnell wie möglich wieder wirklich glücklich zu sein?

Punkt 5 des Arbeitsblattes

Auch beim fünften Punkt versetze ich mich erneut mitten in die Situation – in meinem Fall in den Moment des Telefonhörer-Beiseitelegens. Hier geht es jetzt um Adjektive und Substantive, nicht um Aussagesätze. Was denke ich alles über Chris in dieser Situation? Wie beschreibe und bewerte ich ihn? Mir fallen hier auch positive Dinge ein wie: »Er ist für seine Freunde da.« Doch die sind hier nicht so wichtig. Ich konzentriere mich daher in erster Linie auf die stressvollen Bewertungen, die ich finde. »Er ist *unpünktlich, unzuverlässig, spontan, ein Weichei, kann nicht Nein sagen.*«

Machen Sie nun bitte Ihre Liste!

Punkt 6 des Arbeitsblattes

Und last but not least: Was wollen Sie mit Ihrem Partner – im Kontext dieser Situation – nie wieder erleben?

Ich sitze nun also da in der Küche, und was passiert ist, ist passiert. Was will ich nie wieder erleben? »Ich will nie wieder erleben, *dass Chris mich versetzt.* Ich will nie wieder erleben, *dass ihm unsere Abmachung so unwichtig ist.*«

Was ist es, was Sie in einer vergleichbaren Situation nie wieder erleben wollen?

Das, was Ihnen hier einfällt, ist in der Tat Teil einer interessanten Geschichte. Verdeutlichen Sie sich einmal den folgenden Zusammenhang: Das, was in dieser Situation geschehen ist, ist vermutlich nicht zum ersten Mal geschehen. Und ganz neutral und von außen betrachtet: Wie wahrscheinlich ist es dann, dass es wieder geschieht? Vermutlich sehr wahrscheinlich. Und es scheint sehr menschlich zu sein, dass wir uns trotzdem wünschen, es möge nicht mehr geschehen. Insgesamt bedeutet das, dass wir in unserer Vorstellung über die Zukunft Dinge auf uns zukommen sehen, die wir nicht mögen, nicht wollen, die wir am liebsten verhindern würden. Doch das scheint oftmals nicht in unserer Macht zu stehen – also sind wir »dem Bösen« hoffnungslos ausgeliefert. Stellen Sie sich einmal vor, wie Sie Ihr Leben leben, wenn Sie auf diese Art und Weise in die Zukunft blicken, und lassen Sie sich überraschen, wie sich das – vielleicht – verändert, wenn Sie die einzelnen Sätze auf Ihrem Arbeitsblatt untersucht haben und die Umkehrung zum Punkt 6 kennenlernen, die ein wenig abweicht von dem, was Sie als Umkehrungen bereits kennengelernt haben.

Doch zunächst einmal: Herzlichen Glückwunsch! Es ist geschafft. Sie haben das erste Arbeitsblatt ausgefüllt und somit das »Rohmaterial«, Ihre Materialsammlung an Gedanken, schriftlich festgehalten. Genau diese Überzeugungen sind es, die wir später untersuchen werden. Das Ausfüllen des Arbeitsblattes ist ein wichtiger Schritt, und in gewisser Weise ist damit oft bereits das »Schlimmste« überstanden.

Das Gute ist: Da das Arbeitsblatt nun ausgefüllt vor Ihnen liegt, haben Sie etwas in der Hand, das Ihnen hilft, bei Bedarf jederzeit wieder in die Situation zurückzugelangen. Das bedeutet gleichzeitig, dass Sie es sich in der Zwischenzeit gut gehen lassen können. Kein Grund, in dieser Situation und in den damit zusammenhängenden Gefühlen stecken zu bleiben. Trinken Sie einen Tee, schlafen Sie eine Nacht darüber – oder machen Sie sich jetzt sofort daran, die einzelnen Gedanken auf dem Arbeitsblatt zu untersuchen.

Es gibt noch mindestens einen weiteren triftigen Grund, warum es sinnvoll ist, zunächst alle möglichen stressvollen Gedanken aufzuschreiben und sie erst anschließend zu untersuchen: Wenn Sie erst einmal begonnen haben mit der Untersuchung, wird sich Ihre Sichtweise auf die Situation schrittweise verändern. Sie werden anfangen, Ihre eigenen Anteile am Geschehen immer besser zu erkennen. Nachdem Sie die Untersuchung eines Satzes beendet haben und auf dem Arbeitsblatt nach dem nächsten Satz Ausschau halten, ist das Erstaunen manchmal groß, was da so alles auf dem Arbeitsblatt steht, was man da so kurz vorher in der vollen Überzeugung richtig zu liegen, geschrieben hat. Dies bedeutet im Umkehrschluss, dass Sie diese Aussagen zu diesem späteren Zeitpunkt vielleicht gar nicht mehr so treffen würden. Sie könnten sie vielleicht dann nicht mehr so aus sich herauslocken, und da ist es einfach gut, dass das gar nicht mehr notwendig ist, weil es ja schon auf dem Blatt steht! Denn die Tatsache allein, dass Sie es vielleicht nun nicht mehr so sagen oder schreiben würden, bedeutet nicht, dass Sie es nicht mehr glauben.

Das Arbeitsblatt bearbeiten

Anhand meines eigenen Arbeitsblattes, dessen Entstehen Sie gerade miterlebt haben, werde ich Ihnen nun erläutern, wie solch eine vollständige Untersuchung abläuft. Im Prinzip ist das einfach die wiederholte Anwendung der vier Fragen und Umkehrungen, indem Sie von jedem Punkt des Arbeitsblattes mindestens einen Satz untersuchen. Außerdem erfahren Sie, nach welchen Kriterien Sie die einzelnen Sätze für die Untersuchung auswählen und welche bedeutsamen Unterschiede es bei den Umkehrungen zu den einzelnen Punkten des Arbeitsblattes zu beachten gilt. Im Anschluss daran werde ich Sie dann bei der Untersuchung Ihres eigenen Arbeitsblattes unterstützen.

Mein Arbeitsblatt lautet:

1. Ich bin enttäuscht und ärgerlich wegen Chris, weil er meine Bedürfnisse nicht ernst nimmt.
2. Ich will, dass er auf der Stelle zu mir kommt! Ich will, dass er pünktlich ist! Ich will, dass er mich an die erste Stelle setzt! Ich will, dass er mich nicht versetzt! Ich will, dass er seine Zusagen einhält!
3. Chris sollte nicht so spontan reagieren. Er sollte den Abend besser planen! Er sollte mich berücksichtigen, wenn er anderen eine Zusage macht.
4. Ich brauche von Chris, um glücklich zu sein, dass er sich für sein Verhalten entschuldigt, dass er mir verspricht, dass es nicht mehr vorkommt und dass er sich dann auch daran hält.
5. Er ist unpünktlich, unzuverlässig, spontan, ein Weichei, kann nicht Nein sagen.

6. Ich will nie wieder erleben, dass er mich versetzt. Ich will nie wieder erleben, dass ihm unsere Abmachung so unwichtig ist.

Untersuchung von Punkt 1

Im Satz »Ich bin enttäuscht und ärgerlich wegen Chris, weil er meine Bedürfnisse nicht ernst nimmt« sind zwei Aussagen enthalten: »Ich bin enttäuscht« und »Chris nimmt meine Bedürfnisse nicht ernst«. Für die Untersuchung wählen wir hier grundsätzlich den zweiten Teil des Satzes, die Aussage also, die sich auf die andere Person, den Partner bezieht. Der zu untersuchende Satz lautet demnach:

»Chris nimmt meine Bedürfnisse nicht ernst.«

Frage 1: Ist das wahr? Ja.

Frage 2: Kann ich mir absolut sicher sein, dass das wahr ist? Nein.

Frage 3: Wie reagiere ich, wenn ich glaube, dass Chris meine Bedürfnisse nicht ernst nimmt? Ich bin traurig, enttäuscht, wütend. Ich verliere das Interesse am gemeinsamen Abend. Ich freue mich nicht mehr auf ihn. Ich denke, der Abend ist versaut, daraus kann nichts mehr werden. Ich fühle mich wie ein Opfer, abhängig und unfair behandelt. Ich sitze in der Falle.

Frage 4: Wer wäre ich – in diesem Moment – ohne den Gedanken »Chris nimmt meine Bedürfnisse nicht ernst«? Ich wäre leichter, entspannter, ruhiger. Ich würde überlegen, was ich mit den nächsten zwei Stunden anfangen will. Ich sehe Bilder vom Uferweg an der Spree und frage mich, ob ich Lust auf einen Spaziergang habe.

Die Umkehrung ins Gegenteil lautet: »Chris nimmt meine Bedürfnisse ernst.« Könnte das auch stimmen, habe ich Interesse, da hinzuschauen? Ja. Welche Beispiele kann ich dafür finden? Dafür gibt es zahlreiche Beispiele in anderen Situationen. Das versöhnt mich schon ein wenig. Und kann ich es auch in dieser Situation finden? Ja, er nimmt meine Bedürfnisse zumindest so ernst, dass er mich anruft und informiert. Ja, er nimmt sie auch so ernst, dass er mich fragt, ob das okay sei. Wow, das ist interessant, denn ich habe diese Frage am Telefon bejaht. Das wird mir erst jetzt wieder bewusst. Und – drittes Beispiel – ja, sein Tonfall signalisiert, dass er weiß, dass ich damit nicht gut umgehen kann, und er signalisiert auch, dass es ihm leidtut. Das kann ich sehen als ein Beispiel dafür, dass ihm meine Bedürfnisse wichtig sind, dass er sie ernst nimmt.

Die Umkehrung zum anderen lautet: »Ich nehme seine Bedürfnisse nicht ernst.« Könnte das genauso wahr oder wahrer sein? Ja, könnte es. Welches Beispiel kann ich finden? Chris' Bedürfnis, seine Freundin nach Hause zu bringen, ist mir in der Tat völlig wurscht. Wow, das ist ja sehr egoistisch. Ich »behaupte«, ihn zu lieben, und sein Bedürfnis ist mir egal. In diesem Moment stimmt es anscheinend mehr, dass ich etwas von ihm will, als dass ich ihn liebe – beides zugleich schließt sich aus. Kann ich noch ein Beispiel finden? Ja, ich habe mich mit seiner »Art«, auf diese Anfragen von Freundinnen zu reagieren, noch gar nicht weiter beschäftigt. Ich habe mich bisher noch nie mit ihm darüber unterhalten, noch nie nachgefragt. Bisher wollte ich einfach das, was ist und mir nicht gefällt, abstellen! Und »Ich nehme sein Bedürfnis nicht ernst« stimmt, weil ich nur Augen und Ohren für meines habe.

Die Umkehrung zu mir lautet: »Ich nehme meine Bedürfnisse nicht ernst.« Wie ist das wahr in diesem Moment, in dem ich das Telefongespräch beende? Könnte das ebenfalls wahr sein? Ja. Ich komme zum Beispiel nicht dazu, mich zu fragen, worauf ich gerade Lust habe, wie ich meine Zeit verbringen möchte bis zu Chris' Ankunft – oder ob ich mich heute überhaupt mit ihm treffen möchte. Ich bin viel zu beschäftigt mit meinen stressvollen Gedanken über sein Verhalten, dass das so nicht in Ordnung ist, dass das anders werden muss etc. Das geht so weit, dass ich mich frage, ob er überhaupt der richtige Partner für mich sein kann, wenn das immer so weitergeht und sich nicht ändert. (An dem betreffenden Abend habe ich zum Beispiel den Fernseher eingeschaltet und die Flasche Rotwein allein geleert. Als Chris schließlich kam, gab es erst einmal eine Standpauke.)

Ich nehme meine Bedürfnisse nicht ernst, wie stimmt das noch in dieser Situation? Es stimmt in Bezug auf meine Antwort am Telefon. Chris fragt: »Ist das okay?«, und ich sage: »Ja klar, bis später dann.« Ich will kein Spielverderber sein, ich will es mir auch mit der Freundin nicht verscherzen, die neben Chris im Auto sitzt und womöglich meine Reaktion mitbekommt. Ich bin nicht in der Lage, ehrlich zu sein und meine Gedanken oder Gefühle auszudrücken – nicht vor Chris, nicht vor mir. Wie stimmt es noch, dass ich meine Bedürfnisse nicht ernst nehme? Ja, es fühlt sich sehr wahr an, dass ich mich gar nicht damit beschäftige, was denn eigentlich mein wirkliches Bedürfnis ist in diesem Moment: Geht es wirklich darum, den Abend mit Chris zu verbringen? Oder stört Chris' Verhalten mich einfach, weil ich denke, ich werde nicht ernst genommen? Bin ich verunsichert, weil ich weder ihn noch die

Situation kontrollieren kann? Ich stelle fest, dass ich gar nicht wirklich in Kontakt bin mit dem, was in mir vorgeht.

Untersuchung von Punkt 2

Weiter geht es mit dem, was ich zu Punkt 2 geschrieben habe.

»Ich will, dass er auf der Stelle zu mir kommt! Ich will, dass er pünktlich ist! Ich will, dass er mich an die erste Stelle setzt! Ich will, dass er mich nicht versetzt! Ich will, dass er seine Zusagen einhält!«

Wenn ich das jetzt lese, fällt mir als Erstes der Satz auf: »Ich will, dass er mich an die erste Stelle setzt!« Dieser Satz wirkt gerade am stärksten auf mich. Er hat die meiste Ladung. Aus diesem Grund wähle ich diesen Satz für die nächste Untersuchung. Bei Punkt 2 übernehmen wir den Satz wörtlich so, wie wir ihn geschrieben haben.

Er beginnt also immer mit »Ich will ...«

»Ich will, dass er mich an die erste Stelle setzt!«

Frage 1: Ist das wahr? Ja.

Frage 2: Kann ich mir absolut sicher sein? Ja!

Frage 3: Wie reagiere ich, was passiert, wenn ich glaube, ich will, dass Chris mich an die erste Stelle setzt (und es gleichzeitig so aussieht, als täte er dies nicht)? Ich werde trotzig, bin verletzt. Ich finde es nicht in Ordnung, wie er sich verhält. Ich werde sogar eifersüchtig auf diese Freundin. Ich sehe, wie die beiden im Auto sitzen und Spaß haben, während mein Abend versaut ist. Es fühlt sich bitter an, säuerlich. Ich halte die Luft an und will mich aufplustern.

Frage 4: Wer wäre ich ohne den Gedanken »Ich will, dass er mich an die erste Stelle setzt«? Hmm, das ist zunächst gar nicht einfach. Da taucht Angst auf, ich könnte etwas verlieren, wenn ich diesen stressvollen Gedanken loslasse oder nicht mehr habe. Diese Angst basiert auf der Überzeugung, dass ich stressvolle Gedanken brauche, um etwas zu erreichen. Es hilft mir, wenn ich mir vor Augen halte, dass das womöglich nicht stimmt. Es ist ja hier zum Beispiel offensichtlich, dass ich nicht das bekomme, was ich möchte. Der stressvolle Gedanke scheint mir also nicht wirklich zu helfen. Wer wäre ich also ohne ihn? Ich würde mehr in mir ruhen. Ich wäre zufrieden mit mir. Ich würde sehen, dass ich ein schönes Zuhause habe, in dem ich gerade angekommen bin, dass ich eine erfolgreiche Arbeitswoche hinter mir habe und ein ganzes schönes Wochenende vor mir liegt, auf das ich mich freue. Es wäre mir ehrlich gesagt ziemlich egal, ob Chris mich gerade an die erste Stelle setzt oder nicht.

Und damit bin ich schon bei der Umkehrung ins Gegenteil angekommen. »Ich will nicht, dass er mich an die erste Stelle setzt.«

Wie stimmt das? Wie macht das Sinn? Ich will nicht, dass er mich an die erste Stelle setzt. – Warum sollte ich das von ihm verlangen, in einem Moment, in dem er das gerade nicht tut? Ich will, dass er seine Freundin an die erste Stelle setzt – weil es das ist, wonach ihm gerade ist. Was für eine Freiheit. Ich will, dass er mich nicht an die erste Stelle setzt, weil mir das gerade so kontrollierend und abhängig erscheint. Es steigt in mir die Lust und das Verlangen auf, Chris so sein lassen zu können, wie er ist, und Zeit für mich zu haben, mich mit dem zu beschäftigen, was in mir passiert. Ich will keine bestimmte Position beanspruchen und darauf unsere Beziehung aufbauen.

Es gibt hier übrigens zwei weitere Varianten für die Umkehrung ins Gegenteil:

- »Ich will, dass er mich *nicht* an die erste Stelle setzt.«
- »Ich will, dass er mich an die *letzte* Stelle setzt.«

In der ersten Variante taucht das »nicht« im zweiten statt wie zuvor im ersten Teil des Satzes auf. Spüren Sie einmal nach, wie sich allein die unterschiedliche Satzstellung auswirkt. Bei der zweiten Variante wird die »erste Stelle« umgekehrt zur »letzten Stelle«. Und auch das macht einen Unterschied.

Die Umkehrung zu mir: Ich will, dass ich mich an die erste Stelle setze. Was könnte das für mich heißen in dieser Situation? Welche Inspiration steckt darin, welcher Aspekt der Realität ist mir bisher verborgen geblieben? Ich will, dass ich in jedem Moment meines Lebens für mich da bin. Oder, wie Wayne Dyer es einmal formuliert hat: In keinem Moment deines Lebens macht etwas mehr Sinn, als dich selbst von ganzem Herzen zu lieben. Und ich sehe, wie ich nicht liebend mit mir selbst umgehe, wenn ich mir den Abend versaue, weil mein Partner nicht das tut, was ich will. Ich möchte die Flexibilität entwickeln, ihn so zu nehmen, wie er ist, so wie ich Regen und Sonne genießen kann, ohne das Wetter ändern zu wollen. Es kommt mir gerade wie ein fragiles, zerbrechliches Gerüst vor, ihn ändern zu wollen, von ihm an die erste Stelle gesetzt zu werden, anstatt zu lernen, für mich selbst da zu sein und mich an die erste Stelle zu setzen. Ich will, dass ich mich an die erste Stelle setze und mir die Zeit nehme, mich damit zu beschäftigen, was in mir vorgeht.

Die Umkehrung zum anderen: Ich will, dass ich ihn an die erste Stelle setze. Wie könnte das stimmen? Ja, das toppt die ganze Geschichte noch. Ich kann für mich da sein, und ich kann für ihn da sein. Wenn ich ihn an die erste Stelle setze, dann erkenne ich, wie selbstverständlich es für ihn ist, seine Freundin nach Hause zu fahren, und wie ebenso selbstverständlich es ist, dass er nicht den ganzen Abend plant, was wie lange dauert und wann er sich auf den Weg machen muss. Diese Spontaneität macht ihn aus, die genieße ich, wenn wir Zeit miteinander verbringen. Das ist etwas, das er in unsere Verbindung einbringt und das ich wirklich genieße. Es ist wundervoll, wenn er mich mitreißt und in eine andere Welt entführt – gerade weil mir das so fremd ist. Ich will, dass ich ihn an die erste Stelle setze und ihm erlaube, es ihm wünsche, dass er so auch mit anderen Menschen sein kann, die ihm nahe sind. Ich will, dass ich ihn an die erste Stelle setze, weil ich damit mir einen schönen Abend mache!

Es gibt hier mindestens noch einen weiteren Satz, der als Umkehrung in Betracht kommt: »Ich will, dass er sich an die erste Stelle setzt.« Einerseits ist dies ja ohnehin das, was ich schon habe, sprich als Realität erlebe. (Nur weil Chris sich an die erste Stelle setzt und nicht mich, macht es Sinn zu glauben »Ich will, dass er mich an die erste Stelle setzt«.) Außerdem ist es hier wichtig zu sehen, dass das einfach nicht meine Angelegenheit ist. Es ist meine Angelegenheit, wen ich an die erste Stelle setze, und seine Angelegenheit, wen er an die erste Stelle setzt. Daher gehe ich hier nicht auf die Suche nach Beispielen, welche Wahrheit ich in der Aussage entdecken kann.

Nachdem ich nun eine Aussage von Punkt 2 des Arbeitsblattes untersucht habe, lese ich mir noch einmal durch, was ich dort sonst noch geschrieben habe.

»Ich will, dass er auf der Stelle zu mir kommt! Ich will, dass er pünktlich ist! Ich will, dass er mich nicht versetzt! Ich will, dass er seine Zusagen einhält!«

Mit dem einen Satz, den ich untersucht habe, hat sich auch mein Gefühl zu den anderen Sätzen verändert. Sie sind allesamt nicht mehr so wahr beziehungsweise nicht mehr so bedeutsam wie vorher. »Ich will, dass er auf der Stelle zu mir kommt!« stimmt gar nicht mehr. Ich weiß, worum es stattdessen geht und womit ich meine Zeit nun am besten verbringen würde. Bei »Ich will, dass er seine Zusagen einhält« zucke ich innerlich ein wenig zusammen. Das zeigt mir, dass darin noch etwas enthalten ist, das sich lohnen würde anzuschauen. Andererseits bin ich gespannt, was ich sonst noch geschrieben habe, und entscheide mich, zu Punkt 3 des Arbeitsblattes weiterzugehen.

Untersuchung von Punkt 3

»Chris sollte nicht so spontan reagieren. Er sollte den Abend besser planen! Er sollte mich berücksichtigen, wenn er anderen eine Zusage macht.«

Der dritte Satz spricht mich am meisten an, diesen wähle ich für die Untersuchung. *»Er sollte mich berücksichtigen, wenn er anderen eine Zusage macht.«*

Frage 1: Ist das wahr? Ja.

Frage 2: Kann ich mir absolut sicher sein, dass das wahr ist? Nein.

Frage 3: Wie reagiere ich, was passiert, wenn ich das glaube? Ich fühle mich außen vor, übersehen, nicht wichtig. Ich fühle mich unfair behandelt und wieder wie ein Opfer, hilflos. Ich sehe Chris vor mir, lachend, Spaß habend, nicht an mich denkend, während ich an ihn denke, auf ihn warte und meine Zeit totschlage.

Frage 4: Wer wäre ich ohne den Gedanken? In diesem Moment, während ich das Telefon aus der Hand lege. Die Situation ist vorbei! Ich würde realisieren, dass Chris später kommt als geplant. Ich wäre nicht mit »hätte, sollte, könnte« beschäftigt. Ich wäre nicht so gefangen in meinem Verstand, sondern mehr präsent in diesem Moment. »It´s over!« Ich könnte mich dem widmen, was vor mir liegt, eine weitere Stunde für mich und mit mir – und ein Rest des Abends gemeinsam mit Chris. Kein unnötiges Kopfkino, kein unnötiger Mindfuck.

Die Umkehrung ins Gegenteil: Er sollte mich nicht berücksichtigen, wenn er anderen eine Zusage macht. Das ist in diesem Moment anscheinend wahrer, weil er es nicht tut. Und er tut es nicht, weil er es entweder nicht will oder weil er es nicht kann. Beides ist in Ordnung. Mir ist nach einem Gespräch mit ihm, ich möchte mehr darüber erfahren, wie er sich erlebt, was er denkt und fühlt in solchen Momenten (und meine Erfahrung ist, dass die Chancen für ein gutes Gespräch in dieser Richtung wachsen, wenn ich selbst nicht mehr davon ausgehe, dass der andere »falsch« ist oder etwas »falsch« macht).

Chris sollte mich nicht berücksichtigen, weil ich lernen kann, flexibler zu werden, mir alleine auszureichen, weil ich ausprobieren kann, was sich verändert, wenn ich mein Verhalten ändere, anstatt immer wieder etwas von ihm zu verlangen, was für ihn anscheinend nicht so einfach ist.

Die Umkehrung zum anderen: Ich sollte ihn berücksichtigen, wenn ich anderen eine Zusage mache. Das erscheint mir zunächst einmal wie eine Einladung, ganz offen hinzusehen, wann ich mich vielleicht genauso verhalte, wie ich es Chris unterstelle. Und ja, das kann ich finden. Zum Beispiel verabrede ich mich häufig mit Freunden – ohne das vorher mit Chris zu besprechen. Ich habe sogar mit einer Freundin einen zweiwöchigen Urlaub geplant und bin gar nicht auf die Idee gekommen, ihn dabei einzubeziehen oder ihn vorher zu fragen, wie er das findet. Ich nehme an vielen Stellen ganz selbstverständlich das Recht für mich in Anspruch, mit anderen etwas abzustimmen, ohne ihn dazu zu hören. Und wie sieht es in dieser speziellen Situation aus, während ich in der Küche sitze? Ja, es gilt ja in diesem Moment, dass ich ihn nicht berücksichtige, zum Beispiel bezüglich der Urlaubszusage. Es gilt in Bezug auf die Planung der vielen Seminare an den Wochenenden im nächsten Halbjahr – vielleicht würde Chris die ja – zumindest teilweise – gerne mit mir verbringen. Es gilt bezüglich der Zusage, beruflich in den USA tätig zu werden – vorübergehend.

Vielleicht sollte ich ihn einfach mal fragen, was er dazu denkt, und ihn mehr einbeziehen, wenn ich plane, Zusagen an andere zu geben. Und wenn ich mich nun noch konkreter auf die aktuelle Situation beziehe: An diesem heutigen Abend, wie sollte ich ihn berücksichtigen? Ihn zu berücksichtigen bedeutet zum Beispiel, mir bewusst zu machen, wie wichtig es für ihn ist, für seine Freundin da zu sein. Wie sehr er es liebt, spontane Entscheidungen treffen zu können. Sein Leben zu genießen und mit dem Flow zu gehen. Vielleicht sollte ich einfach mehr darüber nachdenken, wie ich es ihm ermöglichen kann, dass er – ohne dass ich ihm Stress mache – so sein kann, wie er sein möchte.

Die Umkehrung zu mir: Ich sollte mich berücksichtigen, wenn er Zusagen an andere macht – ich sollte mich berücksichtigen, wenn ich Zusagen an andere mache. Hmm, diese Aussagen scheinen auf den ersten Blick gar nicht so viel Sinn zu ergeben. Dann ist es manchmal ein guter Einstieg, sie erst einmal innerlich hin und her zu bewegen. Wie könnte diese Aussage, diese Sichtweise, eine Inspiration sein? Und ja, was mir einfällt: Ich sollte mich berücksichtigen, wenn er Zusagen an andere macht. Ich könnte mich mit und für Chris' Freundin freuen, die sicher erleichtert ist, nach Hause gefahren zu werden. Ich könnte mich in dieser Dreierrunde wohlfühlen und ihr liebe Grüße ausrichten. Das fühlt sich warm, liebevoll und großzügig an, und ich weiß, dass es mir möglich wäre, wenn ich nicht automatisch davon überzeugt wäre, dass der Abend versaut ist, weil Chris seine Zusage mir gegenüber nicht einhält. Ich sollte mich berücksichtigen, weil ich mich dann weniger allein fühlte. Ich sollte mich berücksichtigen, weil ich es gerade bin, der mich ausgrenzt und ausschließt: Vor meinem inneren Auge bin ich allein zu Hause – versetzt –, während die beiden Spaß miteinander haben bei ihrer Fahrt durch Berlin. Ich sollte mich berücksichtigen, gerade in dem Moment, in dem Chris es vermeintlich nicht tut. Ist ja eigentlich nicht besonders intelligent, dass ich mich selbst fallen lasse in dem Moment, in dem ich glaube, dass er das tut!

Nun lese ich noch einmal meine beiden anderen Aussagen zum dritten Punkt: »Chris sollte nicht so spontan reagieren. Er sollte den Abend besser planen!«

Beides fühlt sich nicht mehr so wahr an wie beim Schreiben des Arbeitsblattes, und es löst auch nicht mehr die gleiche Verzweiflung aus. Es macht mich eher nachdenklich. Ich könnte jetzt mit beiden Sätzen erneut in die Untersuchung einsteigen und würde sicherlich interessante Aspekte entdecken. Und auch jetzt ist meine Neugier größer, zum nächsten Punkt weiterzugehen.

Untersuchung von Punkt 4

»Ich brauche von Chris, um glücklich zu sein, dass er sich für sein Verhalten entschuldigt, dass er mir verspricht, dass es nicht mehr vorkommt und dass er sich dann auch daran hält.«

Schon beim Lesen fällt mir auf, dass auch das nicht mehr so wirklich stimmt. Ich habe schon verstanden, dass ich nachher keine Entschuldigung von ihm brauche, dass mir vielmehr damit gedient wäre, wenn ich mich in dieser Situation anders verhielte. Manchmal lande ich automatisch bei den Umkehrungen, wenn das gesamte Gedankengebäude nach den ersten Untersuchungen beginnt, wie ein Kartenhaus in sich zusammenzufallen.

Je nachdem, wie gründlich ich vorgehen möchte, wie sehr mir das Thema am Herzen liegt, wie sehr ich noch an der Überzeugung hänge, der andere müsste etwas anders machen beziehungsweise wie absurd mir die ganze Geschichte inzwischen erscheint: Ich habe die Wahl, die Abkürzung zu nehmen und mir gleich die Umkehrungen anzuschauen oder mich einfach noch einmal zurückzuversetzen in den Moment, in dem ich diesen Gedanken wirklich geglaubt habe. Und ich entscheide mich dafür, den folgenden Satz zu untersuchen:

»Ich brauche von Chris, dass er mir verspricht, dass es nicht mehr vorkommt.«

Frage 1: Ist das wahr? Nein.

Aufgrund des »Neins« als Antwort auf die erste Frage entfällt die zweite Frage. Es geht stattdessen gleich weiter mit der dritten Frage.

Frage 3: Wie reagiere ich, wenn ich glaube, dass ich von ihm brauche, er müsse mir versprechen, dass es nicht mehr vorkommt? Ich fühle mich abhängig. Ich überlege, was ich tun kann, damit er mir dieses Versprechen gibt. Es fühlt sich kontrollierend und manipulativ an, und es bleibt unsicheres Terrain, weil es nicht sicher ist, dass es funktionieren wird. Ich bin auf Chris fixiert und nicht bei mir.

Frage 4: Wer wäre ich ohne den Gedanken? Freier, unabhängiger, nicht mehr mit der Zukunft beschäftigt. Entspannt. Es ist Vorfreude da auf Chris.

Die Umkehrung ins Gegenteil: »Ich brauche nicht von Chris, dass er mir verspricht, dass es nicht mehr vorkommt.« Ja, das stimmt mehr, ich brauche weder dieses noch ein anderes Versprechen von Chris, um in diesem Moment glücklich zu sein. Ich brauche nicht, dass er mir verspricht, dass es nicht mehr vorkommt, weil es immer mehr okay für mich ist, dass es wieder vorkommt. Weil ich weiß, was ich in dem Moment tun kann – für mich. Was es zu lernen gibt – für mich. Wie ich die freie Zeit wirklich gut für mich nutzen kann. Ja, anscheinend brauche ich es, dass Chris mir verspricht, dass es wieder vorkommt! ☺

Umkehrung zu mir: »Ich brauche von mir, dass ich mir verspreche, dass es nicht mehr vorkommt.« Welches Versprechen von mir könnte ich gut gebrauchen? Was sollte nicht mehr vorkommen?

a. Ich sollte mich zukünftig in vergleichbaren Situationen nicht mehr so verhalten wie bisher. Ich sollte mich stattdessen besser mit meinen Bedürfnissen beschäftigten und wirklich für mich da sein, dafür sorgen, mir einen schönen Abend zu machen.
b. Ich sollte mir versprechen, Chris viel mehr zu berücksichtigen bei den Entscheidungen, die ich ganz für mich allein treffe.
c. Und ich sollte mich viel mehr berücksichtigen.

Das ergibt so alles viel mehr Sinn. Was nicht bedeutet, dass es einfach ist, all das zu beherzigen. Es ist ein wirkliches Lernprogramm, damit habe ich wohl echt zu tun. Und es erscheint alles einfach sinnvoller, als das fortzusetzen, was ich bisher getan habe, beziehungsweise als das, was bewusst oder unbewusst einfach geschehen ist, abgelaufen wie ein automatisches Programm in der Situation.

Die Umkehrung auf die andere Person: »Ich brauche es, dass ich ihm verspreche, dass es nicht mehr vorkommt.« Wenn ich das ernst nehme, könnte ich gleich Nägel mit Köpfen machen und Chris davon erzählen, was ich alles – aufgrund seines Anrufes – über mich, über ihn und die Situation gelernt habe und was ich gedenke, zukünftig anders zu machen.

Untersuchung von Punkt 5

»Er ist unpünktlich, unzuverlässig, spontan, ein Weichei, kann nicht Nein sagen«.

»Er ist unpünktlich« fällt mir sofort ins Auge. Und da erscheint es mir stimmig, statt der vollständigen Untersuchung mit den vier Fragen und Umkehrungen gleich die Umkehrungen anzuschauen.

Für die Umkehrung ins Gegenteil gibt es zwei Möglichkeiten: »Er ist nicht unpünktlich« und »Er ist pünktlich«.

Chris ist nicht unpünktlich, weil er zumindest pünktlich anruft. Er ist nicht unpünktlich, weil er ja schon da ist. In meinen Gedanken ist er sehr präsent. Der Abend mit ihm hat bereits begonnen. Um Punkt 21 Uhr hat er meine volle Aufmerksamkeit. Und ob ich will oder nicht, komme ich gerade gar nicht mehr an ihm vorbei.

Er ist pünktlich: Er hat mich nicht vergessen, er hat genau die Uhrzeit im Kopf, zu der wir verabredet sind. Ein weiteres Beispiel fällt mir hier gerade nicht ein.

Man könnte denken, »nicht unpünktlich« und »pünktlich« sei das Gleiche. Und aus meiner Sicht ist dies gerade ein schönes Beispiel dafür, dass diese Nuancen manchmal einen wirklichen Unterschied machen und dass es sich lohnt, ganz genau hinzuschauen.

Die Umkehrung zu mir: »Ich bin unpünktlich.« Wie stimmt das – in diesem Moment? Wie bin ich unpünktlich? Ich wäre zum Beispiel in diesem Moment um Punkt 21 Uhr nicht mehr »stressfrei« bereit für ein Treffen. Ich bin vielmehr beschäftigt und ziemlich in meine eigenen stressvollen Gedanken verstrickt. Selbst wenn Chris nun plötzlich unvermittelt vor der Tür stehen würde, wäre ich aufgrund all dessen, was mir im Kopf herumschwirrt, gar nicht offen für den schönen Abend, den ich mir eigentlich vorgestellt habe. Und außerdem hinke ich zeitlich meinen eigenen Vorstellungen hinterher, was die Abhängigkeit vom Verhalten meines Partners betrifft. Was würde ich darum geben, wenn ich an der Stelle schon so weit wäre, wie ich gern wäre. Diesbezüglich mir selbst gegenüber »pünktlich« zu sein, würde mir weit mehr helfen, als wenn Chris heute Abend seine Freundin nicht nach Hause bringen würde. Doch leider komme ich nicht so voran, wie mir lieb wäre, und damit sitze ich – gefühlt – schon wieder mit ihm im gleichen Boot.

Schauen wir weiter. Was habe ich noch notiert bei Punkt 5? »Er ist unzuverlässig, spontan, ein Weichei, kann nicht Nein sagen.« Er ist spontan, ein Weichei. Das erscheint mir jetzt gerade weder stimmig noch stressvoll, das lasse ich beiseite. »Er ist unzuverlässig« – das werde ich auf die gleiche Art und Weise untersuchen, wie ich gerade »Er ist unpünktlich« untersucht habe. Ich verzichte darauf, das hier näher auszuführen, weil es mir für Ihr Verständnis des Prozesses nicht mehr wichtig erscheint. Hinweisen möchte ich Sie allerdings auf die Aussage »Er kann nicht Nein sagen«. Manchmal schleicht sich bei Punkt 5 des Arbeitsblattes einfach ein Gedanke ein, der gar nicht wirklich hierher gehört. Es handelt sich ja auch nicht um ein Adjektiv oder Substantiv, sondern um eine Aussage. Und diese Aussagen sind an der Stelle wunderbare Hinweise darauf, welches Arbeitsblatt ich als Nächstes schreiben könnte. Der Gedanke »Chris kann nicht Nein sagen« ist mir in der Tat nicht neu. Und wenn ich mehr darüber erfahren möchte, dann würde ich als Nächstes in meiner Erinnerung auf die Suche nach spezifischen Situationen gehen. Wann hat er nicht Nein gesagt, sodass ich begonnen habe zu glauben, er könne nicht Nein sagen? Als Nächstes würde daraus ein komplettes Arbeitsblatt werden, das womöglich bei Punkt 1 beginnen würde mit »Ich bin enttäuscht von Chris, weil er nicht Nein gesagt hat, als er von XY eingeladen wurde«.

Und nun wieder zurück zum aktuellen Arbeitsblatt, und zwar zum letzten Punkt.

Untersuchung von Punkt 6

»Ich will nie wieder erleben, dass er mich versetzt. Ich will nie wieder erleben, dass ihm unsere Abmachung so unwichtig ist.«

Wenn das »Thema« sich bereits verändert hat, ich mir also in der Zwischenzeit selbst ein wenig auf die Schliche gekommen bin, dann gehe ich genau wie bei Punkt 5 gleich zu den Umkehrungen. Diese lauten allerdings nun anders.

Aus »Ich will nie wieder erleben, dass ...« wird im ersten Schritt »Ich bin bereit, wieder zu erleben, dass ...« und im zweiten Schritt »Ich freue mich darauf, dass ...«.

Aus »Ich will nie wieder erleben, dass er mich versetzt« wird also: »Ich bin bereit, wieder zu erleben, dass er mich versetzt.« Stimmt das? Bin ich bereit? Ja, ich fühle mich bereit!

Die nächste Aussage lautet: »Ich freue mich darauf, dass er mich versetzt.« Stimmt das auch? Ja, in diesem Fall stimmt das für mich auch. Es macht mir keine Angst mehr, es verunsichert mich nicht mehr, wenn ich mir vorstelle, Chris würde mich in absehbarer Zeit erneut anrufen, um mir mitzuteilen, dass er sich verspätet.

Ein verhalten freundliches Lächeln, ein Schmunzeln taucht auf – jetzt in diesem Moment, allein bei der Vorstellung. Ich bemerke, wie lieb ich ihn habe, wie spontan und wie unschuldig ich diesen Anruf und die ganze Situation finde und wie sehr ich mich auf einen schönen Abend, eine schöne zusätzliche Stunde mit mir allein freue.

Ich freue mich darauf, dass Chris mich versetzt, weil mir das die Gelegenheit gibt zu schauen, ob und wie ich mich anders verhalten werde. Es ist die Gelegenheit, das zu üben, was im Laufe der Untersuchung aufgetaucht ist und mir wesentlich erschien. Es ist die Gelegenheit, meine Einsichten in die Tat umzusetzen.

Und an dieser Stelle ist gerade eine neue Freiheit entstanden. Die Freiheit, mit dem umzugehen, was das Leben mir zu bieten hat. Und mehr noch: das, was das Leben mir zu bieten hat, als Geschenk anzunehmen. Wenn Stück für Stück aus dem, was ich nie wieder erleben will, etwas wird, auf das ich mich wirklich freuen kann, dann weicht die Angst in meinem Leben, und es entsteht Freude.

Punkt für Punkt geht es also nun darum, das Potenzial zu nutzen, das in den »schwierigen Situationen«, den »unangenehmen Momenten« enthalten ist. Was das genau heißt und wie es geht, werden wir im weiteren Verlauf sehen, denn manchmal erschließen sich diese Geschenke sofort, und manchmal dauert es zugegebenermaßen ein wenig. Oft erfordert es Konzentration und Fokus. Byron Katie sagt an dieser Stelle häufig: I don´t call it The Work for nothing. Ich nenne es nicht umsonst »die Arbeit«.

Die Untersuchung meiner Gedanken mithilfe des Arbeitsblattes ist damit beendet. Nun geht es darum, dass Sie die Fragen und Umkehrungen anwenden auf die stressvollen Überzeugungen, die Sie auf Ihrem eigenen Arbeitsblatt notiert haben.

Im übernächsten Abschnitt schauen wir uns dann noch weitere Optionen an, die dieses Arbeitsblatt zu bieten hat. Ich werde Ihnen erläutern, was Sie beim Ausfüllen und Bearbeiten beachten können, bevor ich dann zum Abschluss dieses Kapitels noch einmal das Wichtigste zusammenfasse.

Das eigene Arbeitsblatt untersuchen

Dieses Mal brauchen Sie für die Untersuchung neben dem ausgefüllten Arbeitsblatt »Urteile über deinen Nächsten« nicht nur ein weißes Blatt Papier, sondern gleich mehrere.

Beginnen Sie mit Punkt 1 auf dem Arbeitsblatt. Wählen Sie den Teil hinter dem Komma, also die Aussage über die andere Person, und verändern Sie die Anordnung der Worte so, dass ein vollständiger Satz entsteht. Schreiben Sie diesen Satz oben auf eine weiße Seite und führen Sie schriftlich eine komplette Untersuchung dieser Aussage durch – mit den vier Fragen und jeweils drei Beispielen für jede Umkehrung, die Sie finden.

Nachdem Sie die Untersuchung der ersten Aussage abgeschlossen haben, machen Sie weiter, indem Sie den nächsten zu untersuchenden Satz auswählen und ihn oben auf eine weitere Seite schreiben. Bearbeiten Sie so viele Aussagen, wie Sie möchten, und von jedem Punkt des Arbeitsblattes mindestens eine. Insgesamt untersuchen Sie also mindestens sechs Aussagen.

Womöglich bekommen Sie inzwischen eine Idee davon, dass das durchaus ein wenig Arbeit ist und Zeit in Anspruch nimmt. Nachdem ich selbst vor einigen Jahren regelmäßig zu worken begonnen hatte, entstand in kurzer Zeit ein ziemliches Durcheinander, eine unübersichtliche Zettelwirtschaft. Aus diesem Grund bin ich dazu übergegangen, meine Untersuchungen in Kladden zu schreiben, und inzwischen haben Chris und ich sogar eine eigene Kladde zu diesem Zweck kreiert. In der vorderen Innenklappe findet sich das Arbeitsblatt

»Urteile über deinen Nächsten«, und in der hinteren Innenklappe stehen die vier Fragen und die Umkehrungen – ähnlich wie in diesem Buch.

Und egal, ob Sie sich von jemand anders begleiten lassen oder die schriftliche Selbstbegleitung vorziehen, würde ich Ihnen empfehlen, die schriftlichen Unterlagen, die Sie nun einmal haben, zumindest vorübergehend aufzubewahren. Unser Verstand ist weder besonders gut noch besonders geübt darin, sich selbst bei der Arbeit zu verfolgen. Meine Überzeugungen, also die Gedanken, die ich jetzt für wahr halte, sind für mich so lange wahr, bis sie durch ein äußeres Ereignis durcheinandergewirbelt werden und sich nicht länger aufrechterhalten lassen – oder bis ich sie untersuche. Wenn eine Überzeugung durch die Untersuchung ihren Wahrheitsgehalt verliert, ist es manchmal bereits nach kurzer Zeit im Leben so, als hätte ich das nie geglaubt, als sei es nie wahr gewesen. Wir tilgen unsere früheren Überzeugungen, wir leugnen sie, ohne uns dessen bewusst zu sein. Oberflächlich betrachtet ist das ganz praktisch. Was kümmert mich mein »Geschwätz« von gestern? Dazu bin ich einfach zu sehr mit dem Heute beschäftigt. Andererseits hilft mir diese Haltung nicht dabei zu erkennen, wie relativ meine Überzeugungen nun mal sind. Mir hat es jedenfalls mehr als einmal wirklich die Augen geöffnet zu lesen, was in meiner eigenen Handschrift auf einem Arbeitsblatt geschrieben stand. Nie hätte ich gedacht, dass das einmal meine Gedanken waren! Und ich kann Ihnen gar nicht sagen, wie froh ich war festzustellen, dass ich inzwischen Lichtjahre davon entfernt war, diese Gedanken zu glauben und mein Leben auf die entsprechende Art und Weise zu leben.

Ich wünsche Ihnen, dass Sie diesen Prozess für sich selbst testen. Was mich betrifft, kann ich mir kaum einen besseren »Test« vorstellen für den Beweis der Nachhaltigkeit in der Untersuchung meiner Gedanken. Und ich hoffe, Sie haben inzwischen auch eine Idee davon bekommen, dass dies ein Vorgehen sein kann, das Ihre Sichtweise auf eine Situation nachhaltig verändert – und womöglich auch Ihre Sicht auf vergleichbare Situationen, die Sie in Zukunft noch erleben werden. Vielleicht haben Sie sogar eine Vorstellung davon, wie diese Vorgehensweise Ihr ganzes Leben transformieren könnte.

Nachklang

Wenn Sie die Untersuchung eines Arbeitsblattes abgeschlossen haben, gibt es zunächst einmal nichts weiter zu tun. Sie müssen sich um nichts weiter kümmern. Die Einsichten, die während der Untersuchung geschehen, sind wie Samenkörner, die nach und nach aufgehen und ihre Wirkung in Ihrem Verstand entfalten.

Wenn Sie während der Bearbeitung die eine oder andere Erkenntnis hatten, wenn sich die eine oder andere Umkehrung, die zunächst vielleicht unrealistisch, nichtssagend oder unverständlich erschien, als ebenfalls wahr oder sogar wahrer als die Originalaussage herausstellte, hat sich bereits einiges verändert. Die stressvollen Überzeugungen, die das ungute Gefühl, den unangenehmen Zustand ausgelöst haben, sind nun nicht mehr so wahr wie vorher, denn sie haben der näheren Betrachtung nicht standgehalten. Stattdessen sind nun andere Überzeugungen (zum Beispiel in Form der Umkehrungen) in den Vordergrund getreten, die einen größeren Wahrheitsgehalt haben. Das ist, als hätten Sie innerlich einen oder mehrere Schalter umgelegt, ohne genau wahrzunehmen, wann und an welcher Stelle das passiert ist. Und diese umgelegten Schalter sind dafür verantwortlich, dass Ihre Wahrnehmung sich verändert, dass die Gedanken nicht mehr auf den altbekannten Autobahnen verlaufen, sondern eine Abzweigung nehmen, die in eine andere Richtung führt. Bewusst und unbewusst sammelt Ihr Verstand nun weitere Beispiele für die Umkehrungen, die sich ebenfalls als wahr erwiesen haben. Er gleicht damit das Defizit aus, das zuvor durch das Festhalten an einer Aussage, einem Ausschnitt der Realität, entstanden war. Sie können sich eine Wippe vorstellen, die zuvor an einer Stelle klemmte und in einer ihrer extremen Positionen festhing. Diese Wippe beginnt nun, sich wieder zu bewegen. Oder stellen Sie sich ein Pendel vor, das sich frei bewegt und in alle Richtungen schwingen kann. Dieses freie Schwingen fühlt sich gut an. Es geht einher mit einem tiefen Atmen. Es steht für Leben und Lebendigkeit.

Vor einigen Jahren, zu Beginn meiner Seminartätigkeit mit The Work, durfte ich einmal einen Teilnehmer durch ein intensives Arbeitsblatt über seinen Vater begleiten. In der darauffolgenden Nacht hatte ich einen Traum: Ich stand in einem großen hellen Raum, der einem Ballsaal glich. Ich blickte auf eine kleine unscheinbare Tür, die plötzlich von der anderen Seite ganz vorsichtig und zaghaft geöffnet wurde. Der Raum hinter der Tür lag völlig im Dunkeln. In den Raum hinein streckte ich meine Hand aus, die behutsam und gleichzeitig bestimmt von einer anderen Hand ergriffen wurde. Ich musste diese Hand nur halten, und die andere Person nutzte sie, um sich daran aus dem dunklen Raum nach vorne in den Ballsaal zu ziehen. Hinter ihr fiel die kleine Tür quietschend ins Schloss. Von dieser Seite aus hatte sie keine Klinke, der Rückweg schien versperrt und für immer verschlossen. Zu meinem Erstaunen stellte ich fest, dass durch den Ballsaal ein großes Fließband lief, eines, das man von großen Flughäfen kennt. Und die mir unbekannte Person hatte sich mithilfe meiner Hand auf genau dieses Fließband gezogen. Und wie sie dastand, immer noch blinzelnd und geblendet von der Helligkeit, begann sie die wunderschönen Deckenfresken zu bewundern. Ohne etwas zu tun, ohne sich auch nur zu bewegen, entfernte sie sich immer weiter von der Tür und dem Dunkel dahinter und gelangte immer mehr in das Zentrum dieses wunderschönen Saales hinein. Und ich stand einfach da: mit offenem Mund und immer noch ausgestreckter Hand.

Verstanden habe ich für mich damals, dass The Work nichts ist, das man »machen« kann. Ich kann die Fragen beantworten. Ich kann die Fragen stellen. Und das, was geschieht, liegt nicht in meiner Hand. Es ist eher etwas, das geschieht und dessen Zeuge ich bin.

Das Staunen darüber ist auch heute noch da, und es ist verbunden mit tiefer Dankbarkeit dafür, dass das Leben mich an eine Stelle gestellt hat, wo ich einfach meine Hand ausstrecken darf.

Der Seminarteilnehmer kam am nächsten Morgen ins Seminar und meinte, er habe schon seit Jahren nicht mehr so tief geschlafen wie in der letzten Nacht. Im Traum sei er an die verschiedensten Orte und Zeitpunkte seiner Vergangenheit gereist, um in aller Seelenruhe überall mit einem Satz, den er einfach aussprach, oder einer kleinen Bewegung die Dinge ins Reine zu bringen. Von seinen Verwandten und Freunden sei er überall wie der Weise begrüßt worden, auf den sie lange gewartet hatten.

Doch zurück zu meinem und zu Ihrem Arbeitsblatt, mit dem wir soeben gearbeitet haben. Mir erscheint nun zum Beispiel die erste Aussage auf meinem Blatt »Chris nimmt meine Bedürfnisse nicht ernst« nicht mehr so selbstverständlich beziehungsweise nicht mehr so wahr. Sie löst nicht mehr so viel Stress in mir aus wie zuvor. Wenn ich den Gedanken »Chris nimmt meine Bedürfnisse nicht ernst« denke, entsteht in gewisser Weise eine Nachdenklichkeit, es tauchen andere Bilder und andere Gedanken auf, zum Beispiel die Umkehrungen. Aus meiner Sicht bedeutet das, dass eine Flexibilität entstanden ist, wo ich vorher sehr festgehalten habe an einer bestimmten Sichtweise. »Wollen Sie Recht haben oder glücklich sein?« ist eine Frage, die Katie den Teilnehmerinnen und Teilnehmern ihrer Seminare hin und wieder stellt. Vielleicht schließt das eine das andere manchmal aus. Und ich bin an dieser Stelle nun weniger überzeugt. Das Gefühl, im Recht zu sein und mein Recht auch durchsetzen zu wollen, ist einem intensiveren Kontakt mit mir selbst und einem größeren Verständnis für meinen Partner gewichen.

Veränderte Überzeugungen bedingen anderes Verhalten

Das ist manchmal schon viel, und doch ist es noch nicht alles: Die Veränderung auf der Ebene meiner Gedanken und Überzeugungen zieht meist automatisch eine Veränderung meines Verhaltens nach sich.

Schauen wir uns einmal an, woran das liegt. Zunächst einmal gilt: Grundlage all dessen, was wir tun, sind unsere Gedanken und Überzeugungen. Unsere Überzeugungen drücken sich 1:1 in unserem Verhalten aus, beziehungsweise unser Verhalten ist ein genaues Abbild unserer Überzeugungen. Gleichzeitig liegen unsere Überzeugungen auf einer sogenannten höheren logischen Ebene als unser Verhalten.[12] Und während Veränderungen auf einer höheren Ebene immer eine Veränderung der darunterliegenden Ebene bewirken, trifft das umgekehrt nur manchmal oder selten zu.

Daraus erklärt sich, warum das Bemühen, sich anders zu verhalten, oft ein hoffnungsloses Unterfangen ist. Vielleicht kennen Sie das. Sie stellen sich genau vor, wie Sie sich in einer zukünftigen Situation anders verhalten wollen. Und wenn die Situation dann eintritt, ist es schon zu spät. Ehe Sie sich versehen, ist das »alte« Verhalten bereits passiert. Kommt Ihnen das bekannt vor? Mir fällt meist genau in dem Moment, in dem es zu spät ist, ein, dass ich mich »eigentlich« anders verhalten wollte. Ich hatte einfach nicht genug Zeit oder nicht den richtigen Notizzettel parat, oder die guten Vorsätze waren in dem betreffenden Moment einfach verschwunden.

Verschwenden Sie also nicht Ihre Zeit damit, »sich anders verhalten zu wollen«, denn Sie arbeiten damit gegen Ihre Überzeugungen. Das ist nicht nur zum Scheitern verurteilt, sondern Sie erhöhen womöglich innerlich auch noch den Druck und sind anschließend frustriert, weil Sie es schon wieder nicht geschafft haben. Oft genug verwenden wir solche »Misserfolge« gegen uns selbst und machen uns zusätzliche

12 Vgl. http://nlpportal.org/nlpedia/wiki/Logische_Ebenen

Vorwürfe: Ich bin schwach, habe nicht genug Willenskraft, ich schaffe es einfach nicht etc.

Beobachten Sie stattdessen Ihr Verhalten. Nehmen Sie es zur Kenntnis, und denken Sie daran, dass das Verhalten lediglich der Ausdruck Ihrer Überzeugungen ist. Bestrafen Sie sich nicht für etwas, das Sie in diesem Moment nicht ändern können. Es ist ja bereits passiert. Als Faustregel gilt: Wenn Ihnen die gewünschte Veränderung eines Verhaltens schwerfällt, wechseln Sie die Ebene und beschäftigen Sie sich mit Ihren Überzeugungen. Wir kommen später noch einmal darauf zurück, wie genau The Work Ihnen helfen kann, Überzeugungen zu entdecken, die sich direkt auf unliebsame Verhaltensweisen auswirken, die Sie zum Beispiel Ihrem Partner beziehungsweise Ihrer Partnerin gegenüber an den Tag legen.

Doch zunächst einmal haben Sie Anlass zur Freude. Wenn sich Ihre Überzeugungen durch die Untersuchung des Arbeitsblattes geändert haben, wird sich das auf Ihr Verhalten auswirken, ohne dass Sie sich weiter darum kümmern müssten. Das Verhalten folgt den veränderten Überzeugungen auf dem Fuß. Und manchmal können Sie sich selbst bei diesen Veränderungen beobachten. Lassen Sie sich das einmal auf der Zunge zergehen. Für den Moment können Sie es einfach genießen, dass The Work und die Arbeit an den Überzeugungen mithilfe des Arbeitsblattes sozusagen automatisch Ihre Verhaltensweisen beeinflusst. Die Situation entspannt sich, Sie beruhigen sich, und es kommen ganz von allein mehr Verständnis und Liebe ins Spiel.

Ich habe das so häufig selbst erlebt und kenne es aus zahlreichen Erzählungen anderer: Im Anschluss an das Worken kann ich mich in vergleichbaren Situation buchstäblich selbst dabei beobachten, wie ich mich anders verhalte, wie das »neue« Verhalten einfach passiert, wie es sich ganz von allein Bahn bricht, wie ich nichts dagegen tun kann und nichts dafür zu tun brauche. »Es« passiert, und es geht anscheinend einfach darum, »es« geschehen zu lassen. In solchen Momenten ist spürbar, dass es kein Zurück mehr gibt zum »Alten«, unter anderem, weil das »Neue« sich viel richtiger und stimmiger anfühlt.

Und wenn ich gerade eben gesagt habe, dass mehr Verständnis und Liebe ins Spiel kommen, dann bedeutet das nicht unbedingt, dass es sich für Ihr Gegenüber immer gleich so anfühlt. Vielleicht werden Ihnen zunächst Ihre eigenen Bedürfnisse klarer oder Sie werden sich Ihrer Flexibilität und der zahlreichen Handlungsmöglichkeiten bewusst, die Sie haben (und auch die ganze Zeit hatten). Manchmal wird sich das vielleicht auch in einem Nein ausdrücken, das Sie angesichts der Forderungen von außen haben und nun auch formulieren. Für Ihren Partner oder andere Menschen muss das im ersten Moment nicht unbedingt leicht sein, doch stellen Sie die Beziehung damit auf eine gesündere Basis, was mit der Zeit allen Beteiligten zugutekommt.

Es ist mir schon oft passiert, dass ich von mir selbst beziehungsweise von meinem eigenen Verhalten nach einer Work überrascht war. Ich erinnere mich an eine Situation mit Chris, die mir früher häufiger begegnete und die mich immer wieder traurig machte, die ich daher am liebsten *nie wieder erleben wollte* (siehe Arbeitsblatt Punkt 6). Und dann erlebte ich auf einmal, wie ich wie ferngesteuert einen tiefen Atemzug nahm und für einen Moment die Augen schloss. Das waren genau die Empfehlungen, die ich ursprünglich auf dem betreffenden Arbeitsblatt im Hinblick auf Chris gemacht hatte (siehe Arbeitsblatt Punkt 3). Ich nahm mich »symbolisch« selbst in die Arme und schenkte mir einen wunderschönen Moment mit mir selbst. Das war das Bedürfnis, das ich auf dem Arbeitsblatt als vierten Punkt festgehalten hatte.

Die Welt schien mir in diesem Moment wie verwandelt, und die Liebe, die ich empfand, als ich ihm unmittelbar danach in die Augen schaute, war so überwältigend, dass sie mir Tränen in die Augen trieb. Alles in einer Situation, in der ich sonst schier verzweifelt und traurig war, die mir ausweglos erschien.

Diese »automatische« Verhaltensänderung ist das Ergebnis geänderter Überzeugungen und hat nichts mit Willen oder Anstrengung zu tun.

Gelebte Umkehrungen sind das Rezept zum Glücklichsein

Doch nicht immer ist das so einfach. Wenn Sie nach der Untersuchung eines Arbeitsblattes den Eindruck haben, dass Sie noch Unterstützung bei der Umsetzung des Gelernten brauchen, oder wenn Sie spüren, dass Sie zwar bereit sind, eine vergleichbare Situation erneut zu erleben, aber sich noch nicht ehrlich und von ganzem Herzen darauf freuen, sind einige der Umkehrungen Ihres Arbeitsblattes besonders hilfreich: nämlich die Umkehrungen der Aussagen zu den Punkten 2, 3 und 4.

Manchmal mögen Sie sich nach der Untersuchung ganz offen und verletzlich fühlen. Dann ist es hilfreich, eine konkrete Handlungsanweisung zu haben; eine Idee, was zu tun ist und wie Sie sich beim nächsten Mal anders verhalten können.

Die Umkehrungen zu den Punkten 2, 3 und 4 halten genau dies für Sie bereit. Die neuen Aussagen sind es, die es zu leben gilt, die Sie aktiv in die Tat umsetzen können. Byron Katie bezeichnet sie auch als »Prescription for Happiness«, als Rezept zum Glücklichsein beziehungsweise Glücklichwerden. Es ist Ihr ganz persönliches Lernprogramm, das Sie sich selbst geschrieben haben.

In meinem Fall beziehungsweise bezogen auf das Arbeitsblatt, das ich soeben bearbeitet habe, sind das für mich die folgenden Aussagen:

Aus Punkt 2: »*Ich* will, dass ich *mich* an die erste Stelle setze!« Aus Punkt 3: »*Ich* sollte *mich* berücksichtigen.« Und aus Punkt 4: »*Ich* brauche von *mir*, dass ich *mir* verspreche, dass es (das Alte) nicht mehr vorkommt.«

Und bei den Umkehrungen zum anderen: »*Ich* will, dass ich *ihn* an die erste Stelle setze!«, »Ich sollte *ihn* mehr berücksichtigen« und »Ich sollte *ihm* versprechen, dass es (das Alte) nicht mehr vorkommt«.

Dass diese Aussagen für mich stimmen, hatte ich ja schon bei der Untersuchung herausgefunden. Und wenn ich nun nur den leisesten Zweifel habe, wie sie gemeint sein könnten, ist es hilfreich, mich noch einmal in die Situation zu versetzen und ganz genau hinzuschauen, was ich von Chris erwartet oder mir gewünscht habe. *Wie* wollte ich, dass er das macht? Wenn ich darauf eine Antwort gefunden habe, kann ich sie einfach umkehren.

»Ich will, dass er mich an die erste Stelle setzt!« – Wie genau wollte ich denn, dass Chris das tut? Welche Ideen hatte ich, als ich wollte, dass er mich an die erste Stelle setzt? Erst einmal stelle ich fest, dass das gar nicht so leicht zu beantworten ist. Ich hatte irgendwie die vage Vorstellung, dass ich in seinem Kopf an der ersten Stelle auf der Prioritätenliste stehen sollte, dass an mir dort kein Weg vorbeiführt, zum Beispiel, wenn jemand anders ihn um etwas bittet. Ich wüsste zum Beispiel, dass er mich an die erste Stelle setzt, wenn er mich fragt, statt mich zu informieren. Genau diese Details kann ich nun nutzen, um zu schauen, wie genau ich die Umkehrung auf mich selbst leben kann: »Ich will, dass ich mich an die erste Stelle setze!« Wie sähe es aus, wenn ich mich in meinem Kopf an die erste Stelle auf der Prioritätenliste setzte? Wie genau kann ich das tun? Wie kann ich dafür sorgen, dass an mir dort kein Weg vorbeiführt? Und wie kann ich dafür sorgen, dass ich mich frage, anstatt mich zu informieren?

Bei dem letzten Punkt fällt mir sofort auf, dass ich mich bei Chris' Anruf selbst lediglich darüber informiert habe, dass dieser Abend nun anders verlaufen wird. Ich habe mir keine Wahl gelassen oder mich etwas gefragt, zum Beispiel, ob ich damit einverstanden bin, ob ich ihn später überhaupt noch sehen möchte. In Zukunft werde ich mich also an die erste Stelle setzen, indem ich mir selbst die Wahl lasse und mich frage, was ich nun mit dieser neuen Information anfangen will und welche Konsequenzen dies für den Abend hat.

Das Gefängnis meiner eigenen einschränkenden Gedanken habe ich also bereits während der Untersuchung verlassen. Mit diesen Umkehrungen habe ich den Schlüssel in der Hand, darauf zu achten, mich nicht selbst wieder einzusperren. Und so, wie ich das jetzt an diesem einen Beispiel demonstriert habe, kann ich mit jeder einzelnen dieser Umkehrungen verfahren.

Es ist Roxann, Byron Katies Tochter, zu verdanken, dass die Bedeutung dieser Umkehrungen in den letzten Jahren wieder stärker betont wird. Aus ihrer Sicht waren sie zu Beginn von The Work, also Ende der 1980er-Jahre, ein wichtiger Bestandteil, der dann ein wenig unter den Tisch gefallen ist. Roxann geht offen mit ihrer Dyslexie und den Alkoholproblemen während dieser Zeit um, und sie beschreibt, wie wichtig für sie diese Umkehrungen und die allerkleinsten Schritte waren – gerade anfangs, als sie mit Byron Katies Hilfe ihre ersten Arbeitsblätter untersuchte. Sie erzählt in ihren Veranstaltungen häufig davon, wie sie sich verschiedene Umkehrungen auf kleine Papierschnipsel schrieb, sie mit sich herumtrug, um sich beständig daran zu erinnern, was in vergleichbaren Situationen zu tun war. Einer Umkehrung nach der anderen hat sie auf diese Weise »Leben eingehaucht«.

Auf den ersten Blick mag es nun vielleicht wie ein Widerspruch erscheinen: Einerseits gibt es angeblich nichts zu tun, und andererseits gibt es diese »gelebten Umkehrungen«. Doch wenn Sie genau hinschauen, ist es kein Widerspruch. Der erste Schritt ist immer die Einsicht, dass eine Umkehrung wahr ist. Diese Einsicht wird sich in einer Verhaltensänderung ausdrücken, weil unsere Überzeugungen und unser Verhalten einfach zwei Seiten derselben Medaille sind. Und wenn Sie noch mehr an Unterstützung wünschen, wenn Ihnen ein paar Gehhilfen recht sind, dann bietet Ihnen The Work sogar diese konkreten Handlungsanweisungen, die Sie sich selbst in Form der Umkehrungen mit auf den Weg geben. »Self-Realization has no power until it is lived«, sagt Byron Katie häufig. Selbsterkenntnis hat keine Kraft, solange man sie nicht lebt. Mithilfe der gelebten Umkehrungen können Sie sich selbst dabei unterstützen, Ihre Erkenntnisse lebendig werden zu lassen.

Das »Sahnehäubchen«

Ein weiterer »Test«, den Sie machen können, ist das »Umkehren« und Vorlesen des Arbeitsblattes ins Gegenteil und zu sich selbst. Byron Katie beendet mit dieser Vorgehensweise manchmal in ihren öffentlichen Veranstaltungen die Untersuchung eines Arbeitsblattes. Mein Kollege Ralf Heske hat dafür die Bezeichnung »Sahnehäubchen« erfunden, weil es sich manchmal in der Tat wie das i-Tüpfelchen anfühlt, nachdem man die Untersuchung eines Arbeitsblattes abgeschlossen hat.

Das Vorlesen des Arbeitsblattes auf diese Art und Weise bündelt noch einmal alle Einsichten, die Sie im Laufe der Bearbeitung gewonnen haben, und es gibt Ihnen die Gelegenheit zu schauen beziehungsweise zu spüren, »an welcher Stelle es noch hakt oder hängt«. Lesen Sie das Arbeitsblatt langsam und laut vor, hören Sie jede Aussage einzeln an, und spüren Sie deren Wirkung. Achten Sie auf Ihre Körpersignale und darauf, an welcher Stelle gegebenenfalls Widerstand auftaucht. Einige Aussagen müssen Sie vielleicht ein wenig anpassen, damit sie Sinn ergeben. Und dann werden Sie vielem, was Sie vorlesen, vermutlich zustimmen. Sie werden feststellen, was sich noch nicht richtig anfühlt – und genau das sind die Stellen, an denen Ihre Work noch nicht getan ist. Diese Gedanken sind es, die Sie noch näher inspizieren und mit deren Hilfe Sie noch mehr über sich erfahren können.

Mein Arbeitsblatt, umgekehrt zu mir selbst, lautet nun wie folgt:

1. (Ich bin enttäuscht und ärgerlich wegen mir, weil) *ich meine Bedürfnisse nicht ernst nehme.*[13]
2. Ich will, dass ich auf der Stelle zu mir komme, dass ich pünktlich bin. *Ich will, dass ich mich an die erste Stelle setze.* Ich will, dass ich mich nicht versetze und dass ich meine Zusagen einhalte.
3. Ich sollte nicht so spontan reagieren. Ich sollte den Abend besser planen! *Ich sollte mich berücksichtigen, wenn Chris anderen eine Zusage macht.*
4. Ich brauche von mir, dass ich mich für mein Verhalten entschuldige, dass *ich mir verspreche, dass es nicht mehr vorkommt* und dass ich mich dann auch daran halte.
5. Ich bin unpünktlich, unzuverlässig, spontan, ein Weichei, kann nicht Nein sagen.
6. Ich freue mich darauf, dass Chris mich wieder versetzt. Ich freue mich darauf, dass ihm unsere Abmachung wieder so unwichtig ist.[14]

Ich lese mir das ganz langsam vor und mache nach jedem Satz eine Pause. Während ich dies tue und jeden einzelnen Satz wirken lasse, stelle ich fest, dass ich die Sätze, die ich zu-

---

13 Es gibt hier zwei Möglichkeiten: a) »Ich nehme meine Bedürfnisse nicht ernst.« Das ist die Umkehrung, für die ich weiter oben Beispiele gefunden habe. Und b) »Ich bin enttäuscht und ärgerlich wegen mir, weil ich meine Bedürfnisse nicht ernst nehme.« Diese zweite Aussage unterstreicht die Tatsache, dass unsere eigenen Gedanken die Auslöser unserer Gefühle sind. Im Laufe der Untersuchung wurde dieser Zusammenhang ja sehr deutlich.

14 Die Umkehrung der Aussage in Punkt 6 können Sie an dieser Stelle entweder auslassen, oder Sie wählen die Umkehrung, die Sie auch beim Bearbeiten des Arbeitsblattes gewählt haben.

vor untersucht habe, alle so »unterschreiben« kann. Außerdem kommen durch das Vorlesen der Umkehrungen zu den Sätzen, die ich gar nicht untersucht habe, noch einige neue und interessante Informationen hinzu. Ja, es stimmt zum Beispiel auch: Ich will, dass ich auf der Stelle zu mir komme! Ich sollte nicht so spontan reagieren und den Abend besser planen!

Wirklicher Widerstand regt sich an keiner Stelle. Wäre das der Fall, wäre dies ein guter Einstieg, um den entsprechenden Gedanken mit den vier Fragen und Umkehrungen zu untersuchen.

Als Nächstes kehre ich nun das gesamte Arbeitsblatt ins Gegenteil um. Das liest sich so:

1. *Chris nimmt meine Bedürfnisse ernst.*[15]
2. Ich will nicht, dass er auf der Stelle zu mir kommt! Ich will nicht, dass er pünktlich ist! *Ich will nicht, dass er mich an die erste Stelle setzt!* Ich will, dass er mich versetzt! Ich will nicht, dass er seine Zusagen einhält!
3. Chris sollte so spontan reagieren. Er sollte den Abend nicht besser planen! *Er sollte mich nicht berücksichtigen, wenn er anderen eine Zusage macht.*
4. Ich brauche nicht von Chris, dass er sich für sein Verhalten entschuldigt. Und ich brauche nicht, dass *er mir verspricht, dass es nicht mehr vorkommt.*
5. Er ist pünktlich, zuverlässig, spontan, kein Weichei, kann Nein sagen.

---

15 Beim Vorlesen der Umkehrungen ins Gegenteil wählen Sie hier wie bei der Bearbeitung des Arbeitsblattes den zweiten Teil des Satzes. »Er nimmt meine Bedürfnisse nicht ernst« wird zu »Er nimmt meine Bedürfnisse ernst«.

6. Ich freue mich darauf, dass er mich wieder versetzt. Ich freue mich darauf, dass ihm unsere Abmachung wieder so unwichtig ist.[16]

Hier geht es mir ganz ähnlich wie beim Vorlesen der Umkehrungen zu mir selbst: Ich lerne viel Neues über mich, über das, was ich wirklich will und brauche, und über das, was mich wirklich, wirklich glücklich machen würde.

Nach dem Vorlesen ist Stille da und tiefes Durchatmen.

Wiedergutmachung leisten

Manchmal – und bei all den Einsichten ist das ja kein Wunder – drehen sich die Gedanken während oder nach der Bearbeitung des Arbeitsblattes vor allem um das, was ich der anderen Person bewusst oder unbewusst zugemutet habe. Mit all meinen stressvollen Gedanken habe ich den Wald vor lauter Bäumen nicht gesehen und meinem Gegenüber genau das »gegeben« oder sogar angetan, was ich ihm unterstellte. Nicht er oder sie war das Problem, sondern ich. Nicht er oder sie hat etwas getan, das aus meiner Sicht nicht in Ordnung ist, sondern ich.

Für manche Menschen, die mit The Work beginnen, wird es an dieser Stelle ungemütlich. Die Einsichten scheinen zu Schuldgefühlen und Selbstvorwürfen zu führen. Aus »Er/Sie ist schuld« wird »Ich bin schuld«. Zu erkennen, dass ich nicht das Opfer bin, sondern mir und anderen selbst etwas angetan

16 Wählen Sie hier die Umkehrung, die Sie bei der Bearbeitung des Arbeitsblattes verwendet haben.

habe, führt dann unweigerlich zu der Annahme, dass ich mich schuldig gemacht habe – an mir und an anderen. Ich habe schon Menschen erlebt, die aus diesem Grund nach einigen Versuchen aufgehört haben mit The Work. Sie konnten nicht anders, als davon auszugehen, dass man spätestens bei den Umkehrungen erkennt, dass man selbst »der Dumme« ist. Sie richteten die ganze Wut oder den Ärger dann gegen sich selbst.

Dabei handelt es sich aus meiner Sicht um ein Missverständnis. Es geht nicht darum, Vorwürfe gegen andere in Selbstvorwürfe zu transformieren. Wenn Selbstvorwürfe aufkommen, geht es vielmehr darum, die stressvollen Überzeugungen zu identifizieren, die dahinter stehen, zum Beispiel: Ich hätte das nicht tun sollen. Wie schrecklich, dass ich das getan habe etc.

Wenn statt der Überzeugung »Er hätte xy nicht tun sollen« die Umkehrung »Ich hätte xy nicht tun sollen« wahrer wird, bin ich nach meiner Erfahrung schon einen Schritt weitergekommen. Ich bin dann nicht mehr das Opfer, dem schlimme Dinge geschehen, sondern ich bin in der Lage, mich selbst als Täter zu sehen. Dadurch habe ich bereits einen gewissen Handlungsspielraum zurückgewonnen. Und dennoch bin ich nach wie vor in der Vergangenheit gefangen und habe die irreführende, wenig hilfreiche Idee, dass etwas anders hätte laufen sollen, als es gelaufen ist. Das ist die Stelle, an der ich mich nach wie vor meiner Freiheit beraube. Und das findet erst ein Ende, wenn ich erkenne, dass ich unschuldig bin und zu jedem Zeitpunkt unschuldig war. Der andere hat getan, was er getan hat, weil er geglaubt hat, was er geglaubt hat. Ich habe getan, was ich getan habe, weil ich geglaubt habe, was ich geglaubt habe. Die Gedanken und Überzeugungen, die da waren, haben zu dem Verhalten geführt, das ich vielleicht später bereue. Doch solange ich glaube, was ich glaube, habe ich keine andere Chance, als mich so zu verhalten, wie ich mich verhalte. Ich durfte für mich viel lernen an dieser Stelle und würde inzwischen dem, was Byron Katie sagt, voll und ganz zustimmen: Wir sind alle unschuldig! Ich bin unschuldig, Sie sind unschuldig, und das gilt für jeden anderen auch.

Damit an dieser Stelle kein Missverständnis entsteht: Daraus lässt sich nicht ableiten, dass man niemanden bestrafen dürfte, weil ja alle unschuldig sind. Dies ist eine völlig andere Diskussion. Dass wir »unschuldig« sind, hat nichts damit zu tun, wie wir gesellschaftlich mit bestimmten Verhaltensweisen umgehen. Es bedeutet lediglich, dass die Veränderung des Verhaltens wohl eher daher rührt, dass sich die Überzeugungen verändern. Dass ein bestimmtes Verhalten sanktioniert wird, bedeutet dagegen nicht unbedingt, dass es sich verändern wird.

Und aus dem gleichen Grund sind auch Selbstvorwürfe nicht hilfreich. Streng genommen: Wenn die Einsicht zu Selbstvorwürfen führt, bin ich nachher genauso eingesperrt wie vorher, genauso wenig hilfreich für andere wie vorher und stehe mir selbst genauso im Weg wie vorher.

Ich kann Ihnen nur empfehlen, alle diese Gedanken, die zu Selbstvorwürfen und Angriffen führen, zu untersuchen. Wie Sie »Ich-Sätze« untersuchen können und was dabei zu beachten ist, werde ich im folgenden Kapitel beschreiben.

Doch zunächst zurück zu den Umkehrungen. Die abgeschwächte Form des Vorwurfs und des Schuldgefühls ist so etwas wie Scham. Es ist manchmal einfach beschämend, die

Situation aus dieser ungewohnten Perspektive zu betrachten. Und dieses Schamgefühl kann ich nehmen und nutzen und eine Handlungsaufforderung daraus ableiten. Ich kann für mich prüfen, ob es mit dem Wunsch und dem Bedürfnis einhergeht, »es wiedergutzumachen«.

Die Spirale von »Ich habe etwas falsch gemacht« (Problem 1), und »Nun mache ich mir einen Vorwurf« (Problem 2) kann ich auflösen, indem ich die Sätze rund um den Vorwurf untersuche. Und je mehr der Selbstvorwurf nachlässt, desto mehr bin ich in der Lage, völlig im Reinen damit zu sein, dass die Dinge nun einmal so geschehen sind, wie sie geschehen sind, denn Menschen haben nun einmal die Überzeugungen, die sie haben – bis sie sie nicht mehr haben. Aus dem Durchbrechen dieser Negativspirale kann für mich und andere etwas sehr Konstruktives werden. Dazu bedarf es, dass ich mehr und mehr lerne, wie ich das, was ich in der Vergangenheit aufgrund meiner Überzeugungen getan habe, in der Gegenwart wiedergutmachen kann.

Chris ist für mich diesbezüglich ein Vorbild. Er hat in seinem früheren Leben, das nach hiesiger Zeitrechnung erst ein paar Jahre her ist, als Außendienstler Versicherungen verkauft, und zwar richtig gut und richtig viele. Er war ein Quereinsteiger, hat seine Ausbildung erst nebenher absolviert, aber richtig gut »verkauft« hat er von der ersten Woche an. Der Job hat ihm durchaus Spaß gemacht. Einige Jahre (oder Monate?) später beim Worken erschienen ihm aber Dinge, die er früher leicht vor sich rechtfertigen konnte, in einem anderen Licht. Damit ist nicht gemeint, dass er etwas Illegales getan hätte. Es geht vielmehr darum, dass sich sein persönlicher Maßstab von Integrität und Ehrlichkeit verschoben hat. Das freundliche Lachen an der richtigen Stelle, die Fähigkeit, jemanden zum richtigen Zeitpunkt »um den Finger zu wickeln« und erfolgreich zum Kauf eines Produktes zu animieren, das er nicht wirklich braucht, waren für Chris früher selbstverständlich und fühlen sich heute nicht mehr richtig an. Seine Form der Wiedergutmachung besteht darin, dieses Geld zurückzugeben. Er tut es immer dann, wenn er jemanden sieht, von dem er denkt, dass er es gut gebrauchen könnte.

Und diese Wiedergutmachung funktioniert – wenn Sie möchten – auch noch viel konkreter, nämlich bezogen auf Ihr Arbeitsblatt und am besten dann, wenn sich dieses oben beschriebene Gefühl der Beschämung meldet und Sie nach der Untersuchung genau spüren, dass es etwas aufzuklären gibt.

Stellen Sie sich dazu einfach vor, dass sich bestimmte Muster einstellen, wenn Menschen miteinander umgehen. Wir haben Rituale, die uns verbinden, die wir genießen. Und an anderer Stelle gibt es manchmal sogenannte »kalibrierte Schleifen«: Er zieht die rechte Augenbraue hoch, ich senke meinen Blick, er seufzt, ich sage: »Nicht das schon wieder!« … Und schon sind wir mittendrin in unseren stressvollen Gedanken über den anderen.

Wenn ich mir anschaue, was ich über den anderen denke, und dann feststelle, dass es eher zutrifft, dass ich so bin, wie ich es dem anderen vorgeworfen habe, dann entsteht manchmal der Wunsch, etwas klarzustellen. Und auch dafür gibt es verschiedene Möglichkeiten. Einerseits kann ich den Partner/die Partnerin an meinem Arbeitsblatt oder einzelnen Sätzen davon teilhaben lassen: »Was ich dir gern sagen möchte: Ich habe geglaubt, dass du xy machen solltest. Und nun habe ich herausgefunden, dass das so nicht stimmt. Ich habe gefunden, dass es für mich wahrer ist, dass ich xy machen sollte, und das werde ich ab jetzt tun. Wenn du willst, kannst du mir gern dabei helfen und mich darauf hinweisen, wenn ich es einmal vergessen sollte. Ich habe auch herausgefunden, dass du nicht xy machen solltest, zum Beispiel, weil du .... und ... machst.«

Es gibt unzählige Möglichkeiten und Spielarten dieser klaren Kommunikation miteinander: »Schatz, kannst du dich erinnern, als wir neulich beim Italiener saßen und uns über den nächsten Urlaub unterhalten haben? Als du gesagt hast, du würdest gerne diese 5-Sterne-Kreuzfahrt machen, war ich total stinkig – ohne etwas zu sagen. Ich habe in dem Moment über dich gedacht, dass du einfach den Hals nicht vollkriegst. Seitdem habe ich ganz viele Beispiele gefunden, wie du sehr oft ganz bescheiden bist und wie ich andererseits oft einfach nicht genug kriegen kann. Deswegen tut mir das gerade total leid, und ich würde das gern wiedergutmachen. Hast du eine Idee, was ich tun könnte?«

Wenn es sich um einen Sachverhalt oder Zusammenhang handelt, der Ihnen eher schwierig erscheint, dann können Sie das, was Sie sagen möchten, zunächst einmal schriftlich in einem Brief festhalten. Das macht es einfacher, und Sie können Ihre Worte behutsam wählen. Sie können den Brief an Ihren Partner/Ihre Partnerin adressieren, und doch schreiben Sie ihn für sich selbst und können später überlegen, wann der geeignete Zeitpunkt dafür ist, ihn zu teilen. Und vielleicht stellt sich auch heraus, dass Sie ihn gar nicht teilen möchten. Denn auch für die Wiedergutmachung gilt: Sie tun dies in erster Linie für sich, damit Sie für sich selbst immer klarer, ehrlicher, authentischer und aufrichtiger werden.

Bedenken Sie auch, dass Sie eine Wiedergutmachung nur anbieten, wenn Sie wirklich bereit dazu sind *und* wenn Sie das Gefühl haben, dass Ihre Mitteilung über das, was passiert ist, hilfreich für Ihr Gegenüber ist. Stülpen Sie dem anderen nichts über, nur um sich selbst befreit zu fühlen. Versuchen Sie nicht, den anderen auf diese Art zu manipulieren. Dieser Schuss geht zu Recht meist nach hinten los.

Zusammenfassung

Mit dem Arbeitsblatt »Urteile über deinen Nächsten« haben Sie nun einen wesentlichen und umfangreichen Baustein von The Work of Byron Katie kennengelernt. Schauen wir uns nun noch einmal abschließend an, wann und wie dieses Arbeitsblatt zum Einsatz kommt:

Das Arbeitsblatt »Urteile über deinen Nächsten« ist immer dann die erste Wahl, wenn Sie feststellen, dass Sie in einer bestimmten Situation, an der Ihr Partner/Ihre Partnerin oder ein anderer Mensch beteiligt ist, nicht zu 100 Prozent in sich ruhen und zufrieden sind.

Am Anfang des zweiten Kapitels habe ich Ihnen das Bild der Perlenschnur vorgestellt: einzelne, aneinandergereihte Momente, die alle eine unterschiedliche Gefühlsqualität haben.

In manchen Momenten sind Sie einfach froh, zufrieden, entspannt und lebenslustig. Sie sind im Einklang mit dem, was gerade passiert, und genießen diesen Moment. Was, wenn dies ganz einfach der Normalzustand wäre? Ist das aus Ihrer Sicht denkbar? Die meisten von uns erleben allerdings, dass dieser angenehme Zustand mindestens ebenso oft abgelöst wird von angespannten oder belasteten Zuständen. Ich bin sauer, enttäuscht, unzufrieden, ärgerlich oder wütend und eben nicht im Einklang mit dem, was gerade passiert. Ab sofort haben Sie die Möglichkeit, das, was Sie im Außen stört, nicht als »Fehler« im Außen oder als Störung wahrzunehmen, sondern zunächst einmal als Hinweis. Dieser Hinweis macht Sie aufmerksam auf die Diskrepanz zwischen dem, was Sie meinen, in der Welt zu beobachten, und den Gedanken, die Sie darüber haben. Aber da ist noch mehr: Denn in Ihnen beziehungsweise in Ihrem Verstand sind mehr Informationen vorhanden, als Ihnen gerade bewusst ist. Wenn Sie die Diskrepanz zwischen Realität und Gedanken auf ein Blatt Papier bringen und untersuchen, werden Sie – spätestens bei den Umkehrungen – feststellen, was noch alles da ist, das zuvor keine Rolle spielte. Der unbewusste, unreife Anteil Ihres Verstandes – auf den Sie sich selbst aufmerksam gemacht haben – hatte während der Untersuchung die Möglichkeit, etwas zu lernen, etwas zu verstehen, zu wachsen und zu reifen. Sie selbst haben dafür gesorgt, ein wenig weiser zu werden. Stück für Stück – genau genommen Satz für Satz. Jede Situation, in der sich zunächst Ihr Gefühl mit der einfachen Meldung »Unangenehm!« meldet, können Sie dafür nutzen. Es ist alles zu Ihrem Wachstum da. Alles geschieht für Sie, für Ihren persönlichen Prozess des Reifens.

Manchmal werden Sie allerdings den Eindruck haben, dass da gerade so viel »für Sie« geschieht, dass Sie gar nicht wissen, wo Sie anfangen sollen. Darunter sind womöglich auch viele Gedanken, die Ihre eigene vermeintliche »Unzulänglichkeit« betreffen, also all das, worüber wir bei uns selbst unzufrieden sind. Darauf werde ich im nächsten Kapitel eingehen.

Wenn Sie bei der Untersuchung Ihrer Überzeugungen zunächst mit all dem beginnen, was Sie an anderen stört, dann lautet der Vorschlag: Halten Sie sich nicht zu lange mit der Auswahl der Situation auf, nehmen Sie irgendeine, nehmen Sie die nächste, die Ihnen einfällt. Sie wissen vorher nie, welches Geschenk darin verborgen ist, und auch in Kleinigkeiten oder oberflächlichen Themen können sich großartige Erkenntnisse verbergen.

Wenn Sie Lust haben, nehmen Sie Situationen, die sich zu wiederholen scheinen, Situationen, die Sie in ähnlicher Weise mit unterschiedlichen Menschen erleben, nehmen Sie etwas, das Sie wirklich interessiert, oder etwas, von dem Sie sicher sind, dass es sich wiederholen wird. Es gibt keine geeigneten oder ungeeigneten Situationen. Alles, was Sie in irgendeiner Form stresst, ist passend.

Während Sie dann Ihre Gedanken zu Papier bringen, und später, während Sie diese untersuchen, lassen Sie, so gut Sie können, die Idee oder den Wunsch einfach los, dass sich etwas ändern müsse. Oder anders formuliert: Stellen Sie Ihr Bedürfnis nach Veränderung für diese Zeit an die Seite. Ihr Bedürfnis nach Veränderung ist nachvollziehbar und verständlich, doch es hilft Ihnen nicht bei der Untersuchung. Mehr noch, es steht Ihnen im Weg. Was beim Schreiben und Untersuchen der Gedanken zählt, ist Ihr aufrichtiges Interesse an Ihrer eigenen inneren Wahrheit.

Lassen Sie sich grundsätzlich genug Zeit bei der Untersuchung. Es gibt nichts zu erreichen. Mit Tempo oder Zielstrebigkeit kommen Sie nicht weiter. Sie können weder sich noch The Work zu irgendetwas zwingen. Es ist einfach alles schon da. Es wartet nur darauf, von Ihnen entdeckt zu werden. In Ruhe, in Stille. Suchen Sie nicht nach den Antworten, warten Sie ab, und lassen Sie sich überraschen, was auftaucht. Das fängt schon bei der ersten Frage an. Ich habe Menschen kennengelernt, die, nachdem sie ein paar Mal geworkt hatten, die ersten beiden Fragen entweder gar nicht mehr beantworten wollten oder bei denen die Antworten so aus der Pistole geschossen kamen, dass der Begleiter kaum Zeit hatte, die Frage auszusprechen. Das alles sind Hinweise darauf, dass der Wunsch nach einer Veränderung groß ist und das Interesse an der Wahrheit eher gering. Hören Sie die Frage 1, »Ist das wahr?«, wirklich. Nehmen Sie sie ernst. Hören Sie sie so, als hörten Sie sie zum ersten Mal, und seien Sie wirklich offen dafür, von Ihrer eigenen Antwort überrascht zu werden. Manchmal laufen wir jahrelang durchs Leben und leben unser Leben so, als lautete die Antwort auf Frage 1 auf jeden Fall Ja. Und wenn sie dann plötzlich Nein lautet, setzt das eine ganze Lawine der Veränderung in Gang. Sind Sie offen dafür, dass diese Fragen ihre Wirkung in Ihnen entfalten können?

Was für die erste Frage gilt, gilt für die zweite genauso: »Können Sie sich wirklich absolut sicher sein?« Das ist nur der erste Teil der Frage – und versuchen Sie einmal, nur diesen Teil zu beantworten. Schließen Sie die Augen. Jetzt, in diesem Moment: Wessen können Sie sich wirklich sicher sein? Können Sie sich sicher sein, dass Ihr Partner nicht genügend Zeit für Sie hat, nicht aufmerksam genug ist? Und schon werden Sie überflutet mit Bildern und Sinneseindrücken jeder Art. Sie erhalten ein Beispiel nach dem anderen, wie alles wahr ist, was Ihr Verstand so glaubt. Manchmal schreit es innerlich einfach nur: Ja! Ja! Ja! Und in diesem Moment, in dem Sie hier sitzen mit geschlossenen Augen: Können Sie sich überhaupt sicher sein, dass die Welt um Sie herum existiert? Wo oder was ist der Beweis? Ist es das Bild, das Sie gerade vor Ihrem inneren Auge sehen? Als Beweis ist das ja eigentlich ein wenig dünn, doch etwas anderes werden Sie nicht finden.

Womöglich werden Sie viele Bilder sehen … und es bleiben einfach Bilder. Und ist es dann Ihr Partner oder ist es einfach Ihr Bild von Ihrem Partner, über das Sie all das glauben, was Sie glauben? »Können Sie sich absolut sicher sein?« Diese zweite Frage dient nicht dazu, Sie zu verunsichern oder etwas zu verleugnen. Das Gegenteil trifft eher zu, wie wir später noch sehen werden.

In dem Moment, in dem ich verstehe, dass – unabhängig von dieser oder jener Realität – meine Welt immer in mir entsteht, und zwar auf eine reichhaltige, mehrdimensionale Art und Weise, bin ich bestens darauf vorbereitet, die dritte Frage zu beantworten und mir vor Augen zu führen, welches in mir die Konsequenzen sind. Und ich kann darüber berichten: »Wie reagiere ich, was passiert, wenn ich diesen Gedanken glaube?«

Bis hierher entsteht die Veränderung durch eine Bewusstmachung dessen, was schon die ganze Zeit da ist. Und wenn ich genügend darüber erfahren habe, dann gibt es – und das ist manchmal beim Worken zu beobachten – einen Impuls, sich etwas Neues vorzustellen. »Wer wäre ich ohne diesen stressauslösenden Gedanken?«

Die Antwort auf diese Frage taucht auf – oder nicht. Es geht hier nicht um ein Ergebnis. The Work funktioniert ebenso gut, wenn zu dieser Frage keine Antwort auftaucht. Geben Sie sich Zeit, warten Sie, vertrauen Sie, und lassen Sie The Work geschehen. Genießen Sie innere Bilder, wenn sie auftauchen, und seien Sie widerstandslos einverstanden, wenn das nicht der Fall ist.

Zur dritten und vierten Frage gibt es übrigens noch weitere sogenannte Unterfragen und Hilfen. Darauf komme ich zurück im Kapitel »Wenn es schwierig wird …«, denn es handelt sich einfach um Hilfen und nicht um etwas, das notwendigerweise dazugehört. An dieser Stelle ist es viel wichtiger zu wissen, dass The Work »funktioniert«, auch wenn einmal nicht auf jede Frage eine Antwort auftaucht. Es ist weder hilfreich, sich unter Druck zu setzen, noch in irgendeiner Weise nötig, hier eine Antwort zu haben.

Und last but not least gelangen Sie mit jedem Satz, den Sie untersuchen, zu den Umkehrungen.

Prägen Sie sich ein, dass es drei verschiedene Arten von Umkehrungen gibt: ins Gegenteil, zum anderen und zu sich selbst. Je nachdem, wie der Gedanke lautet, den Sie untersuchen, sind manchmal nur zwei Umkehrungen möglich oder sogar nur eine: Die Umkehrung ins Gegenteil gibt es zu jedem Gedanken. Und von genau dieser Umkehrung gibt es wiederum manchmal verschiedene Varianten in einem Satz.

Bilden Sie eine Umkehrung, fragen Sie sich, ob diese auch wahr sein könnte, und falls Sie dies bejahen, lassen Sie sich überraschen, welche Beispiele Ihnen dazu einfallen.

Die Umkehrungen zu den einzelnen Punkten des Arbeitsblattes sind unterschiedlich. Sie wurden im Kapitel »Das

Arbeitsblatt bearbeiten« ab Seite 108 detailliert beschrieben. Schauen Sie dort nach, wenn Sie unsicher sind, und mit dieser Beschreibung sind Sie gut gerüstet für alle möglichen Sätze, die auftauchen können.

Bei jedem Arbeitsblatt, das Sie schreiben und dann zu untersuchen beginnen, werden Sie feststellen, dass »der Druck nachlässt«. Mit jeder Antwort, die Sie finden, oder mit jedem Beispiel für eine Umkehrung ist es, als würde Luft aus einem Ballon entweichen.

Das jeweilige Thema wird insgesamt immer weniger wahr und verliert seine Bedrohlichkeit. Lesen Sie nach der vollständigen Überprüfung eines einzelnen Satzes die nächsten Sätze, die Sie geschrieben haben. Einige ergeben nun vielleicht weniger Sinn oder stimmen nicht mehr so sehr, und andere haben sich von ihrer Qualität her gar nicht verändert. Arbeiten Sie so lange, wie Sie möchten, mit neuen Sätzen weiter, und wenn Sie merken, dass wirklich »die Luft raus« ist, dann können Sie stattdessen bei jedem neuen Satz gleich zu den Umkehrungen gehen. Aber Achtung: Nutzen Sie das nicht zu schnell oder zu leicht als Abkürzung – Sie könnten etwas Wichtiges verpassen. Gehen Sie dazu erst über, wenn Sie merken, dass Sie die Kernpunkte bereits bearbeitet haben.

Früher oder später haben Sie die Bearbeitung des Arbeitsblattes abgeschlossen. Manchmal werden Sie sich befreit fühlen und voller neuer Erkenntnisse, manchmal lässt es Sie mit gemischten Gefühlen zurück. Es wurde einiges aufgewühlt, und das Wasser ist noch ein wenig trüb und muss sich erst einmal setzen. Was zählt, ist nicht das kurzfristige Hochgefühl. Genießen Sie es, wenn es da ist, und vermissen Sie es nicht, wenn es nicht auftaucht. Vertrauen Sie darauf, dass jede Umkehrung, die Sie gefunden haben, jedes Beispiel, das aufgetaucht ist, innerlich zur richtigen Stelle findet. Sie haben in Ihrem Verstand Unordnung beseitigt und für Ordnung gesorgt, und gerade wenn Sie auf der Suche nach der Wahrheit waren und nicht um ein Ergebnis bemüht, werden Sie davon profitieren. Lassen Sie sich davon überraschen, wann und wo das der Fall sein wird.

Und wenn Sie ganz aktiv noch etwas tun möchten: Mit den »gelebten Umkehrungen«, dem »Rezept zum Glücklichsein« und der »Wiedergutmachung« habe ich Ihnen verschiedene Möglichkeiten und Ansatzpunkte vorgestellt, die Sie nutzen können.

Mit jedem Arbeitsblatt, das Sie – vermeintlich – über eine andere Person schreiben, landen Sie bei sich selbst. Vielleicht auf eine indirekte Art und Weise, gleichzeitig jedoch stetig und zuverlässig. Es geht um Sie – mit jedem einzelnen Satz.

Und zugegebenermaßen ist es manchmal nicht mit einer Work getan. Dazu sind unser Verhalten und die Hintergründe ebenso wie das komplexe System unserer Überzeugungen zu vielfältig. Das Worken lohnt sich jedoch allemal – und Wunder dauern halt manchmal etwas länger. Was ich Ihnen sagen möchte, ist, dass nichts umsonst geschieht, dass nichts überflüssig ist oder keinen Sinn macht, dass Sie mit dem neuen Navigationssystem – bestehend aus vier Fragen und den Umkehrungen – einen wunderbaren Begleiter an Ihrer Seite haben, der Sie die Zeichen Ihrer Umgebung richtig deuten und einordnen lässt.

Oftmals scheint unser größtes Problem allerdings nicht das

zu sein, was andere tun oder nicht tun, sondern das, was wir selbst tun oder nicht tun, und wie wir über uns denken. Damit werden wir uns im folgenden Kapitel beschäftigen.

»Viele Menschen versäumen das kleine Glück, weil sie auf das große vergebens warten.«

Pearl S. Buck

6. Gedanken über mich selbst, Gott und die Welt

Kommen wir noch einmal zurück auf unsere Perlenschnur mit den schönen und den weniger schönen Momenten. Zu diesen weniger schönen Momenten in meiner Beziehung gehören nicht nur diejenigen, in denen ich stressvolle Gedanken über meinen Partner habe. Mein Verstand kennt auch andere »Ziele«. Manchmal beziehen sich die stressvollen Gedanken zum Beispiel auf mich selbst, und in wieder anderen Situationen richtet sich der Frust auf das Leben generell, auf Gott und die Welt – einfach auf irgendetwas im Außen, das ich gerade dingfest machen kann, egal, was es ist.

Stress mit mir selbst

Wenn Frust, Ärger und Unzufriedenheit auf mich selbst bezogen sind, richten sie sich in der Regel gegen mein Verhalten, meinen Charakter oder gegen mein Äußeres, meinen Körper.

Egal, worum es sich handelt – eine Unzufriedenheit mit mir selbst, die ich vielleicht noch unter den Tisch fallen lassen kann, wenn ich allein bin, taucht möglicherweise deutlicher auf, wenn ich Zeit mit meinem Partner verbringe. Womöglich wird etwas in mir durch sein Verhalten ausgelöst, oder er spricht ganz direkt etwas Bestimmtes an, das ich selbst als Defizit erlebe. Um ein Standardbeispiel ins Spiel zu bringen: Wenn ich mit meinem kleinen Bauchansatz unzufrieden bin und mich dieses Thema mal wieder nervt, reicht ein Blick von Chris in diese Richtung, um meine gute Stimmung ins Wanken zu bringen. Der Blick kann noch so freundlich sein. Egal. Ich bin in diesem Moment überzeugt: »Ich habe zugenommen, ich werde zu dick! Meine sportliche Figur geht den Bach runter.« Und weil die (Selbst-)Anklage nun schon einmal erhoben ist, mache ich womöglich gleich weiter mit: »Ich kritisiere mich ständig! Ich lasse mich zu leicht verunsichern!«

Werfen wir zunächst einmal einen Blick auf die Verhaltensweisen, für die wir uns selbst angreifen und kritisieren. Ich tue etwas, und gleichzeitig denke ich, dass ich es nicht tun sollte. Ich tendiere dann dazu, mein eigenes unerwünschtes Verhalten auf eine Negativliste zu setzen, und bemühe mich, es abzustellen. Auf die eine oder andere Art – mal freundlich, mal weniger freundlich – fordere ich mich selbst dazu auf, es zu beenden.

Nun gibt es zwei Möglichkeiten: »Ich« entspreche meiner eigenen Aufforderung – oder ich entspreche ihr nicht. Wenn es gleich gelingt, ist alles gut, dann hat die Strategie wunderbar funktioniert. Oft ist aber genau das nicht der Fall. Und dann habe ich ein Problem – mein unerwünschtes Verhalten. Im nächsten Schritt beginne ich dann, es mit Druck und »Gewalt« zu versuchen. Ich beginne, mich zu kritisieren und mit Vehemenz eine Veränderung von mir zu verlangen. Doch die Faustregel lautet: Wenn es im ersten Schritt nicht gelungen ist, gelingt es mit diesem zweiten auch nicht. Vielleicht stellt sich vorübergehend ein kleiner Erfolg ein, der jedoch nur von kurzer Dauer ist. Was ich zunächst durch Willensstärke unterdrücken kann, bricht sich danach oft umso stärker Bahn. Das wäre auf der psychologischen Ebene die Entsprechung des Jo-Jo-Effekts, den man bei Diäten ausmachen kann. Pointiert könnte man sagen, dass auf diese Weise aus einem Problem zwei geworden sind. Problem 1 ist das Verhalten, das ich loswerden möchte, Problem 2 sind die Vorwürfe, die ich mir nun mache, weil ich nicht fähig bin, mich in die gewünschte Richtung zu entwickeln. Jedes Mal, wenn nun das unerwünschte Verhalten auftritt, werden mein Frust und das innere Dilemma größer. Womöglich beginnen an dieser Stelle weitere Kreisläufe, mit denen ich versuche, das Ganze zu kompensieren.

Meine Kollegin Noni Höfner erzählte einmal in einem Seminar von einem Esel, der mit seinen Vorderbeinen im Stall stand, mit den Hinterbeinen draußen, und sich keinen Zentimeter bewegte. Wie bekommt man diesen Esel in den Stall? Schieben und Drücken scheinen nicht zu funktionieren. Es habe sich als wirksamer erwiesen, erzählte Noni, den Esel am Schwanz zu ziehen, dann macht er einen Satz nach vorn und steht im Stall. Und wurscht, ob das nun stimmt oder nicht – für den Umgang mit unserem eigenen »unerwünschten« Verhalten können wir daraus etwas Wichtiges lernen: Schluss mit dem Druck! Etwas kreatives Neues ist gefragt!

Wichtig ist zum Beispiel erst einmal die Einsicht, dass mein Verhalten in sich völlig logisch, stimmig und konsequent ist. Es ist die Entsprechung meiner Glaubenssätze und Überzeugungen, dies habe ich im Kapitel »Meilensteine« (ab Seite 93) bereits beschrieben. Egal, ob ich nun mehr esse, als mir guttut, oder ob ich meinem Partner regelmäßig ins Wort falle und damit nicht aufhören kann. Ich verhalte mich in gewisser Weise vorhersehbar und auf jeden Fall konsequent und folgerichtig in Bezug auf das, was ich glaube. Kein Wunder, dass die Versuche, mich selbst davon abzuhalten, höchstens für eine Weile gutgehen, bis mich das alte Muster wieder übermannt.

So tue ich immer wieder das, was ich immer schon getan habe – bis ich beginne, mich mit dem zu beschäftigen, was meine Verhaltensweisen steuert: meinen Überzeugungen.

Byron Katie beschreibt diesen Zusammenhang als »the order of creation« – die Ordnung der Schöpfung. Und diese Ordnung lautet: »think, feel, act, have«. Denken, fühlen, verhalten, haben. An erster Stelle steht also das Denken, dieses löst ein Gefühl aus, das sich wiederum in Verhalten ausdrückt und schließlich zu »Ergebnissen« führt: zu dem, was ich habe und bekomme.

Damit ist nicht gemeint, dass es sich um einen linearen Ablauf handelt, der mit dem Denken beginnt und beim Haben endet. Vielmehr entsteht ein Kreislauf, bei dem sich das Haben wieder auf das Denken auswirkt und so die nächste Runde in Gang setzt. Das Zitat verdeutlicht aus meiner Sicht allerdings zwei wesentliche Punkte auf sehr anschauliche Weise: 1.) Bei Verhaltensweisen handelt es sich in dem Moment, in dem sie auftreten, nicht um bewusste Entscheidungen, sondern eher um automatische beziehungsweise unbewusste Reaktionen auf unsere Gedanken und Gefühle.

2.) Unsere Gedanken sind der entscheidende Ansatzpunkt, wenn wir unser Fühlen und/oder unser Verhalten ändern möchten. Oder anders formuliert: Es ist schwierig, das Verhalten zu ändern, ohne die Gedanken zu kennen, die es auslösen.

Wie komme ich nun – zeitlich gesehen rückwärts – vom Verhalten zu den entsprechenden Gedanken, die es ausgelöst haben? Zum Beispiel, indem ich mir Zeit nehme, die folgende Frage zu beantworten, die ich für eine der interessantesten halte, die ich in diesem Zusammenhang kennengelernt habe. Sie lautet:

»Was muss ich glauben, um mich so zu verhalten?« [17]

Stellen Sie sich zukünftig zunächst immer diese Frage, wenn Sie auf eine Verhaltensweise stoßen, die Sie an sich selbst nicht mögen. Geben Sie sich Zeit, und lassen Sie die Antwort auftauchen, so wie Sie das schon von der Beantwortung der vier Fragen kennen. Lassen Sie sich lieber von der Antwort finden, anstatt aktiv und bewusst nach einer Antwort zu suchen. Stellen Sie sich diese Frage, und warten Sie, was geschieht. Seien Sie Beobachter und Zeuge dieser inneren

---

17 Diese Frage beruht auf der bereits erwähnten Vorstellung, dass unser Verhalten immer ein Ausdruck unserer Überzeugungen und Glaubenssätze ist. Jede meiner Überzeugungen drückt sich in Verhalten aus, und mit dieser Frage wird der Spieß in gewisser Weise umgedreht. Man könnte es auch so formulieren: Dein Verhalten ist die logische Konsequenz welcher Überzeugungen? Oder: Welche Überzeugungen liegen deinem Verhalten zugrunde?

Prozesse, und schreiben Sie – wenn möglich – eine ganze Liste an Gedanken und Überzeugungen zu einer einzigen Verhaltensweise auf.

Ich möchte Ihnen das an einem persönlichen Beispiel verdeutlichen: »Was muss ich glauben, um meinem Partner ständig ins Wort zu fallen?«

Nun warte ich einfach einen Moment und lasse die Antworten auftauchen, eine nach der anderen. Sie müssen nicht zusammenpassen, sie müssen keinen Sinn ergeben, sie dürfen einfach so aufs Papier fließen, wie sie gerade in mir auftauchen.

- »Er wiederholt sich.«
- »Das hat er schon hundertmal gesagt.«
- »Es ist nicht wichtig, was er sagen will.«
- »Das dauert mir zu lange.«

Nachdem die ersten Antworten aufgetaucht sind, kann ich die Frage noch ein wenig genauer fassen, um jeden Winkel auszuleuchten, damit ich nichts übersehe.

Was muss ich glauben – über *meinen Partner*?

- »Er hat keine vernünftigen Argumente.«

Was muss ich glauben – über mich?

- »Ich komme zu kurz.«
- »Meine Meinung ist wichtiger und bedeutsamer als seine.«

Was muss ich glauben – über unsere Beziehung, über das Leben?

- »Unsere Beziehung ist eingefahren.«
- »Es fehlt uns an neuen Impulsen.«

Wenn ich mir diese Liste anschaue, wird mir bewusst, wie viel Material ich nun habe, mit dem ich mich beschäftigen kann. Mein Verhalten hat mir als Unterstützung gedient bei der Suche nach tiefer liegenden Überzeugungen.

Nun gibt es zahlreiche Möglichkeiten, wie ich damit weiterarbeiten kann.

1. Jeden einzelnen dieser Sätze kann ich zum Beispiel mithilfe der vier Fragen und Umkehrungen untersuchen, so wie es im Kapitel »Erste Schritte« beschrieben ist.
2. Einige Sätze beziehen sich direkt auf meinen Partner: »Er wiederholt sich.« – »Er hat keine vernünftigen Argumente.« Und alles, was mich an meinem Partner stört, gehört auf ein Arbeitsblatt »Urteile über deinen Nächsten«. Der erste Satz auf diesem Arbeitsblatt könnte dann lauten: »Ich bin genervt von Chris, weil er sich wiederholt«, und mein Kontext ist genau die Situation, in der ich ihn unterbrochen habe. Nun kann ich das ganze Arbeitsblatt ausfüllen, um mehr darüber herauszufinden, was ich in dieser Situation von ihm will, was ich brauche etc. Im Anschluss folgt die Untersuchung dieses Arbeitsblattes. Dadurch beginne ich vermutlich, sein Verhalten mit anderen Augen zu sehen, und ich lerne, meine Beweggründe zu verstehen. Dies wird sich »automatisch« auf mein Verhalten auswirken, wenn ich das nächste Mal in einer vergleichbaren Situation sein werde. Bitte glauben Sie dies nicht einfach, sondern probieren Sie aus, ob es für Sie ebenfalls zutrifft.

3. Einige Sätze beziehen sich auf das, was ich über unsere Beziehung glaube: »Unsere Beziehung ist eingefahren.« – »Es fehlt uns an neuen Impulsen.« In der Tat kommt mir die erste Aussage sehr bekannt vor. Mir erscheint sie wie eine Hypothese, die ich schon mehrfach positiv getestet habe – und das ist ja kein Wunder. Vielleicht hatte ich ein einziges Mal den Gedanken, dass unsere Beziehung immer langweiliger und eingefahrener wird (beziehungsweise ich sie auf diese Art und Weise wahrnehme), und ab diesem Moment hat mein Wahrnehmungssystem automatisch die Aufgabe übernommen, mir Beispiele dafür zu liefern, dass das stimmt. Und von Mal zu Mal wurde es dann leichter, dies zu glauben. Dank meines eigenen Verhaltens habe ich eine einschränkende, unangenehme Überzeugung gefunden, die seither dabei ist, sich in meinem Leben auszubreiten, während Beispiele für die Umkehrungen ab demselben Moment leichter getilgt wurden. Mithilfe der Überzeugung »Unsere Beziehung ist eingefahren« finde ich die Situation, in der mein Verstand in gewisser Weise überfordert war. Und nun beginne ich, mich rückwirkend damit zu beschäftigen, indem ich bei einem Arbeitsblatt über die Beziehung lande. »Unsere Beziehung ist eingefahren.« Zunächst überlege ich, in welcher Situation ich das über unsere Beziehung glaube, und vielleicht finde ich sogar den ersten Moment, in dem ich angefangen habe, das zu glauben. Und da sich dieser Satz wirklich nicht gut anfühlt in mir, nehme ich dies zum Anlass, um ein Arbeitsblatt »Urteile über deinen Nächsten« über »meine Beziehung« zu schreiben, ausgehend von dieser spezifischen Situation, die ich gerade gefunden habe. Wie genau das funktioniert, ein

Arbeitsblatt über ein Thema (anstatt eine Person) zu schreiben, werde ich Ihnen im weiteren Verlauf dieses Kapitels noch näher erläutern.

4. Die vierte Möglichkeit ist, dass ich auf weitere einschränkende oder negative Überzeugungen über mich selbst stoße: »Ich komme zu kurz.« – »Meine Meinung ist wichtiger und bedeutsamer als seine.« Hier scheint mir der erste Satz sehr interessant zu sein. Da will ich mehr wissen und noch einmal tiefer einsteigen, bevor ich mich an die Untersuchung mache. Und dazu möchte ich Ihnen die zweite Frage vorstellen, die mir in Bezug auf mein eigenes »unerwünschtes« Verhalten so wesentlich erscheint.

Wann, wo und von wem habe ich das »gelernt«?[18]

Als ich mit The Work begann, hatte ich zunächst eine gewisse Scheu, meine stressvollen Gedanken über andere zu Papier zu bringen. Bei manchen »großen Themen« hatte ich Angst, in dieser Anklage »hängenzubleiben«, sobald ich das Thema einmal in mir zulassen und in Worte fassen würde. Ich befürchtete, dass alles nur noch schlimmer werden würde, wenn ich meinem Frust erst einmal Ausdruck verliehen hätte. Und bei »kleineren« Themen fühlte es sich nicht richtig und eher unfair an, so als wollte ich anderen etwas in

---

18 Mit »gelernt« ist an dieser Stelle nicht das absichtsvolle Erlernen einer Fähigkeit gemeint. Vielmehr beruht diese Frage auf der Vorstellung, dass wir unser Leben lang und ganz besonders in der Kindheit aus bestimmten Situationen unsere manchmal voreiligen Schlüsse ziehen und fortan bestimmte Voraussetzungen als gegeben betrachten.

die Schuhe schieben, anstatt selbst die Verantwortung zu übernehmen.

Erst die Zeit beziehungsweise die zahlreichen Arbeitsblätter brachten es mit sich, dass ich für mich erkennen durfte, dass es mit jedem Arbeitsblatt – besonders bei denen über eine andere Person – immer um mich ging, dass sie dabei vor allem meiner Information dienten, dass ich am Ende immer und ausschließlich bei mir landete.

Und als Byron Katie dann noch sagte: Schreibe am besten über deine Mutter, deinen Vater, Geschwister und Großeltern, war der Bann gebrochen, und ich habe begonnen, die Frage »Wann, wo und von wem habe ich das gelernt?« mehr und mehr in meine Work-Praxis zu integrieren. Jedes Verhalten, also auch das unerwünschte, tritt in der Regel nicht jetzt – in diesem Moment – zum ersten Mal auf. Es hat vielmehr eine Geschichte, und die ist manchmal ganz schön lang. Unerwünschtes Verhalten ist häufig schon sehr lange – Monate, Jahre, vielleicht Jahrzehnte – »unser Begleiter«, und es kann überaus hilfreich sein, sich an die Zeit oder vielleicht sogar an den Moment zu erinnern, in dem es zum ersten Mal auftrat. Oftmals stoßen wir dann auf Situationen, in denen wir uns überfordert fühlten und es einfach nicht besser wussten. Wenn es um unerwünschtes Verhalten in der Partnerschaft geht, dann kennen wir es häufig aus der aktuellen Partnerschaft schon sehr lange, aus einer früheren Partnerschaft oder aus der Beziehung zu unseren Eltern, als wir Kinder waren.

Und nun scheint es an der Zeit zu sein, mehr über diese »alte« Situation in Erfahrung zu bringen. Ich habe das oft wie eine rückwirkende Heilung erlebt.

Stellen Sie sich vor, Sie hätten sich eine schlimme Hautverletzung zugezogen. Sie haben den momentanen Schmerz erlebt, als die Verletzung passierte, und Sie haben erlebt, wie der Schmerz chronisch wurde, weil die Wunde sich immer mehr entzündet hat und eitrig wurde. In der Zwischenzeit haben Sie zahlreiche Salben und Verbände ausprobiert, mit mehr oder weniger Erfolg. Einige helfen, andere helfen weniger, aber selbst die besten helfen nur, den Schmerz zu lindern, nicht die Entzündung zu beseitigen, geschweige denn, die Haut zu heilen. Deswegen haben Sie gelernt, die Wunde nicht zu berühren und gut dafür zu sorgen, dass keiner auch nur in ihre Nähe kommt.

Und dann eines Tages stellen Sie fest, dass die Verletzung von einem Stachel herrührt, der immer noch in der Wunde steckt. An diesem Tag scheinen Sie besonderes Glück zu haben, denn Sie haben sogar eine Pinzette zur Hand, mit der Sie den Stachel problemlos entfernen können. Und ab dem Moment können Sie die Heilung beobachten. Sie brauchen keine Salben mehr, können den Verband abnehmen und beobachten, wie sich die Wunde schließt.

Der Stachel, das sind die Überzeugungen, die wir beginnen zu glauben. Als junge Menschen – und das bedeutet nicht, dass das wirklich anders ist, wenn wir größer, älter und reifer geworden sind – versuchen wir mit allen Mitteln, die Zusammenhänge der uns umgebenden Welt zu verstehen und zu begreifen. Gerade weil wir keinen wirklichen Überblick haben, neigen wir dazu, das, was wir sehen, erleben und hören oder manchmal nur aufschnappen, irgendwie zu interpretieren. Dabei kommt es ständig zu Missverständnissen, Tilgungen, Verzerrungen und Verallgemeinerungen. Daraus entwickelt sich unser Netz von Glaubenssätzen und Überzeugungen. Wir erschaffen unsere Weltsicht, beziehungsweise sie erschafft sich in uns von allein. Wir beginnen, unsere eigene Landkarte zu malen und ein äußerst unübersichtliches Territorium abzubilden. Dies alles trägt dazu bei, dass wir lernen, uns zurechtzufinden in einer sehr komplexen Umgebung. Das ist gut und hilfreich im Alltag, doch gleichzeitig gibt es dabei »Verluste«.

Salben und Verbände – das sind alle möglichen Erklärungen und Theorien, die mir helfen zu verstehen, warum ich so bin, wie ich bin, warum ein Problem so ist, wie es ist.

Die Pinzette, das sind die vier Fragen und die Umkehrungen, der Prozess der Untersuchung. Und innerhalb dieses Prozesses ist es einmal die eine Antwort auf eine der Fragen, die aus dem Nichts auftaucht und mich berührt, während ich sie ausspreche, und ein anderes Mal ist es das eine kleine Beispiel für eine Umkehrung, das es mir ab diesem Moment einfach unmöglich macht, einen Gedanken, der zuvor so wahr schien, weiterhin zu glauben. Diese eine Antwort oder dieses eine Beispiel ist in der Lage, mein bisheriges System von Überzeugungen infrage zu stellen, zu erschüttern oder zum Einsturz zu bringen.

Der »Stress« in der Gegenwart ist ein Zeichen dafür, dass etwas an diesen womöglich schon lange in Ihrer Haut steckenden Stachel rührt. Der Stress macht Sie aufmerksam auf diesen alten Schmerz. Nutzen Sie die Chance, ihn zu heilen, indem Sie sich fragen, woher Ihnen das alles bekannt vorkommt.

Kommen wir wieder zurück zu dem Beispiel, das ich oben beschrieben habe. Ich frage mich nun also, wo und wann ich zum ersten Mal gedacht habe: »Ich komme zu kurz.« In welcher Situation habe ich das gelernt beziehungsweise mir diese Überzeugung zu eigen gemacht? Wenn ich darüber nachdenke, ist das wie eine Zeitreise, und ich lande als vier- oder fünfjähriger Junge auf der Eckbank im Esszimmer, am Tisch mit meinen Eltern und Großeltern. »Die Großen« unterhalten sich. Ich sitze da als kleiner Junge und bin sicher, etwas beitragen zu können. Doch man hat mir zu verstehen gegeben, dass ich still sein soll. Ich würde es nicht wagen, die Erwachsenen zu unterbrechen, und so macht sich mehr und mehr der Gedanke breit: »Ich komme zu kurz.« Und zusätzlich habe ich stressvolle Gedanken vor allem über meinen Vater.

Ich kann deutlich sehen, wie ich diese Befürchtung auch heute noch kenne und wie ich ihr durch mein unpassendes Ins-Wort-Fallen begegne. Ich beginne deshalb, ein Arbeitsblatt über meinen Vater zu schreiben. Es fängt an mit: »Ich bin enttäuscht von meinem Vater, weil er kein Interesse an mir hat.«

Ich lade Sie von ganzem Herzen ein, diese Arbeitsblätter über Ihre Nächsten und über frühere, längst vergangene Situationen zu schreiben. Für mich ist schwer vorstellbar, dass Sie dabei nicht etwas über sich und das Leben und die Menschen, die Sie umgeben, lernen; etwas, das Sie anschließend nicht mehr missen möchten.

Ich habe viele Beispiele gefunden und könnte noch hundert weitere Beispiele finden, wie mein Vater Interesse an mir hat. Wie das damals der Fall war und wie es heute immer noch der Fall ist. Und ich habe genauso viele Beispiele, wie ich nicht zu kurz kam – damals nicht und auch nicht heute, in meiner Beziehung mit Chris. Die Umkehrungen sind so viel wahrer. Ich gehe davon aus, dass einige von diesen Beispielen die nächsten Male in mir auftauchen werden, genau rechtzeitig, unmittelbar zu dem Zeitpunkt, an dem ich bisher dazu tendiert habe, Chris ins Wort zu fallen. Anstatt des unguten, unerklärlichen Gefühls in mir, das sich in meinem Ins-Wort-Fallen ausdrückt, gibt es dann zahlreiche herzerwärmende Beispiele aus der Vergangenheit und den Wunsch, nicht ins Wort zu fallen, um Chris oder meinen Vater nicht zu kurz kommen zu lassen – denn auch diese Umkehrung ist wahrer als der ursprüngliche Satz.

Für mich ist es immer wieder faszinierend, was sich hinter diesen »Kleinigkeiten« verbirgt und welches Potenzial sie enthalten. Ich hoffe, diese Wegbeschreibung wird Ihnen helfen, Ihr Verhalten zunächst zu akzeptieren und willkommen zu heißen und aus ihm zu lernen, sich selbst immer besser zu verstehen und den inneren Krieg immer mehr zu beenden. Die Transformation des Verhaltens ist dann ein Zeichen dafür, dass Sie verstanden haben, was darin enthalten war. Sie ist ein Nebeneffekt, der einfach passiert, ohne dass Sie sich bewusst für dieses neue Verhalten entscheiden müssen.

Je besser Sie sich selbst und Ihr Verhalten verstehen, desto mehr werden Sie begreifen, dass es sich bei Ihrem Partner ebenso verhält. Sie werden immer weniger darauf bestehen, dass er sich anders verhalten soll, weil Sie immer mehr verstehen, dass Sie da eigentlich Unmögliches von ihm verlangen. Er verhält sich, wie er sich verhält, weil er glaubt, was er glaubt. Und solange er glaubt, was er glaubt, wird er sich weiter so verhalten, wie er sich verhält.

Störendes Verhalten erweist sich dann einmal mehr als Geschenk, und ich hoffe, die eingangs verwendete Metapher des

Esels, der nicht in den Stall wollte, ergibt nun noch mehr Sinn als zuvor: Wechseln Sie die Strategie, sobald das einfache Sich-eine-Veränderung-Vornehmen nicht funktioniert. Tun Sie sich keine Gewalt an, vertrauen Sie stattdessen darauf, dass es auch leicht gehen kann und sogar Spaß machen darf.

Was nach der Untersuchung übrig bleibt, ist die Dankbarkeit, dass dieses Verhalten so aufgetreten ist und »genutzt« werden konnte. Wie würden wir sonst auf diese alten Missverständnisse und die dadurch entstandenen Überzeugungen aufmerksam werden?

Stress mit dem eigenen Körper

Auch der eigene Körper dient vielen Menschen als Angriffsfläche. Er als Ganzes oder bestimmte Körperteile sind zu groß, zu klein, zu dick, zu dünn, zu lang, zu kurz, zu blass, zu behaart, zu wenig behaart, zu schwabbelig, zu … Kurzum: Wir hätten unseren Körper gern anders, als er ist, und greifen ihn dafür an, dass er so ist, wie er ist, beziehungsweise wir unterstellen, dass er mit seinem So-Sein verantwortlich ist für das eine oder andere Problem in unserer Beziehung.

In der besten Absicht, damit etwas Gutes für uns zu erreichen, träumen wir davon, wie es wäre, wenn unser Körper so wäre, wie wir ihn gerne hätten.

Und dabei geht all das völlig an ihm vorbei, es hat nichts mit ihm zu tun. Der Körper ist, wie er ist. Er wird geatmet, er nimmt Nahrung und Flüssigkeit auf, er verdaut, scheidet aus, Blut zirkuliert in ihm, während er wiegt, was er wiegt, und die Größe hat, die er hat.

Ist es nicht absurd zu denken, mein Körper sollte anders sein, als er ist, jetzt in diesem Moment? Wie könnte ich auch nur ein Gramm weniger wiegen, als ich gerade wiege? Und dennoch: Mal sind wir zufrieden mit unserem Körper, und in der nächsten Minute klagen wir ihn an oder machen ihm Vorwürfe. An dem einen Tag sehen wir unser Gesicht im Spiegel, finden es schön, sind zufrieden und sehen uns gerne an, und an einem anderen Tag sehen wir das gleiche Gesicht, fokussieren auf etwas, das uns nicht gefällt oder sind gleich mit der ganzen Erscheinung unzufrieden. Er muss einfach herhalten, der Körper, und nur weil wir eine schlechte Nachricht erhalten haben oder uns aus anderen Gründen nicht wohlfühlen, stopfen wir ihn voll mit Dingen, von denen wir schon wissen, dass es ihm nicht so leichtfällt, sie zu verarbeiten. Und wie immer: Er beklagt sich nicht, sondern erledigt seinen Job. Er tut sein Bestes, jederzeit.

Schon wenn ich von »meinem Körper« spreche oder Gedanken »über ihn« habe, zeigt das, dass ich meinen Körper als etwas Externes wahrnehme, getrennt von mir selbst. Ich greife ihn an, wie ich meinen Partner angreife oder andere Menschen. Und diese Gedanken gilt es zu Papier zu bringen.

Sie können dafür das bereits bekannte Arbeitsblatt »Urteile über deinen Nächsten« verwenden. Seit einiger Zeit gibt es jedoch ein eigenes Arbeitsblatt mit dem Titel »Urteile über deinen Körper«. Es steckt das gleiche Prinzip dahinter, daher unterscheiden sich die beiden Arbeitsblätter nur geringfügig voneinander, doch viele Menschen empfinden das modifizierte Arbeitsblatt als gute Hilfestellung.

Schreiben Sie über Ihren Körper als Ganzes oder über

einen Teil Ihres Körpers – Ihre Nase, Ihre Brüste, Ihren Po, Ihren Penis, Ihre Vagina, Ihre Beine oder Ihre Haut. Genauso gut können Sie ein Arbeitsblatt ausfüllen über das Herz, andere innere Organe oder gegebenenfalls über den Krebs in Ihrem Körper. Schreiben Sie über alles, mit dem Sie nicht zu 100 Prozent einverstanden und glücklich sind.

Bei der anschließenden Untersuchung Ihrer Aussagen gibt es nur einen wesentlichen Unterschied zu beachten. Wenn ich ein Arbeitsblatt über ein »Objekt« schreibe anstatt über einen anderen Menschen, dann wird aus der Umkehrung zu mir selbst die Umkehrung zu »meine Gedanken«. Dort, wo im Originalsatz das Objekt steht, ersetze ich dies durch »meine Gedanken«.

Nehmen wir an, Sie hätten beim zweiten Punkt auf dem Arbeitsblatt geschrieben:

»*Ich will*, dass *mein Körper* schlank ist.«

Dazu gibt es zwei verschiedene Möglichkeiten für die Umkehrung ins Gegenteil:

- Ich will *nicht*, dass mein Körper schlank ist.
- Oder/und: Ich will, dass mein Körper *nicht* schlank ist.

Die Umkehrung zum anderen gibt es nicht, da der Satz kein weiteres Pronomen enthält.

Und statt der Umkehrung zu sich selbst kehren Sie den Gedanken nun um zu »meine Gedanken«:

- Ich will, dass *meine Gedanken* (über meinen Körper) schlank sind.

Vielleicht bezweifeln Sie in diesem Moment, ob es wirklich Sinn ergibt, die Gedanken über den eigenen Körper zu Papier zu bringen, um sie zu untersuchen. Wenn dem so ist, dann mögen Ihre Zweifel damit zu tun haben, dass uns das, was wir über unseren Körper glauben, so oft wie eine Tatsache erscheint.

Und selbst wenn wir es als Tatsache betrachten, wäre es aus meiner Sicht hilfreich, die Gedanken darüber zu untersuchen, um mehr darüber herauszufinden, wie wir reagieren, wenn wir diese Gedanken glauben, und wer wir ohne sie wären.

Bei der Untersuchung stellt sich dann außerdem manchmal heraus, dass es sich bei einer vermeintlichen Tatsache gar nicht um eine solche handelt. In diesem Zusammenhang habe ich in Seminaren schon häufig wirklich Erstaunliches erlebt.

Es gibt zum Beispiel eine Übung, in der im Seminar jeder das mit den anderen teilt, was er »normalerweise« beziehungsweise unter anderen Umständen nicht teilen würde, weil es dabei um Dinge geht, von denen wir nicht wollen, dass die anderen sie über uns wissen. Manchmal beziehen wir uns bei dieser Übung auch auf körperliche Aspekte.

Ich habe schon Menschen, die aus der Perspektive aller anderen Anwesenden eine großartige Figur hatten, sagen hören, dass sie über sich glauben, sie hätten einen dicken Bauch, unansehnliche Beine oder Ähnliches. Der Impuls ist dann manchmal, die Person umgehend anzusprechen. Und wenn man nicht gerade mitten in einem The-Work-Seminar wäre, würde man ihr vielleicht mitteilen, dass es einfach nicht stimmt, was sie da über sich denkt. Von außen betrachtet fällt es manchmal wirklich schwer nachzuvollziehen, was Menschen so alles über sich selbst denken. Es erscheint mir jedoch wichtig, dass wir uns in unserem Umgang miteinander bewusst machen, dass genau diese Reaktion oft hinderlich oder kontraproduktiv ist. Wenn ich glaube, was ich glaube, dann kann die Präsentation eines gut gemeinten »Gegenbeispiels« dazu führen, dass sich zu meiner schmerzvollen Überzeugung noch weitere Ideen hinzugesellen: »Der meint es nur gut mit mir.« – »Sie will mir helfen.« – »Sie glaubt das selbst nicht.« – »Die haben noch nicht richtig hingeschaut.« Der glaubende, überzeugte Verstand nutzt alles, um die bestehenden Überzeugungen zu verifizieren und zu festigen.

Sehen Sie also so gut es geht davon ab, Überzeugungen anderer durch Gegenbeispiele widerlegen zu wollen. Vielleicht können Sie in Erfahrung bringen, ob Ihr Gegenüber an den vier Fragen interessiert ist, und auf diese Weise dazu beitragen, dass er/sie echte, persönliche Beispiele für die Umkehrungen findet. Beginnen Sie auf jeden Fall bei sich selbst und Ihren Gedanken über Ihren eigenen Körper. Und was für den Stress mit dem eigenen Körper gilt, gilt natürlich auch für Stress mit dem Körper des Partners. Wenn der aus Ihrer Sicht nicht so ist, wie er sein sollte, können Sie auch darüber ein Arbeitsblatt ausfüllen.

Gedanken über Männer oder Frauen

Bisher haben wir das Arbeitsblatt genutzt, um mehr über die Momente in Erfahrung zu bringen, die unangenehm, belastend oder stressvoll sind und die wir direkt mit dem Partner in Verbindung bringen können. Sie haben verschiedene Varianten kennengelernt, wie Sie rund um die stressvollen Überzeugungen Näheres darüber in Erfahrung bringen können, was Sie über sich selbst und Ihren Körper glauben.

In der Regel ist das eine gute Basis für viele Erkenntnisse, und wir haben einen großen Vorrat an unangenehmen oder belastenden Situationen. Ich möchte Ihnen sehr ans Herz legen, die stressauslösenden Gedanken über diese Situationen einen nach dem anderen zu untersuchen. Solange Sie in Ihrem Alltag mit Ihrem Partner Situationen erleben, die Sie stressen oder traurig machen, und solange Sie mit sich selbst im Clinch liegen, gibt es keinen Grund, von diesem Vorgehen abzuweichen, sondern viele Gründe, daran festzuhalten. Denn wie wir wissen, höhlt steter Tropfen den Stein – und mit »Stein« ist hier selbstverständlich nicht der Partner, sondern der eigene Verstand gemeint, der so beinhart an etwas festhalten will. Wenn Sie erst einmal ein wenig Erfahrung gesammelt haben, werden Sie feststellen, wie es Ihnen immer leichter fällt, Ihre Gedanken wahrzunehmen, sie zu Papier zu bringen und zu untersuchen.

Daneben gibt es viele weitere Möglichkeiten, das Arbeitsblatt »Urteile über deinen Nächsten« zu nutzen.

Wenn Sie stereotype Vorstellungen vom anderen oder dem eigenen Geschlecht haben, kann das Ihre Beziehung ebenfalls beeinträchtigen. Vielleicht haben Sie Interesse, diese Gedanken einmal auf den Prüfstand zu stellen. Sind wirklich alle Männer so? Und alle Frauen?

Unser Verstand verallgemeinert – allein schon deshalb, weil das im Alltag so hilfreich ist. Diese Fähigkeit war womöglich einst lebenswichtig für unsere Spezies. Sie ist bis heute in sehr, sehr vielen Fällen äußerst praktisch und ermöglicht uns, dass wir das Rad nicht ständig neu erfinden müssen, sondern schnell sind mit unserer Einschätzung von Situationen und anderen Menschen. Doch sie stößt an ihre Grenzen, wenn Gedanken zu Überzeugungen werden, die uns einschränken, weil sie uns die Welt nur noch durch diese eine Brille sehen lässt, die wir schließlich nicht mehr in der Lage sind abzusetzen.

Mit »Schubladendenken« machen wir es uns auf den ersten Blick einfach. Wir brauchen nicht lange hin und her zu überlegen oder abzuwägen. Wir wissen gleich, woran wir sind. Doch nach meiner Erfahrung macht uns das auf Dauer nicht glücklich. Es ist vielmehr ein weiteres Beispiel dafür, dass der Verstand in immer eingefahreneren Bahnen denkt, die immer schwerer zu verlassen sind. Allein schon, weil Schubladendenken zu viele Aspekte der Realität ausschließt, wird es sich langfristig vermutlich nicht gut anfühlen.

Wenn Sie einmal die Gedanken, die Sie über Männer oder Frauen haben, aufschreiben und untersuchen, empfehle ich Ihnen, bei der dritten Frage, »Wie reagierst du, wenn du diesen Gedanken glaubst?«, zusätzlich die folgenden Unterfragen[19] zu verwenden: »Wie gehst du mit Männern um oder wie behandelst du Männer, wenn du das glaubst? Wie gehst du mit Frauen um oder wie behandelst du Frauen, wenn du das glaubst? Und wie behandelst du dich selbst, wenn du das glaubst?« Es ist immer wieder interessant zu sehen, wie sich selbst so allgemeingültig scheinende Überzeugungen ganz konkret auf unser Verhalten auswirken. Lassen Sie sich überraschen, welche Antworten auf diese Fragen in Ihnen auftauchen.

---

19 Eine vollständige Liste aller Unterfragen stelle ich Ihnen im neunten Kapitel vor.

Ein zweiter Punkt, der bei der Untersuchung eines auf diese Art ausgefüllten Arbeitsblattes wichtig ist: Wenn Sie zu den Umkehrungen gelangen, gibt es nun mehrere Möglichkeiten. Sowohl die Umkehrung zu sich selbst als auch die Umkehrung zu »meine Gedanken« ist sinnvoll. Und wenn Sie davon ausgehen, dass das eine Geschlecht eben »so« ist und das andere nicht, dann können Sie Ihre Sätze und Gedanken auf Männer beziehungsweise auf Frauen umkehren.

Aus »Frauen sind anstrengend« wird dann die Umkehrung ins Gegenteil: »Frauen sind nicht anstrengend.«

Eine Variante der Umkehrung ins Gegenteil wäre: »Männer sind anstrengend.«

Die Umkehrung zu mir selbst lautet: »Ich bin anstrengend.«

Die Umkehrung zu »meine Gedanken« wäre: »Meine Gedanken (über Frauen) sind anstrengend.«

Vermutlich weniger relevant im Kontext von Partnerschaft und Beziehung und dennoch interessant: So, wie Sie über Männer und Frauen schreiben, können Sie natürlich auch über Personengruppen wie Politiker, Lehrer, Banker, Ärzte, Beamte, Priester oder über Institutionen wie die Regierung, die katholische Kirche, das Gesundheitssystem oder das Jobcenter schreiben. Auch dabei werden Sie vermutlich sehr viel Erhellendes über Ihr eigenes Denken entdecken …

Stress mit Gott und der Welt

Und last but not least: Manchmal ist es weder eine andere Person oder eine Personengruppe noch sind es Sie selbst, gegen den/die sich der Ärger oder die Wut richtet oder auf den/

die sich Ihre Enttäuschung bezieht. Dann ist die Unzufriedenheit, die vorhanden ist, in gewisser Weise unpersönlich. In diesem Fall geht es vielleicht um »Gott« oder eine höhere Instanz oder irgendetwas anderes Ungreifbares, das in Ihrem Erleben an dieser Stelle steht.

Zu einem schmerzhaften Zeitpunkt, an dem ich viel über meine Kindheit geworkt habe, über meinen Vater und meine Mutter, kam ich einmal nicht weiter. Eine Kollegin lud mich dann ein, ein Arbeitsblatt über diese »höhere Energie« zu schreiben. Schnell stellte ich fest, dass in meiner kindlichen Welt wirklich der »liebe Gott« für so vieles verantwortlich war, unter anderem dafür, dass ich die Eltern hatte, die ich hatte. So begann mein Arbeitsblatt also mit: »Ich bin sauer auf den lieben Gott, weil er mir diese Eltern gegeben hat.« Heute – ein paar Jahre später – fällt es mir schwer, diesen Satz noch einmal so zu schreiben, denn ich bin inzwischen zutiefst davon überzeugt, ganz wunderbare Eltern zu haben (und gehabt zu haben) – heute ebenso wie im Alter von fünf Jahren.

Schreiben Sie über Gott, die Welt, das Leben, die Beziehung, das Wetter oder den Sex. Alle Wörter, die mit einem Großbuchstaben beginnen, sind prinzipiell geeignete Kandidaten für ein Arbeitsblatt. »Urteile über deinen Nächsten« passt viel besser, als der Titel zunächst vermuten lässt.

Wenn Sie also Ärger, Wut, Enttäuschung oder Ähnliches spüren, prüfen Sie genau, gegen wen sich dieses Gefühl innerlich richtet oder was Sie traurig macht. Wenn Sie ganz ehrlich sind: Wem gibt Ihr Ego die Schuld? Wenn Sie zum Beispiel mit der Beziehung nicht zufrieden sind: Richtet sich der Vorwurf gegen »die Beziehung« oder richtet er sich doch gegen den Partner/die Partnerin? Richtet er sich gegen Sie selbst oder richtet er sich vielleicht sogar gegen eine andere Person, zum Beispiel Ihre Eltern oder die Eltern des Partners/der Partnerin, weil Sie beziehungsweise Ihr Partner/Ihre Partnerin auf eine bestimmte Weise erzogen wurden? Oder richtet er sich vielleicht gegen »Gott«, weil die Welt so ist, wie sie ist?

Seien Sie sich selbst gegenüber ehrlich, und machen Sie – ohne sich zu zensieren – zuerst den »Übeltäter« aus. Schreiben Sie dann ein Arbeitsblatt »Urteile über deinen Nächsten« oder untersuchen Sie die Gedanken über sich selbst. Beachten Sie bei der Untersuchung, dass reale Personen zu »ich« umgekehrt werden und Objekte und Institutionen zu »meine Gedanken«. Für Personengruppen funktionieren beide Varianten dieser Umkehrung.

»Das Leben ist wirklich einfach, doch wir bestehen darauf, es kompliziert zu machen.«

Konfuzius

7. Sorgen und Befürchtungen

Sie haben nun schon einige Herangehensweisen kennengelernt, um stressvolle Überzeugungen zu identifizieren und zu untersuchen. Insbesondere wenn Sie unzufrieden oder unglücklich mit einem Ereignis in der Vergangenheit sind, decken Sie damit bereits eine große Bandbreite der Möglichkeiten ab und wissen, was zu tun ist.

Neben den stressvollen, auf die Vergangenheit bezogenen Gedanken gibt es aber auch noch die, die sich auf die Zukunft beziehen. Wir nennen sie Sorgen und Befürchtungen – und genau davon handelt dieses Kapitel.

Der Verstand projiziert, und die Auswahl seiner Ziele ist dabei gar nicht so groß. Die Projektionen richten sich auf andere Menschen, etwas anderes im Außen oder gegen mich selbst. Und dabei beziehen sie sich auf etwas, das bereits geschehen ist oder auf etwas, das geschehen könnte, also auf die Vergangenheit oder auf die Zukunft. Gefühle wie Trauer, Wut, Ärger und Schuld bedeuten, dass die Vergangenheit im

Spiel ist. Deswegen passen sie so gut auf das Arbeitsblatt »Urteile über deinen Nächsten«, das sich am einfachsten über eine Situation in der Vergangenheit ausfüllen lässt. Sorgen und Angst hingegen gehen immer mit Gedanken über die Zukunft einher – mit dem, was erst noch passieren könnte.

In diesem Zusammenhang möchte ich kurz auf den Unterschied zwischen Furcht und Angst eingehen, wie er in der Psychologie beschrieben wird. Furcht steht für etwas, das in gewisser Weise real ist: Sie stehen im Wald, ein Bär taucht auf, und Sie haben bereits die Beine in die Hand genommen, bevor Ihr bewusster Verstand Zeit hatte, die Situation zu analysieren. Ihr gesamtes System reagiert automatisch auf die wahrgenommene Bedrohung. Der Bär wird als solcher erkannt, die Blutversorgung der Beine wird angekurbelt, damit Sie schneller laufen können. Gleichzeitig wird die Blutversorgung Ihres Gehirns reduziert, denn Denken ist gerade nicht so wichtig. Und in der Tat würden Sie sich in Bewegung setzen, ohne dass es dazu eines bewussten Gedankens bedürfte.

Wären Sie einer Schlange begegnet, wären Sie womöglich stocksteif stehen geblieben und hätten sich keinen Millimeter mehr bewegt. Innerlich wachsam und äußerlich ruhig. Auch hier hätte Ihr System auf Autopilot gestellt und so reagiert, wie es das mithilfe Ihrer Vorfahren gelernt hat und wie es für diese Art der Bedrohung angemessen wäre.

Würden Sie in einer ähnlichen Situation angegriffen und hätten Sie keine Möglichkeit zum Rückzug gehabt, wäre der Angriffsmodus eingeschaltet worden, und die körperliche Energie hätte vor allem in Ihrem Oberkörper und Ihren Armen zur Verfügung gestanden. Flight, Fight, Freeze (Flucht, Kampf und Starre) – die drei großen »F« bringen die Reaktionsmöglichkeiten in Gefahrensituationen auf eine kurze Formel, die sich schon oft in unserer Geschichte und der unserer Vorfahren als lebenswichtig erwiesen hat. Zusammengefasst sprechen wir also von Furcht immer dann, wenn es eine wahrnehmbare äußere Bedrohung gibt.

Von Angst sprechen wir dagegen, wenn Sie sich eine mögliche Bedrohung in erster Linie »vorstellen«, wenn diese also zunächst nur in Ihrem Verstand existiert. Alle Befürchtungen gehören übrigens in die Kategorie Angst (auch wenn sie vom Wortstamm her besser zu Furcht passen würden). Das Paradoxe ist, dass unser Körper sich in beiden Fällen gleich oder ähnlich verhält: Auch bei Ängsten und Befürchtungen reagiert er wie oben beschrieben zum Beispiel mit erhöhtem Puls. Für Ihren Körper spielt es sozusagen keine Rolle, ob der Bär im Wald tatsächlich erscheint oder ob Sie ihn sich »nur« vorstellen.

Mir fällt dazu eine kleine Geschichte ein, die ich vor Jahren im Fitnessstudio erlebt habe. Ich war bei mittlerem Belastungspuls auf dem Laufband unterwegs, das ich so eingestellt hatte, dass sich die Geschwindigkeit automatisch meinem Puls anpasste. Nach dem Warmlaufen tourte ich die ersten paar hundert Meter bei mehr oder weniger gleichbleibender Geschwindigkeit, während mein Verstand, der sich nun nicht mehr mit dem Laufband und auch nicht mit der Umgebung beschäftigen musste, langsam seine Reise antrat. In Gedanken ging ich die nächsten Tage durch, die Aufgaben, die ich erledigen wollte, die Menschen, die ich treffen wollte. Irgendwie landete ich dann bei einer geplanten Veranstaltung, die ich moderieren sollte und auf die ich mich noch nicht so recht vorbereitet hatte. Ich hatte damals regelrecht Angst, vor größeren Gruppen zu sprechen, und diese Angst machte sich nun spontan bemerkbar. Innerlich tauchten Bilder auf, wie ich Fragen nicht vernünftig beantworten würde, wie ich zu stottern begänne. Während ich mich immer mehr in diesen Bildern verlor, stellte ich fest, dass mein Lauftempo sich deutlich verringert hatte. Es fehlte nicht mehr viel, und das Band wäre zum Stehen gekommen. Sobald ich mich jedoch wieder auf das Laufen konzentrierte und die nahende Moderation vergaß, wurde das Laufband wieder schneller. Der Zusammenhang war rasch klar: Stressvolle Gedanken erhöhen den Puls, und infolgedessen wird das Band langsamer. Die Gedanken in ruhigere Bahnen zu lenken führt zu einem ruhigeren, verlangsamten Puls, und das Laufband erhöht daraufhin die Geschwindigkeit.

Stressvolle Gedanken zu denken ist Hochleistungssport – und in dieser Situation wurde mir klar, was ich mir damit so manches Mal selbst antue. Doch leider habe ich ja in der entsprechenden Situation keine Wahl – nicht in dem Moment, in dem diese inneren Bilder auftauchen, die den Stress auslösen. Höchstens mit mehr Ruhe und Zeit.

Beschäftigen wir uns nun also mit den Gedanken über Ihren Partner/Ihre Partnerin beziehungsweise über Ihre Beziehung, die in die Zukunft gerichtet sind und Befürchtungen enthalten. Was sollte in Ihrer Beziehung beziehungsweise in Ihrem Leben nicht geschehen? Wovor haben Sie Angst? Was befürchten Sie? Worüber machen Sie sich Sorgen?
Suchen Sie sich einen Ort, an dem Sie ungestört sind, und nehmen Sie sich die Zeit, Ihre persönliche Liste zu

schreiben. Es geht nicht darum, dass Sie kreativ sind oder etwas Neues erfinden. Es geht vielmehr darum, in Kontakt zu sein mit den Gedanken, die ohnehin da sind, die sowieso in Ihnen auftauchen und die Sie gegebenenfalls ansonsten nicht so leicht zur Kenntnis nehmen.
Vielleicht bemühen Sie sich normalerweise sogar, Ihre Befürchtungen *bewusst* nicht zur Kenntnis zu nehmen. Viele Menschen haben die Vorstellung, dass sie die Dinge, die sie nicht haben wollen, besser aus ihrem Verstand verdrängen. Sie befürchten, dass die Chance, dass das Unerwünschte eintritt, ansonsten steigt.
Ich werde Ihnen im Laufe dieses Kapitels allerdings erläutern, warum das aus meiner Sicht nicht der Fall ist und wieso auch hier die Chancen gut stehen, dass die Umkehrung wahrer ist, dass Sie nämlich durch die bewusste Auseinandersetzung mit Ihren Befürchtungen die »Eintrittswahrscheinlichkeit« dieser unerwünschten Ereignisse verringern.
Schreiben Sie also nun Ihre Liste. Seien Sie ehrlich mit sich und erlauben Sie sich, Ihre Befürchtungen schriftlich festzuhalten.

Los geht's!

Haben Sie Ihre Liste geschrieben? Dann werden wir nun zunächst die Ergebnisse, also Ihre Antworten, ein wenig sortieren. Sie können die Sätze Ihrer Liste unterscheiden in a) die Gedanken, die etwas beschreiben, das Sie schon kennen und von dem Sie nicht möchten, dass es sich fortsetzt, und b) die Gedanken, die scheinbar etwas wirklich »Neues« beschreiben.

Auf der Liste von Ute[20], die ich in einem Work-Prozess begleiten durfte, tauchte zum Beispiel auf: »Wir werden nie glücklich werden.« Das ist sicher eine Befürchtung. Und beim näheren Betrachten dieser Aussage fiel Ute auf, dass darin ebenso eindeutig enthalten ist, dass sie ja bereits zu diesem Zeitpunkt nicht glücklich war. Der Verstand projizierte lediglich in die Zukunft, was in der Gegenwart schon zu stimmen schien. Es musste also in der Vergangenheit einmalig oder wiederkehrend etwas gegeben haben, das Ute unglücklich machte und von dem sie glaubte, dass es weiterhin auftauchen, sich also wiederholen würde. So stieß sie auf die vielen kleineren und größeren Streitigkeiten, die sie mit ihrem Partner hatte und die sie über die Zeit mürbe gemacht hatten. Die ergebnislosen, ihr unnütz erscheinenden Streitereien waren etwas, das sie »nie wieder erleben« wollte. Kommt Ihnen diese Formulierung inzwischen bekannt vor? Kein Wunder: Es ist der Punkt 6 des Arbeitsblattes »Urteile über deinen Nächsten«, und das ist schon der Hinweis darauf, wie Sie mit diesen Sätzen und Gedanken auf Ihrer Befürchtungsliste verfahren können: Sie wählen eine passende Situation dazu, schreiben darüber ein komplettes Arbeitsblatt »Urteile über deinen Nächsten« und untersuchen es. Über einen »Umweg« sind wir also auch beim Thema »Befürchtungen« wieder in der Vergangenheit gelandet. Und wann immer Ihre Befürchtung eine Fortschreibung der Vergangenheit beziehungsweise der Gegenwart ist, können Sie zunächst beginnen, diese zu klären, und zwar mithilfe des bekannten Arbeitsblattes.

---

20 Der Name wurde geändert, und die Person ist mit der Veröffentlichung dieses Beispiels einverstanden.

Wenn Sie beim sechsten Punkt des Arbeitsblattes ankommen, werden Sie sich vielleicht schon auf das freuen, was Sie zuvor nie mehr erleben wollten. In diesem Moment hat sich die Befürchtung in Luft aufgelöst oder besser noch: Sie ist im wahrsten Sinne des Worte zu »Vorfreude« geworden.

Für Ute war es in diesem Fall weder mit einem einzigen Arbeitsblatt noch mit einer einzelnen Sitzung getan. Sie kannte die Auseinandersetzungen, die sie inzwischen mit ihrem Partner hatte, bereits aus der Kindheit, und schon damals hatte sie auch die Hilflosigkeit und Hoffnungslosigkeit gespürt, die sie aktuell in ihrer Partnerschaft erlebte. Mehrere Arbeitsblätter über ihren Vater und ihren derzeitigen Partner halfen ihr zu erkennen, wie sie für sich selbst sorgen konnte, wenn ein anderer Mensch in ihrer Nähe laut wurde. Sie verstand, wie es für sie darum ging, einen tiefen Atemzug zu nehmen und ganz ruhig und bei sich zu bleiben. Ihr wurde bewusst, wie sie sich daran erinnern konnte, dass nichts Grundsätzliches auf dem Spiel stand und dass es in der Situation nichts zu tun oder zu entscheiden gab; dass sie sogar Interesse hatte, aufmerksam und genau zuzuhören, was ihr Gegenüber zu sagen hatte. Sie sah in ihrem Gegenüber nicht mehr das Böse, sondern etwas Verzweifeltes und ebenso Hilfloses. Im Laufe der Untersuchung all der stressvollen Überzeugungen spürte Ute immer mehr Stärke und Kraft. Die Streitereien verloren zunächst ihre Bedrohlichkeit, und es kam der Moment, in dem Ute sich von ganzem Herzen auf den nächsten Streit freute, weil sie die Gewissheit spürte, dass sie uneingeschränkt mit sich selbst in Kontakt sein würde, so sehr es draußen auch tosen würde. Was ihr daran außerdem gefiel, war die Sicherheit, dass sie sich gleichzeitig eng mit ihrem Partner verbunden fühlen konnte.

Stellen Sie sich einmal vor, wie sich Ihr Verhältnis zu Ihrer Zukunft verändern würde, wenn Sie plötzlich nichts mehr hätten, »das Sie nie mehr erleben wollen« und stattdessen immer mehr das Gefühl, »dass Sie sich darauf freuen, es zu erleben«.

Vielleicht ist die glückliche Zukunft nicht die, in der ständig die tollsten Dinge passieren, sondern die, in der wir gelernt haben, uns auf Dinge zu freuen, die wir eigentlich nie mehr erleben wollten.

Wenn Sie die Wahl hätten, welche Zukunft würden Sie wählen? Die, in die Sie eintreten mit einem Verstand, der voll ist von Dingen, die »er« nie wieder erleben will? Oder die, in der alles Mögliche passiert – wie das Leben nun einmal so spielt –, mit einem Verstand, der so weise ist, sich auf das ganze Spektrum dieser Möglichkeiten zu freuen?

Zurück zu Ihrer Liste. Neben den Gedanken, die mit der Vergangenheit zusammenhängen, die Sie also schon kennen und zu denen Sie nun ein Arbeitsblatt »Urteile über deinen Nächsten« schreiben können, werden Sie vielleicht auch auf Aussagen stoßen, die Sie nicht mit der Vergangenheit in Verbindung bringen. Eine Befürchtung, die mir in Coachings häufiger begegnet und die ich auch von mir selbst kenne, lautet: »Er/sie wird mich verlassen.«

Auch hier könnte ich mich mit vergangenen Situationen (und Arbeitsblättern dazu) beschäftigen, in denen ich das »Verlassen werden« erlebt habe und damit noch nicht hundertprozentig im Reinen bin. Alles, was ich in Bezug auf meine Vergangenheit kläre, wirkt sich auf die Zukunft und meine Befürchtungen aus. Doch gehen wir einmal davon aus, dass mich der Satz nicht an eine vergangene Situation erinnert, sondern dass ich ihn ausschließlich in Bezug auf meine Zukunft als stressvoll erlebe. Wie Sie gleich sehen werden, können Sie diese Art von zukunftsorientierten Gedanken genauso gut wie vergangenheitsorientierte Gedanken mit den vier Fragen und Umkehrungen untersuchen.[21] Und lassen Sie sich anschließend überraschen, welche weiteren Möglichkeiten es gibt, damit umzugehen.

»Er wird mich verlassen.«

1. Ist das wahr?

Ja oder nein? Ja.

2. Kann ich mir absolut sicher sein, dass es stimmt, dass er mich verlassen wird?

Ja oder nein? Nein.

3. Wie reagiere ich, was passiert, wenn ich das glaube?

Wenn ich diese Frage beantworte, stelle ich fest, dass ich in dem Moment, in dem ich das glaube, schon so reagiere, als würde es bereits passieren. Die Bilder, die ich sehe, die körperlichen Reaktionen und Gefühle, die auftauchen, entsprechen genau dem, was ich befürchte. *Ich sehe mich allein zu Hause traurig am Esstisch sitzen. Ich sehe mich allein schweigend auf einer Party stehen, umgeben von glücklichen, flirtenden Paaren. Ich lasse meine Schultern und meinen Kopf hängen, meine Füße und Beine sind schwer. Die Zukunft erscheint mir uninteressant und düster.*

---

21 An mehreren Stellen in diesem Buch beschreibe ich verschiedene Möglichkeiten, ausgehend von einer stressvollen Überzeugung weitere stressvolle Gedanken zu finden, immer mit dem Ziel, am Ende eine Untersuchung mit den vier Fragen und Umkehrungen durchzuführen. Und gleichzeitig gilt, dass Sie mit jedem Gedanken, der auftaucht, gleich eine Untersuchung starten können.

Unser Körper macht auch an dieser Stelle keinen Unterschied zwischen der Auswertung von »realen« Sinneseindrücken und dem, was wir uns vorstellen. Das Gehirn arbeitet wie ein perfekter Simulator, der unsere Welt erschafft. Und während ich die dritte Frage beantworte und meine eigenen Antworten zur Kenntnis nehme, wird mir dieser Zusammenhang bewusst.

4. Wer wäre ich ohne diesen Gedanken?

Ohne den Gedanken »Er wird mich verlassen« wäre ich in diesem Moment nicht besorgt. Ich wäre nicht mit einer möglichen Zukunft beschäftigt, sondern stattdessen präsent. Ich würde es genießen, dass wir zusammen sind, dass wir uns gefunden haben.

Die Umkehrungen:

Welche Umkehrung fällt mir als Erstes ein? Die Umkehrung ins Gegenteil: »Er wird mich nicht verlassen.«

An dieser Stelle taucht in Coachings häufig ein bestimmtes Argument auf. Die Menschen fragen dann: Wie soll ich dafür denn ein möglichst konkretes Beispiel finden, das liegt ja in der Zukunft? Das kann ich doch gar nicht wissen. Ja, das stimmt. Genau betrachtet liegt es ebenso in der Zukunft wie die ursprüngliche Befürchtung, die uns eben noch so real erschien. Und es fiel uns nicht schwer, Beispiele dafür zu finden. Ist nicht alleine das schon interessant? Dass das eine so real erscheint und das andere nicht? Der Vorschlag lautet dann: Nutzen Sie Ihre Vorstellungskraft, stellen Sie sich vor, das Gegenteil würde wahr sein, bleiben Sie in der Zukunft, und fragen Sie sich, welche guten Gründe es gibt, dass das zutreffen wird.

Und wenn ich mir das nun selbst zu Herzen nehme, dann lautet meine Antwort: *Er wird mich nicht verlassen, weil wir einfach zu gut zueinander passen. Er wird mich nicht verlassen, weil wir uns beide weiterentwickeln. Er wird mich nicht verlassen, weil wir einen Weg gefunden haben, Missverständnisse auszuräumen und immer besser mit unseren unterschiedlichen Bedürfnissen umzugehen. Er wird mich nicht verlassen, weil wir immer wieder Neues aneinander entdecken.*

Wenn die Befürchtung – wie in diesem Fall – auf die andere Person bezogen ist, gibt es zwei weitere Umkehrungen. Die Umkehrung zu sich selbst: »Ich werde mich verlassen.« Und die Umkehrung zum anderen: »Ich werde ihn verlassen.«

Machen wir weiter mit: »Ich werde mich verlassen.«

Ja, ich kann sehen, wie ich das tue. Wenn ich es genau betrachte, dann habe ich mich bereits verlassen, und zwar in jedem Moment, in dem ich denke, er wird mich verlassen. Wenn ich mich dann sehe, wie ich allein auf einer Party herumstehe, obwohl ich gerade in einer glücklichen Beziehung lebe, habe ich mich bereits verlassen und die Realität auch.

Und ich habe mich bereits verlassen, wenn ich darüber nachdenke, wie ich ihn halten kann – während ich befürchte, dass er mich verlässt. Ich verlasse mich selbst in dem Moment, wo ich sein Bei-mir-Bleiben kontrollieren will.

Aus der Zukunft wird so die Gegenwart; das, was wir vermuten, was passieren könnte, passiert bereits – jetzt, in unserer Vorstellung. Das, was ich denke, was der andere mir »antun« könnte, tue ich mir an, jetzt, in diesem Moment.

»Ich werde ihn verlassen.«

Mit der Umkehrung auf den anderen verhält es sich ganz ähnlich.

In meinen Gedanken bin ich schon getrennt, auf und davon, je intensiver ich in mir das Szenario »Er wird mich verlassen«

hin und her bewege. Und ich verlasse ihn, weil ich gar nicht für ihn da bin als sein Partner, ich bin mehr damit beschäftigt, ihn wie mein »Besitztum« zu behandeln und dafür zu sorgen, dass »meins« auch »meins« bleibt.

In die Untersuchung dieses Satzes bin ich nun beim Schreiben mehr oder minder hineingerutscht. Ursprünglich wollte ich Ihnen von einem weiteren Beispiel aus einem Coaching berichten. Und das Schöne ist, dass Sätze, Gedanken und Überzeugungen, die wir hören und verstehen, immer auch unsere eigenen sind. Wenn ich nachvollziehen kann, dass jemand anders unter einem Gedanken leidet, dann bedeutet das grundsätzlich (!), dass ich das selbst von mir kenne, dass ich irgendwo in mir eine Referenzerfahrung dafür habe. Anders formuliert: Wir leiden alle unter den gleichen Gedanken. Sie sind weder so einzigartig noch so individuell, wie wir vermuten. Byron Katie sagt häufig: Thoughts are only recycled. Gedanken sind nur recycled. Wann immer also ein Satz in Ihrer Umgebung auftaucht, der auch nur die geringste Resonanz im Sinne eines unbehaglichen Gefühls auslöst, dann ist es anscheinend auch Ihrer. Vielleicht haben Sie ja Lust, gleich die Chance zu ergreifen und ihn zu untersuchen. Es gibt keinen Grund zu warten, bis großer Stress da ist. Es darf einfach auch leicht sein an dieser Stelle, und vermutlich ist das hilfreich, wenn Sie Interesse haben, mehr über sich und Ihre inneren Prozesse herauszufinden.

Kommen wir nun also zu der angekündigten weiteren Vorgehensweise zum Umgang mit Befürchtungen, die ich Ihnen sehr ans Herz legen möchte. Sie besteht aus drei aufeinanderfolgenden Schritten, die jeweils mit einer neuen Frage einhergehen:

Was ist das Schlimmste daran?

Diese Frage hat es aus meiner Sicht wirklich in sich. Wenn Sie eher die Ansicht vertreten, dass es keinen Sinn hat oder sogar kontraproduktiv sein könnte, sich näher mit Befürchtungen zu beschäftigen, fühlen Sie sich durch die Frage vielleicht sogar provoziert. Das liegt vermutlich daran, dass der anerzogene Umgang mit Befürchtungen in der Regel ein anderer ist als der, auf den ich nun zu sprechen kommen möchte.

Diese Frage »Was ist das Schlimmste daran?« hilft Ihnen, der Angst direkt ins Auge zu schauen. Meine persönliche Erfahrung ist, dass sie sich genau dadurch häufig auflöst.

Ich hoffe, es unterstützt Ihr Verständnis, wenn ich die Zusammenhänge und Erläuterungen mithilfe meiner eigenen Beispiele veranschauliche. An dieser Stelle fällt mir eines ein, das mir besonders prägnant in Erinnerung geblieben ist, auch wenn es hier nicht direkt um eine Erfahrung in Bezug auf meine Partnerschaft geht. In einer Liste der Befürchtungen, die ich vor einigen Jahren einmal schrieb, stand der Satz:

Das Schlimmste, was mir passieren kann, ist, dass Sascha mir die Zusammenarbeit aufkündigt. Mein guter Freund Sascha, den Sie ja in Kapitel 4 schon kurz kennengelernt haben, war zu diesem Zeitpunkt bereits Mitarbeiter in meinem Institut – und zwar einer, auf den ich mir nicht vorstellen konnte zu verzichten.

»Sascha kündigt mir die Zusammenarbeit auf.«

Was wäre das Schlimmste daran?

Nun bin ich also aufgefordert, genau da hinzuschauen, wo ich eigentlich nicht hinschauen möchte. Ich stelle mir einen Zeitpunkt in der Zukunft vor, an dem Sascha mir die Zusammenarbeit schon aufgekündigt hat, und frage mich, was wirklich das Schlimmste daran wäre:

- *Unser Institut (also unsere Firma) würde das nicht überstehen.*
- *Ich müsste mich von jetzt auf gleich um tausend Dinge kümmern, die ich schon ewig nicht mehr gemacht habe.*
- *Ich wäre überfordert.*
- *Ich wäre traurig und würde der schönen gemeinsamen Zeit nachtrauern.*

Welche dieser Befürchtungen ist die schlimmste, was macht mir die meiste Angst?

- *Unser Institut (also unsere Firma) würde das nicht überstehen.*

Und nun wird die gleiche Frage wiederholt gestellt: »Was ist das Schlimmste daran, dass unser Institut das nicht überstehen würde?«

- *Meine wirtschaftliche Grundlage wäre infrage gestellt.*
- *Mein regelmäßiges Einkommen wäre infrage gestellt.*

Und hier merke ich, wie ich innerlich herumeiere, wie es mir schwerfällt, dem »Problem« genau ins Auge zu sehen, doch genau darauf kommt es hier an.

Was wäre das Schlimmste daran, wenn meine wirtschaftliche Grundlage und mein regelmäßiges Einkommen infrage gestellt wären?

- *Ich müsste auf Dinge verzichten, die mir wichtig sind, wie zum Beispiel Reisen.*
- *Ich müsste für den gleichen Lebensstandard mehr arbeiten.*
- *Ich stünde als Versager da.*
- *Mein Vater könnte sagen: »Das konnte ja nicht gutgehen« oder »Ich hab´s ja kommen sehen«.*
- *Mein ganzes Modell von Leben und Arbeiten wäre zerstört, und ich müsste mir etwas Neues einfallen lassen.*

Und was ist das Schlimmste von dieser Liste?

- *Mein ganzes Modell von Leben und Arbeiten wäre zerstört, und ich müsste mir etwas Neues einfallen lassen.*

Und was ist das Schlimmste daran?

- *Ich wäre am Boden zerstört (weil mein ganzes Modell von Leben und Arbeiten zerstört ist und ich mir etwas Neues einfallen lassen müsste).*

Wir können dieses Fragen nach dem Kern immer weiter fortsetzen. Konzentrieren Sie sich bei der Beantwortung auf »die Mitte«, auf den Kern, auf den Punkt, an dem der Schmerz am größten ist – da geht es entlang. Haben Sie keine Angst, Ihren Ängsten ins Auge zu sehen, denn das Schlimmste an ihnen ist die Angst vor der Angst, und mit der arbeiten wir hier. Verurteilen Sie sich nicht dafür, dass Sie Angst haben, und verurteilen Sie sich nicht für das, wovor Sie Angst haben. Es ist menschlich, natürlich, nachvollziehbar, und die Angst hilft Ihnen dabei, all die Dinge in Ihrem Verstand aufzuspüren, die

Sie aus Ihrer Vergangenheit bereits kennen, mit denen Sie zu einem früheren Zeitpunkt überfordert waren und die Sie daher noch nicht ganz verarbeitet haben. Fragen Sie sich immer mehr in die Mitte vor. Wenn Sie sich anhand der Frage »Was ist das Schlimmste daran?« immer mehr in die Mitte Ihrer Angst bewegen, fallen Ihre Antworten zu Beginn noch sehr unterschiedlich aus. Früher oder später allerdings werden Sie feststellen, dass Sie auf nichts Neues mehr stoßen. Es kommt nichts Neues mehr. Die Liste hat sich erschöpft.

Und genau dann sind Sie an einem spannenden Punkt angelangt. Wenn Sie hier eine Pause machen und das, worauf Sie gestoßen sind, auf sich wirken lassen, stellen Sie fest, dass es ebenfalls nichts Neues ist. Ganz im Gegenteil, es ist etwas, das Sie aus Ihrem bisherigen Leben bereits gut kennen.

Wieso kann ich mir dessen so sicher sein? – Weil der Verstand nicht so kreativ ist, wie wir manchmal glauben. Er setzt die Zukunft ganz einfach aus Bruchstücken der Vergangenheit zusammen. Und das Schlimmste in der Zukunft ist das, was ich aus der Vergangenheit bereits kenne und noch nicht bearbeitet habe.

Meine Angst, mein regelmäßiges Einkommen zu verlieren, war mir sehr bekannt. Ich habe das schon einmal erlebt – nämlich als ich nach meinem zweiten Staatsexamen entschied, eine feste Stelle, die mir im Schuldienst angeboten wurde, nicht anzunehmen. Die Entscheidung hatte ich nicht bewusst getroffen, es war eher so, dass ich nicht anders konnte. Und von heute auf morgen war ich ohne festes Einkommen und ohne Perspektive für mein Leben. Autsch. Dieses »Trauma« der ersten Tage nach der Entscheidung schien noch nicht so ganz verarbeitet zu sein.

Eine Möglichkeit wäre es, nun ein Arbeitsblatt »Urteile über deinen Nächsten« über diese vergangene Situation zu schreiben, zum Beispiel über das Leben, das es mir damals so schwer gemacht hat, oder über meine Fachleiterin und Mentorin im Referendariat, der ich bis heute noch nicht vollständig verziehen habe. Die Bearbeitung des Arbeitsblattes würde womöglich dazu führen, dass ich feststelle, dass in der Vergangenheit gar nicht das Schlimme passiert ist, von dem ich all die Zeit dachte, dass es passiert sei. Und wenn die Vergangenheit in mir nicht mehr so schlimm ist, hat mein Verstand weniger Material, um eine Zukunft zu projizieren, die Angst auslöst.

Anstelle des Arbeitsblattes kann ich auch einfach bei diesen Gedanken über die Zukunft bleiben, beim Schlimmsten, das ich gefunden habe. Und wenn Sie nun innerlich sagen: »Aber es ist doch wirklich schlimm, wenn …«, dann haben Sie noch nicht die Mitte Ihrer Angst erwischt. Machen Sie weiter, fragen Sie sich: »Und was ist das Schlimmste daran … und daran … und daran …« Es mag radikal klingen, und im Endeffekt werden Sie feststellen, dass das Schlimmste, was Ihnen passieren kann, immer ein Gedanke ist, den Sie meinen, nicht ertragen zu können.

Was ist das Schlimmste am Tod eines anderen Menschen? Dass Sie ihn nie mehr wiedersehen? Dass Sie ihn nie mehr in den Arm nehmen können? Dass Ihr Leben zerstört ist? Dass es nie mehr so sein wird, wie es mal war? Dass Sie nie mehr fröhlich sein werden? Dass Sie nie darüber hinwegkommen? Wenn Sie auch nur einen dieser Gedanken glauben, kann das die Hölle sein. Sie sitzen in Ihrem eigenen dunklen Gefängnis der nicht untersuchten Gedanken und haben wieder vergessen, was die Ursache ihres Leidens ist: Ihre Gedanken. Stellen Sie sich auf der anderen Seite vor, ein Ihnen nahestehender Mensch würde sterben, und Sie wären nicht in der Lage, einen einzigen stressvollen Gedanken zu denken. Es wäre das Paradies auf Erden. Nun können Sie einwenden, das sei nicht möglich. Gut, doch zumindest dürfte klar sein, an welcher Stelle das Problem anfängt: Ohne stressvolle Gedanken gibt es kein Problem – was auch immer passiert.

Wenn Sie sich die Zeit nehmen, diese Zusammenhänge einmal zu durchdenken, und vor allem, wenn Sie beginnen, Ihren eigenen Befürchtungen auf diese Art und Weise zu begegnen, werden Sie immer mehr zur Ruhe kommen.

Was in der Mitte meiner Befürchtungen auf mich wartet, ist die Vergangenheit, die ich noch nicht vollständig verarbeitet habe. Ich kann mir nichts Schlimmeres vorstellen als das, was ich bereits erlebt habe. Und alleine das Wissen darum führt dazu, dass eine gewisse Versöhnung beziehungsweise Erleichterung einsetzt. Die schlimmste Befürchtung verliert ihren Schrecken. Wenn ich nicht hinschaue, nimmt die Intensität zu. Wenn ich genau hinschaue, beginnt die Intensität abzunehmen. Innerlich weiß ich: Auch wenn ich nicht will, dass dieses oder jenes passiert – ich könnte damit umgehen. Unsere Fähigkeit, mit Herausforderungen umzugehen, ist viel ausgeprägter, als wir vermuten, und wenn ich der Angst auf diese Weise begegne, gewinne ich Zugang zu diesem Potenzial.

Klingt das für Sie attraktiv? Dann dürfen Sie sich nun umso mehr auf den zweiten Teil der Übung freuen, denn es kommt noch viel besser.

Wenn Sie nun gefunden haben, was der Kern Ihrer Befürchtungen ist, wenn Sie festgestellt haben, dass Sie all das, was Sie befürchten, bereits aus Ihrem Leben kennen, wenn Sie begonnen haben, sich ein wenig damit anzufreunden, und wenn das Ganze also begonnen hat, seinen Schrecken zu verlieren, dann wartet bereits die nächste Frage auf Sie:

Wie wäre es das Beste, das mir passieren kann?

Wie wäre das Schlimmste das Beste, das mir passieren kann? Auch diese Frage ist sicher keine leicht verdauliche Kost. In meinem Beispiel: Wie wäre es das Beste, wenn mein ganzes Modell von Leben und Arbeiten zerstört wäre und ich mir etwas Neues einfallen lassen müsste? Wie wäre es das Beste, wenn meine wirtschaftliche Grundlage infrage gestellt wäre?

Zunächst ist dies auch wirklich keine leichte Frage für den Verstand. Mir kommt es vor, als müsste sie erst einmal den Weg durch die eine oder andere Gehirnwindung finden, bis ich verstehe, wie das gemeint sein könnte. Und nach einer Weile und einigem Nachdenken kommt mir in den Sinn: Ich könnte einfach mal wieder etwas Neues »denken«, »erfinden«, etwas Anderes, Klareres. Ich könnte von vorn anfangen. Ich sehe ein Haus vor mir, das ich ständig umbaue. Statt dort weiter herumzubasteln, könnte ich einen neuen Grundriss planen und ein Haus in einem Rutsch bauen. Ich kann vor meinem inneren Auge deutlich sehen, wie viele Vorteile das hätte.

Und wie von allein weitet sich die Frage aus auf andere Antworten, die ich zuvor auf der Suche nach dem Kern meiner Befürchtungen gegeben habe: Wie wäre es das Beste, was mir passieren könnte, wenn Sascha mir die Zusammenarbeit aufkündigen würde?

Ich könnte einfach das Kapitel »Institut« schließen und meine ganze Kraft dem Aufbau von etwas Neuem widmen, zum Beispiel, indem ich dieses Mal meine Kooperationspartner (und damit meine ich nun ausdrücklich nicht Sascha) bewusst aussuche. Ich kann richtig spüren, wie das Lust macht und mich energetisiert.

Wie wäre es das Beste für mich, für ihn und für das ganze Universum, wenn er mir die Zusammenarbeit aufkündigte? Und erneut: Ich kann mir hier lange Zeit lassen, um meine Beispiele zu finden. Egal, auf was ich im Leben stoße, ich bin überzeugt, die Welt ist nicht schwarz oder weiß. Ebenso wenig sind die Dinge, die passieren, eindeutig gut oder schlecht. Wenn ich offen dafür bin, findet mein Verstand Beispiele, wie das, was passiert oder passieren könnte, eine Gelegenheit ist oder ein Geschenk beinhaltet.

Ich habe an dieser Stelle festgestellt, wie ich mich innerlich nach einem Neuanfang, nach der Möglichkeit gesehnt habe, etwas Neues zu kreieren, wie dieses Sehnen in der Angst verborgen lag.

Und damit sind wir immer noch nicht am Ende. Denn zu dieser Vorgehensweise gehört eine dritte und letzte Frage:

Wie kann ich das heute schon leben?

Mit dieser Frage schließen Sie den Kreis dieser Reise in Ihre Zukunft. Zuerst gab es in Ihrer Vorstellung »etwas Schlimmes«, dann haben Sie darin ein Geschenk entdeckt, und nun finden Sie heraus, dass Sie auf das Geschenk nicht länger zu warten brauchen, sondern es bereits heute in Empfang nehmen können.

»Wie kann ich das Beste, das ich in dem Schlimmsten gefunden habe, heute schon leben (ohne dass das Schlimmste dafür einzutreffen braucht)?«

Auf mein Beispiel bezogen: »Wie kann ich heute damit beginnen, etwas Neues zu kreieren – von Grund auf –, ohne darauf zu warten, dass Sascha mir die Zusammenarbeit aufkündigt oder meine wirtschaftliche Grundlage den Bach runtergeht?« Ich habe damals, nachdem ich meine Befürchtung untersucht hatte, das Institut kurzerhand in Saschas Hände gegeben und selbst ein Jahr lang im Ausland gearbeitet. Ich konnte etwas Neues kreieren, und das Institut existiert immer noch. Beides war möglich, gleichzeitig, und unsere Zusammenarbeit hat sich danach vertieft und intensiviert. Ich würde sagen, sie ist heute besser als je zuvor. Das Universum ist oft viel freundlicher, als wir denken.

Sie sind an der Reihe

Das »Verstehen« wird im Zusammenhang mit The Work häufig als Trostpreis bezeichnet. Der wirkliche Hauptgewinn ist die »Erfahrung«, der Moment, in dem Sie sich selbst die Fragen stellen und Ihre eigenen Antworten eine Möglichkeit haben aufzutauchen. Deshalb sind Sie nun wieder an der Reihe. Nehmen Sie sich nun Ihre eigene Liste vor, die Sie eingangs dieses Kapitels geschrieben haben. Werfen Sie einen Blick auf die einzelnen Sätze Ihrer Liste und markieren Sie, welche eher die Gegenwart und Vergangenheit fortschreiben und welche auf den ersten Blick ausschließlich auf die Zukunft bezogen sind. Wählen Sie aus, womit Sie beginnen möchten, und legen Sie los.

Wenn Ihre Befürchtung lautet »Mein Partner könnte mich verlassen«, ist vielleicht das Schlimmste daran, dass Sie dann allein wären. Und das Schlimmste daran wären die Gedanken, die Sie haben werden, wenn es soweit ist. Wenn Sie genau hinschauen, können Sie erkennen, dass Sie diese Gedanken bereits kennen. Machen Sie eine Liste, welche Gedanken es sind. Und dann führen Sie sich noch einmal vor Augen, was es bedeutet, Gedanken zu haben, die stressvoll und belastend sind. Vielleicht stellt sich heraus, dass die Gedanken gar nicht so wahr sind wie angenommen, wenn Sie sie erst einmal untersuchen!

Machen Sie sich bewusst, was Sie gerade über das Wesen von Befürchtungen gelernt haben. Das, von dem Sie glauben, dass es hinter Ihnen (also in der Vergangenheit) liegt, taucht wie aus dem Nichts und in veränderter, aber gut zu erkennender Form vor Ihnen (in der Zukunft) wieder auf. Es ist, als würde Ihr Verstand die Erlebnisse, Vorkommnisse der Vergangenheit, die noch nicht verarbeitet oder verstanden sind, in der Zukunft für sie »parken«, damit Ihnen bloß nichts entgeht, von dem Sie lernen könnten.

Und das ist noch nicht alles. Gleichzeitig leben Sie sämtliche Befürchtungen bereits *jetzt*. Wenn Sie zum Beispiel befürchten, Ihr Partner würde Sie verlassen, dann leben Sie das *heute*, und zwar in dem Moment, in dem Ihr Partner noch bei Ihnen ist. Während er bei Ihnen ist und Sie Angst davor haben, er könnte Sie verlassen, sehen Sie all diese Bilder vom

Alleinsein. Sie haben es also nicht mit etwas in der Zukunft zu tun, das erst noch eintreten muss. In Ihrem Kopf ist es bereits geschehen. Sie leben es jetzt schon. So gesehen ist es schlimmer, als Sie dachten, doch die gute Nachricht ist: Es kann nur noch besser werden. Die Befürchtung ist also nichts, was in der Zukunft eintreten wird. Sie ist etwas, das Sie aus der Vergangenheit kennen und das Sie heute leben – immer dann, wenn Sie den Gedanken haben, wenn die Befürchtung aktuell ist.

Aber zum Glück ist ja auch ein Geschenk in jeder Befürchtung enthalten: Was ermöglicht es Ihnen, wenn Ihre Befürchtung tatsächlich eintreten würde? Wie ist es das Beste, was Ihnen passieren könnte, wenn Ihr Partner/Ihre Partnerin Sie verließe?

Vielleicht lautet Ihre Antwort: Ich würde lernen, mein Leben selbst in die Hand zu nehmen – ohne ständig auf ihn/sie fixiert zu sein. Oder ich würde lernen, mir selbst genug zu sein.

Beides sind lohnende Aufgaben, mit denen Sie jederzeit beginnen können. Vermutlich wird Ihr Partner beziehungsweise Ihre Partnerin erleichtert sein. Wie genau können Sie heute damit beginnen?

Ergreifen Sie also die Chance beim Schopf, und schauen Sie bei all den Befürchtungen ganz genau hin. Das funktioniert viel besser, als existierende Befürchtungen nicht haben zu wollen, sie zu verleugnen, auszublenden, nicht hinzuschauen oder darüber hinwegzusehen.

Nehmen Sie stattdessen jede Befürchtung, die auftaucht, genau ins Visier, so wie ich es in diesem Kapitel beschrieben habe. Wenn Sie auf diese Art und Weise anfangen, schwierige

Situationen der Vergangenheit zu transformieren und zu erkennen, was heute Ihre Aufgabe ist, macht das Ihren Befürchtungen den Garaus – vermutlich weil diese Befürchtungen ihre Aufgabe erfüllt haben: Ihnen die Augen zu öffnen für das Potenzial, das darin und in Ihrem Leben steckt.

»Der beste Weg, um mit jemandem glücklich zu sein, ist zu lernen, mit sich selbst glücklich zu sein. So ist die Partnerschaft eher eine Frage der Wahl als eine Notwendigkeit.«

Unbekannter Verfasser

8. Der Partner workt – oder nicht

Kurz nachdem ich damit angefangen hatte, meine stressvollen Gedanken zu untersuchen, erschien mir die Welt voll von Menschen, die stressvolle Gedanken hatten – und die natürlich alle davon profitieren würden, wenn sie The Work kennen und anwenden würden. In Gesprächen fiel es mir manchmal schwer, mich auf das zu konzentrieren, was der andere mir mitteilen wollte, weil ich einfach – ob ich es wollte oder nicht – eine stressvolle Überzeugung nach der anderen identifizierte. Wenn es ganz schlimm wurde, rutschte mir auch schon mal unkontrolliert ein »Ist das wahr?« oder »Kannst du dir absolut sicher sein, dass das wahr ist?« heraus. Kein Wunder, dass The Work dann etwas Sektenhaftes bekommt, wenn wir meinen, jede oder jeden zum Worken bekehren zu müssen. In diesen Momenten war ich davon überzeugt, der andere sollte worken, es wäre gut für ihn, würde ihm helfen. Und wenn ich den Gedanken untersuchte, stellte sich heraus, dass die Umkehrung wahrer war. Ich sollte worken! Mir würde es guttun, und mir würde es helfen. Ja, genau jetzt, in diesem Moment! Wann immer also der Gedanke auftaucht, jemand anders könne jetzt The Work gebrauchen – testen Sie, ob vielleicht auch für Sie die Umkehrung mehr Sinn ergibt.

»Mein Partner sollte worken!«

Ganz besonders gilt das, wenn es um den Partner beziehungsweise die Partnerin oder andere nahestehende Menschen geht. »Mein Partner/meine Partnerin sollte worken.« Wenn er/sie es nicht tut, ist das ein stressvoller Gedanke, weil er im Widerspruch zur Realität steht. Also kann ich ihn untersuchen. Für mich wurden mit der Zeit aus den vielen Hinweisen, dass die Welt The Work gebrauchen konnte, viele Hinweise, dass ich The Work gebrauchen konnte. Dass viele Menschen in meinem Umfeld dann begonnen haben, The Work ebenfalls für sich zu nutzen, ist eine andere Geschichte – vielleicht einfach die andere Seite der Medaille, die nicht meiner Kontrolle unterliegt, nicht meine Angelegenheit ist und auch nichts mit mir zu tun hat.

Insbesondere von meinem damaligen Partner habe ich mir gewünscht, dass er seine stressvollen Überzeugungen anschauen würde. Manchmal glaubte ich genau zu wissen, welcher Satz der richtige sei und welche Umkehrungen für ihn besonders viele Einsichten bereithalten würden. Ach, wenn er doch bloß worken würde! Ich hatte mich verrannt in die Idee, er müsse doch bloß einsehen, dass … während er fest davon überzeugt war, dass ich doch nur einsehen möge, dass … Das bot uns Gelegenheit für nicht enden wollende

Diskussionen. Eine Lösung, Frieden und ausgeglichene Stunden miteinander brachte es uns nicht.

Heute bin ich froh, dass es so gelaufen ist, wie es gelaufen ist. Denn wo das Diskutieren und Verhandeln nicht wirklich weiterhalf, brachte es mich zu The Work, und mit jeder Work spürte ich, dass ich zumindest eine klitzekleine neue Einsicht hatte, dass ich einen Zentimeter vorankam und dass es einen »Fortschritt« gab. So blieb mir praktisch gar nichts anderes übrig, als Stück für Stück, Situation für Situation meine stressvollen Gedanken kennenzulernen und zu untersuchen. Damit löste sich gleichzeitig die Abhängigkeit vom Verhalten meines Partners auf. Mit jedem Satz und mit jedem Arbeitsblatt hatte ich mehr, was ich nicht nur bereit war, wieder zu erleben, sondern worauf ich mich wirklich freuen konnte. Die »neue« Freiheit bestand darin zu erleben, wie ich glücklich sein konnte *mit* dem Verhalten meines Partners, wie sein Verhalten nicht nur nicht störend oder unangemessen war, sondern mir geradezu half, auf diese »neue« Art und Weise glücklich zu werden. Dies erschien mir so viel mehr wert. Das Glück, das ich vielleicht empfunden hätte, weil er sich endlich so verhielt, wie ich das wollte, wäre vermutlich viel zerbrechlicher und weniger ehrlich gewesen. Und gerade diese Ehrlichkeit mir selbst und meinen eigenen Gedanken gegenüber war etwas, das immer wichtiger für mich wurde, ohne dass ich es noch hätte beeinflussen können.

Ich kenne viele Menschen in meinem Umfeld, denen es ganz ähnlich ging oder geht. Eine gute Freundin hatte – nachdem sie The Work kennenlernte – schnell die ersten Arbeitsblätter geschrieben. Dabei drehte es sich meist um ihren Großvater, ihre Mutter oder ihren Partner. Während die Beziehung zur Mutter sich schnell veränderte und sich in Bezug auf den verstorbenen Großvater vieles klärte, konnte sie die Arbeitsblätter über ihren Partner manchmal gar nicht so schnell schreiben und untersuchen, wie neue dazukamen. Und während man sich in ihrem Umfeld mit Arbeitsblättern über Gott und die Welt, Vater, Mutter, Geschwister und alle möglichen anderen Personen beschäftigte, richteten sich ihre eigenen stressvollen Gedanken immer wieder und fast ausschließlich auf ihren Partner. Sowohl sie selbst als auch er erlebten diese Zeit als schmerzvoll, und manchmal sah es so aus, als gäbe es kein Licht am Ende des Tunnels. Doch sie hatte ein aufrichtiges Interesse daran, immer mehr und immer wieder Neues über sich selbst zu erfahren. Weil sie deutlich spürte, dass der Stress ausschließlich in ihren Gedanken entstand, ließ sie an dieser Stelle nicht locker. Und dann, eines Tages, erzählte sie mir, dass es von heute auf morgen vorbei gewesen sei: kein Arbeitsblatt mehr über den Partner. Von heute auf morgen war er einfach völlig okay, so wie er war. Und soweit ich informiert bin, hält das bis heute an!

Der Partner dieser Freundin lernte während der gesamten Zeit die Fragen immer besser kennen; er lernte sogar, seine Partnerin durch die Fragen und Umkehrungen zu begleiten. Er genoss The Work, weil die Beziehung im Anschluss an das Untersuchen ihrer stressvollen Überzeugungen viel leichter, schöner und entspannter war. Und dennoch hatte er nie das Bedürfnis, die Fragen zu nutzen, um seine eigenen Überzeugungen zu untersuchen. Wenn ich ihn erlebte, hatte ich manchmal das Gefühl, er würde seine eigenen Themen nur verdrängen, so als wäre er in gewisser Weise zu feige, sich näher damit zu beschäftigen, und an anderen Tagen dachte ich, er sei wie bei Asterix und Obelix einfach als Kind in den großen Topf mit Zaubertrank gefallen und hätte keine stressvollen Überzeugungen. Heute ist mir vor allem wichtig zu sehen, dass beides richtig und auch beides falsch sein könnte, doch das Wichtigste ist: Ich weiß es nicht, ich werde es nie wissen, und das ist auch gut so, denn es ist nicht meine Angelegenheit. Was ich beobachte, ist: Er lebt eine glückliche Beziehung, und es ist dafür nicht notwendig zu worken. Und von ihr höre ich nicht mit einem Wort, dass irgendetwas nicht stimmig daran gewesen wäre, wie sich die Beziehung entwickelt hat oder auf welchem Weg sich die Harmonie eingestellt hat.

Eine Seminarteilnehmerin und Kollegin, die ich seit Jahren kenne, schrieb mir dazu vor kurzem folgende E-Mail[22].

> Lieber Ralf,
> bitte vergiss in deinem Buch nicht zu erwähnen, dass es vollkommen ausreicht, wenn in einer Beziehung nur einer »The Work« kennt und anwendet. Es müssen nicht beide sein.
> Mein Partner und ich haben noch heute unseren Spaß am Ergebnis meiner Work zu dem Satz: »Er sollte mehr auf seine Gesundheit achten.«
> Wegen erhöhten Blutzuckers ist er schon seit mehreren Jahren in Behandlung, und mit 120 Kilo Körpergewicht ist er auch ein ziemlich »schwerer Junge«. Ich war jedes Mal im Stress, wenn er sich den Teller voller gepackt hat, als ich es für ausreichend ansah. Ich wusste schließlich

22 Der Abdruck in diesem Buch erfolgt mit ausdrücklicher Zustimmung.

genau, was gut für ihn war, und ich sorgte mich ja so um ihn. Selbst wenn ich nichts sagte, sprachen meine verdrehten Augen Bände, und wir waren beide in schlechtem Zustand.

Mit der Work waren alle meine »edlen Motive« futsch. Denn das Ergebnis war unter anderem meine Befürchtung: Wenn seine Krankheit so weit voranschreitet, dass er länger oder auf Dauer arbeitsunfähig wird, müsste ich wieder jeden blöden Job annehmen, damit unser Lebensunterhalt gesichert ist. Und ich könnte mir nicht länger erlauben, nur die Aufträge anzunehmen, auf die ich Lust habe. Diese Erkenntnis war für mich augenblicklich total erleichternd.

Jetzt kann ich die Verantwortung dafür, was und wie viel er isst, ganz bei ihm lassen. Ich habe keinen Stress, und wenn ich mir eine Bemerkung dann doch nicht verkneifen will, sage ich: Bitte achte auf deine Gesundheit, ich habe nämlich keine Lust, jeden blöden Job anzunehmen. Dann müssen wir beide jedes Mal lachen. Ich nehme heute viel öfter wahr, dass er bewusst isst, gerade so, als hätte er das früher – um meiner Selbsterkenntnis willen – nicht getan.

Bemerkenswert finde ich neben dem Ergebnis auch diese Ehrlichkeit und Offenheit den eigenen Motiven und Absichten gegenüber. Sie anzunehmen ist eine gute Grundlage für Selbstliebe, und die ist wiederum für den Partner/die Partnerin wohltuend. Und wenn er/sie dafür offen ist, dann haben wir gegebenenfalls noch viel mehr als vorher, das wir miteinander teilen können.

Wenn es sich richtig und stimmig anfühlt, können Sie zum Beispiel auf Ihren Partner/Ihre Partnerin zugehen und ihm/ihr mitteilen, was Sie lange Zeit über ihn oder in einer bestimmten Situation geglaubt haben, und ihm erzählen, was Sie inzwischen darüber herausgefunden haben und wie Sie die Dinge nun sehen!

Am Anfang ist das vielleicht eine eher ungewöhnliche Art der Unterhaltung, aber Ihr Partner/Ihre Partnerin wird vermutlich Ihre Ehrlichkeit und Offenheit zu schätzen wissen und beim nächsten Mal schon ein wenig auf das vorbereitet sein, was auf ihn/sie zukommt, wenn Sie mit einer ähnlichen Wortwahl an ihn/sie herantreten.

Und das ist noch nicht alles: Es gibt eine weitere Möglichkeit, wie Sie das Arbeitsblatt in Ihrer Beziehung nutzen können, wenn Ihr Partner beziehungsweise Ihre Partnerin *kein* Interesse an The Work hat. Bitten Sie ihn oder sie, ein Arbeitsblatt auszufüllen und es Ihnen auszuhändigen oder vorzulesen. Verlangen Sie nicht von ihm/ihr, dass er/sie seine/ihre Aussagen untersucht. Es reicht immer einer/eine, der/die The Work macht, und das sind in diesem Fall Sie selbst. Finden Sie also für sich die Beispiele, wie er/sie Recht hat. Finden Sie echte, ehrliche, authentische Beispiele, wie es stimmt, was er/sie über Sie denkt und sagt. Lernen Sie die Welt auch mit seinen/ihren Augen zu sehen, und finden Sie heraus, wie er/sie Recht hat. Signalisieren Sie ihm/ihr, dass Ihnen bewusst ist, dass bestimmte Situationen stressvoll für ihn/sie sind und dass Sie dazu beitragen möchten, diese Situationen zu verändern. Machen Sie deutlich, dass Sie ihm/ihr keinen Vorwurf machen, sondern daran interessiert sind, herauszufinden, wie das Problem entschärft werden kann. Seien Sie dankbar für die

Offenheit, die Ihr Partner/Ihre Partnerin mitbringt, und für die Ehrlichkeit, mit der er/sie seine/ihre Gedanken teilt. Wichtig ist, dass Sie keine »Übung« daraus machen. Es gibt hier weder eine Methode noch eine Technik, auf die es ankommt. Seien Sie offen und ehrlich, sagen Sie vor allem nur das, was wirklich für Sie stimmt und was von Herzen kommt. Lassen Sie sich berühren von dem, was Ihr Partner/Ihre Partnerin mit Ihnen teilt. Und verlangen Sie gleichzeitig nicht zu viel, weder von ihm/ihr noch von sich selbst.

»Mein Partner will worken!«

Und was ist, wenn Ihr Partner beziehungsweise Ihre Partnerin durchaus Interesse zeigt, ebenfalls zu worken? Wenn er/sie The Work durch Sie beziehungsweise mit Ihrer Hilfe kennenlernen möchte, empfehle ich Ihnen, zunächst mit einem Thema zu arbeiten, bei dem es nicht um Sie beide geht. Je weniger Sie »eigene Karten im Spiel« haben, desto leichter ist es. Bitten Sie ihn/sie, ein Arbeitsblatt auszufüllen, bezogen auf eine Situation, an der Sie nicht beteiligt sind und die für Sie auch keine Rolle spielt. Stellen Sie ihm/ihr die Fragen und hören Sie die Antworten, die er/sie für sich findet. Nehmen Sie wahr, an welcher Stelle Sie seine/ihre Antworten kommentieren möchten, und achten Sie genau darauf, an welcher Stelle Sie am liebsten Ihre eigenen Interessen und Sichtweisen einbringen möchten. Nehmen Sie diese innerlich zur Kenntnis, und lassen Sie diese Impulse vorüberziehen. Wenn Sie sich »einmischen«, stören Sie die Untersuchung, die gerade durchgeführt wird, und haben damit The Work bereits verlassen. Ihr Partner/Ihre Partnerin bekommt dann etwas anderes – vielleicht eine Beratung, ein Gespräch oder wie auch immer Sie das nennen mögen. Was er/sie nicht bekommt, ist eine wirkliche Erfahrung mit The Work – und ist es nicht das, was Sie und Ihr Partner/Ihre Partnerin eigentlich wollten?

Wenn Ihnen die Herausforderung, die Fragen zu stellen und die Antworten zu hören, zu groß erscheint, dann gehen Sie lieber gemeinsam mit Ihrem Partner/Ihrer Partnerin auf die Suche, wo, wann und mit wem er The Work einmal ausprobieren kann. Wenn er/sie die ersten Schritte auf seinem/ihrem Weg allein macht, ist das in gewisser Weise der Ausgleich für den zeitlichen Vorlauf, den Sie bereits haben. Und wenn dann jeder von Ihnen das eine oder andere Arbeitsblatt untersucht hat, werden Sie vielleicht beginnen, sich die Sätze, die Sie aufeinander und miteinander haben, gemeinsam anzuschauen. Das kann Ihre Beziehung auf eine ganz eigene Art bereichern, weil Sie einen Aspekt voneinander kennenlernen, zu dem Sie vielleicht vorher keinen Zugang hatten. Für mich gehört es zweifellos zu den intimsten Dingen, die man in einer Beziehung miteinander teilen kann.

Worken mit dem Partner = Partnerwork

Ich erinnere mich gut daran, wo das für Chris und mich zum ersten Mal der Fall war. Wir befanden uns auf einer längeren Reise durch Indien. Kurz nach unserer Ankunft hatten wir uns für drei Wochen nach Mamallapuram an die Bucht von Bengalen zurückgezogen, um ein Experiment zu machen:

21 Tage lang nichts außer gesunder Ernährung, täglichem Yoga und jeden Gedanken mit The Work untersuchen, der auftaucht. Irgendwann mischten sich einfach auch stressvolle Gedanken übereinander darunter. Ich kann mich erinnern, wie Chris das erste Mal zu mir sagte: »Ich habe ein Arbeitsblatt über dich geschrieben. Magst du es hören?« Mir war ein wenig mulmig zumute – und ja, ich wollte es hören!

Zu hören, was er über mich dachte, war an manchen Stellen schmerzhaft, bei vielem konnte ich ihm von vorneherein beipflichten, und anderes habe ich nicht wirklich verstanden.

Diese drei Kategorien kann ich noch heute bei jedem Arbeitsblatt finden, das er oder andere über mich schreiben.

1. Es gibt Dinge, die ich höre, die wehtun. »Autsch, das hätte ich jetzt lieber nicht gehört.« Der Schmerz, den Sie beim Hören spüren, ist der Hinweis darauf, dass die Aussage Ihres Gegenübers in diese Kategorie fällt. Meist sind es die Aussagen, die spontan den größten Widerstand hervorrufen und am leichtesten zu Streit führen könnten. Es ist das, was der andere über Sie glaubt, was Sie bisher nicht über sich geglaubt haben und am liebsten auch zukünftig nicht über sich glauben möchten. Hier geht es sozusagen um einen Ihrer »blinden Flecke«. Das fühlt sich dann oft so an, als würde der Schmerz, den Sie spüren, vom anderen ausgehen, und als sei die Behauptung falsch. Wir wollen uns dann wehren und ebenfalls attackieren, das Wort ergreifen, eine Diskussion anfangen, uns rechtfertigen oder verteidigen.
   Und was wäre, wenn der Schmerz einfach ein Zeichen ist, das uns signalisiert: Achtung, hier bitte einmal näher hin-

schauen? Es handelt sich um einen »blinden Fleck«! Gehen Sie auf die Suche, und finden Sie Beispiele, dass der andere Recht hat. Wenn der andere etwas sagt, das mir schwerfällt zu hören, dann liegt das nicht daran, dass es nicht stimmt! Es liegt daran, dass es stimmt *und* dass ich das nicht sehen möchte.

Überlegen Sie einmal, was der andere über Sie sagen kann, was nicht stimmt. Du bist nicht ehrlich! Ja, stimmt. Ich bin nicht immer ehrlich! Du lügst mich an! Ja, stimmt auch! Ich lüge – hin und wieder. Du bist dir nicht sicher, ob ich der Richtige bin! Ja, das stimmt auch! Darüber denke ich manchmal nach. Du gibst dir nicht genug Mühe in der Beziehung! Hmm, lass mich nachdenken. Ja, du hast Recht, das stimmt auch, möchtest du wissen, welche Beispiele mir konkret dazu einfallen?

Wenn der andere etwas sagt, das Sie über sich nicht gerne hören, antworten Sie nicht etwa mit »Ist das wahr?« oder mit »Schatz, ich glaube, du hast da einen stressvollen Satz, den du mal untersuchen solltest«. Das wäre das Gegenteil von dem, was mit The Work gemeint ist. Nehmen Sie wahr, wenn Sie sich erklären, rechtfertigen oder verteidigen möchten. Und nehmen Sie es als Hinweis – nicht dafür, dass Sie im Recht sind, sondern dafür, dass Sie etwas verdecken oder verstecken möchten, dass Sie lieber in einem anderen Licht gesehen werden möchten. Wenn Sie The Work für sich ernst nehmen, dann gehen Sie einfach davon aus, dass der andere Recht hat, dass es stimmt, was er sagt. Seien Sie sich selbst gegenüber ehrlich, finden Sie Beispiele, und teilen Sie diese Beispiele mit ihm. Die Kraft liegt darin, ehrlich zu sein. Ehrlich zu sich und mit sich und ehrlich mit dem anderen. Das ist womöglich nicht immer leicht, daher kommen wir im nächsten Kapitel noch einmal darauf zurück, wenn es um »Verteidigung, Angriff und Rückzug« geht.

2. Es gibt Dinge, die ich höre, denen ich beipflichten kann. Wenn Sie etwas genauso sehen wie Ihr Partner, dann flüchten Sie sich nicht in Erklärungen oder Rechtfertigungen, sondern stimmen Sie ihm auch wirklich zu. »Ja, Schatz. Ich sehe das genauso. Ich habe schon wieder die Spülmaschine nicht ausgeräumt, obwohl ich versprochen hatte, es zu tun. Was um Himmels willen machen wir bloß mit mir? Wie können wir dafür sorgen, dass das aufhört?« Und sagen Sie das nur, wenn Sie es wirklich meinen. Es ist kein Trick, nichts, was Sie als Methode anwenden können. Wenn Sie es allerdings wirklich ehrlich meinen, wenn Ihr eigenes Verhalten Sie ebenfalls stört, dann ist Ihr Partner die beste Unterstützung auf dem Weg zur Veränderung. Schlagen Sie diese Hilfe nicht aus.
3. Und es gibt Dinge, die ich gar nicht beim ersten Hören verstehe oder zuordnen kann. Es ist so, als unterstellte mein Partner mir, ich käme vom Mars. Das schmerzt nicht, ich verstehe vielmehr einfach nicht, was er meint. Dann ist es gut nachzufragen, wie das, was der andere sagt, gemeint ist: »Ich höre, dass du sagst, dass ich meine Verantwortung vernachlässigt habe. Kannst du mir erklären, wie es dazu kommt, dass du das so siehst? Ich würde das wirklich gerne verstehen!« Und manchmal verstehe ich es dann besser und lerne dabei, mich aus einer neuen, ganz ungewohnten Perspektive zu sehen. Das ist spannend, es zeigt mir, wie ich auf andere wirke, was mein Verhalten

bei meinem Gegenüber auslöst. Und es birgt Erkenntnisse, auf die ich allein, ohne einen solch offenen, ehrlichen Gesprächspartner, nie im Leben gekommen wäre.

Zusammengefasst bedeutet das: Wenn ich The Work in meinem Leben haben möchte und mein Gegenüber hat stressvolle Gedanken über mich, dann liegt meine Freiheit darin, Beispiele zu finden, dass mein Gegenüber Recht hat – gerade da, wo es mich am meisten schmerzt. Und wenn ich The Work in meinem Leben haben möchte und *ich* habe stressvolle Gedanken über mein Gegenüber, dann geht es für mich darum, diese Gedanken zu untersuchen.

In diesem Fall beziehungsweise immer dann, wenn beide The Work in ihrem Leben haben möchten, geht es darum, dass der/die eine Beispiele für das finden kann, was der/die andere gerade untersucht, um vielleicht festzustellen, dass die Umkehrungen wahrer sind. Wenn die eigene innere Wahrheit in den Fokus rückt, während das Recht-haben-Wollen verschwindet, erübrigt sich jeder Konflikt. Oder anders formuliert: Mir ist kein besseres Mittel der unmittelbaren Konfliktlösung bekannt, als Arbeitsblätter übereinander miteinander zu teilen.

Gleichzeitig soll das nicht heißen, dass mir oder uns das immer gelingt. Manchmal ist meine Wut oder mein Trotz auch heute noch so groß, dass ich nicht bereit bin, meine Gedanken auch nur zu äußern, geschweige denn sie zu teilen. Mehr darüber lesen Sie im nächsten Kapitel.

Doch bleiben wir im Moment bei den »besseren« Tagen. An diesen Tagen gelingt es mir, mich einfach zurückzuziehen. Oft schreiben wir dann unabhängig voneinander ein Arbeitsblatt über die Situation, die wir soeben miteinander erlebt haben, und sind dabei so offen und ehrlich wie möglich und zensieren uns nicht.

Wenn Sie das ausprobieren möchten, dann kommen Sie anschließend wieder zusammen. Setzen Sie sich einander gegenüber, machen Sie es sich bequem, und nehmen Sie Augenkontakt auf. Entscheiden Sie, wer beginnt, und lesen Sie dann Wort für Wort, Satz für Satz, Punkt für Punkt Ihr Arbeitsblatt vor.

Wenn Sie die Person sind, die vorzulesen beginnt: Lesen Sie langsam, damit Ihr Gegenüber jedes einzelne Wort deutlich hört. Sprechen Sie Ihren Partner beziehungsweise Ihre Partnerin direkt und mit Namen an. Lassen Sie sich Zeit und geben Sie ihm/ihr die Gelegenheit, die einzelnen Worte und ihre Bedeutung zu erfassen. Machen Sie unbedingt nach jedem Satz eine Pause, und halten Sie den Augenkontakt aufrecht.

Wenn Sie derjenige sind, der zuhört: Lassen Sie jedes Wort, jeden Satz auf sich wirken und achten Sie dabei auf Ihre innere Reaktion. Nehmen Sie wahr, wenn Sie etwas Hilfreiches über sich erfahren, nehmen Sie wahr, wenn es schmerzt zu hören, was da über Sie gesagt wird oder wenn Sie mehr wissen wollen. Nehmen Sie wahr, wie Sie vielleicht etwas ergänzen, erklären oder rechtfertigen möchten – und vor allem nehmen Sie wahr, dass Ihr Partner in diesem Moment ganz offen und ehrlich seine Gedanken mit Ihnen teilt. Wenn es sich richtig oder stimmig anfühlt, nicken Sie nach jedem Satz oder sagen Sie einfach »Danke«, wenn Ihnen danach ist.

Lesen Sie sich gegenseitig zuerst das eine, dann das andere Arbeitsblatt vor.

Danach haben Sie die Wahl, die Arbeitsblätter entweder miteinander oder mit einer anderen Person zu untersuchen. Begleiten Sie sich nur gegenseitig, wenn Sie sicher sind, dass Sie sich nicht in die Untersuchung Ihres Gegenübers einmischen werden. Wenn Sie der Begleiter sind, achten Sie darauf, keine eigenen Karten im Spiel zu haben. Leisten Sie dem/der anderen einfach Gesellschaft, während er/sie workt, und hören Sie aufmerksam zu, während der/die andere Antworten gibt. Kommentieren Sie diese nicht – weder in Ihrem inneren Dialog noch im Außen; genießen Sie es, den anderen und seine/ihre Welt zu erleben. Ihre Aufgabe ist es, einfach die Fragen zu stellen. Die Einsichten des anderen und die Tiefe des Prozesses sind nicht Ihre Angelegenheit.

> »Eine Partnerwork ist für mich wie ein wundervoller Seelenstriptease. Er lässt keine Geheimnisse mehr offen, sondern zeigt einfach nur noch die Wahrheit – und die ist immer schön. Für uns ist The Work das i-Tüpfelchen in unserer wundervollen Beziehung.«

So fasste es Nina einmal zusammen, die The Work gemeinsam mit ihrem Partner Dirk in einem Seminar kennengelernt hatte.

Wenn Sie ein wenig Übung haben

Mit der Zeit beziehungsweise wenn Ihr Partner/Ihre Partnerin erst einmal den einen oder anderen stressvollen Gedanken mit Ihnen geteilt hat, werden Sie immer mehr Erleichterung und immer weniger Stress empfinden, wenn er/sie Ihnen mitteilt, er/sie habe ein paar stressvolle Gedanken oder ein Arbeitsblatt über Sie. Sie haben dann nämlich bereits die Erfahrung gemacht, dass es nach dem Arbeitsblatt in der Regel besser ist als vorher. Bevor diese Gedanken ausgesprochen sind, stehen sie sozusagen zwischen Ihnen beiden. Stressvolle Gedanken sind einfach trennend, und sie werden umso trennender, je mehr man meint, sie nicht aussprechen zu können. Das Schlimmste ist also auch in diesem Fall bereits passiert: Die Gedanken sind schon da und beeinflussen die Situation. Sobald sie ausgesprochen sind, wird es schöner, ehrlicher, intimer, offener. Diese Art des Umgangs miteinander kann so weit gehen, dass Sie sich wirklich aufrichtig und offen freuen, wenn Ihr Partner/Ihre Partnerin seine/ihre stressvollen Gedanken über Sie mit Ihnen teilen möchte!

Mir geht es heute manchmal so, dass ich merke, dass Chris und ich uns nicht so nahe sind, wie ich das sonst so kenne. Ich spüre einfach an dem Maß, in dem wir aufeinander bezogen sind, dass es nicht so eng ist wie sonst oft. Und was sollte es anderes sein als Gedanken, die zwischen uns stehen? Diese Gedanken schreibe ich dann einfach auf. Manchmal teile ich sie, manchmal nicht. Auf jeden Fall untersuche ich sie – und dann ist es, als würde ich einen Schleier zur Seite ziehen, der unsichtbar zwischen uns hing. Ich bin dann dankbar für den Hinweis in Form des Gefühls, für The Work, die mir hilft, den Schleier zu erkennen und zur Seite zu ziehen, für den wundervollen Partner, der ich mir inzwischen selbst bin, und für den wundervollen Partner, den ich an meiner Seite habe.

»Wie gut, dass mein Partner nicht workt!«

Über mehrere Jahre hinweg hatten meine persönlichen Erfahrungen und die mir bekannten Beispiele von Kollegen und Freunden dazu geführt, dass ich mich gut mit der Vorstellung anfreunden konnte, dass nur einer der beiden Partner in einer Beziehung workt. Und trotzdem hielt ich es für die »bessere« Alternative, wenn beide sich für diesen Weg begeistern konnten.

Auf eine ähnliche Art und Weise äußerte ich das auch einmal in einem Internetforum, woraufhin ich von meiner Kollegin Pim die folgende Klarstellung[23] erhielt, für die ich ihr heute noch dankbar bin.

> Lieber Ralf,
> mit meinem Mann bin ich seit 2004 zusammen, mit der Work seit 2006.
> Unzählige Male hatte ich Gedanken wie: »Schade, dass er nicht workt«, »Wenn er worken würde, wären wir uns näher«, »Wäre er weiter, würden wir uns nicht mehr streiten, sondern wären eine Einheit von Liebe« etc.
> Wenn ich diese Gedanken glaubte, tauchten sofort weitere stressvolle Gedanken, Geschichten und Bilder auf. Dann trennte ich mich innerlich von meinem Mann, glaubte, wir seien nicht richtig, kein wunderbares Paar. Ich war davon überzeugt, dass wir nicht zusammenpassten, er mich nie verstehen würde, wir in unterschiedlichen Welten lebten, eine andere Frau ihm viel besser täte etc.

---

23 Auch diese Veröffentlichung erfolgt mit ausdrücklicher Zustimmung.

Das tat so weh. Ich kann den Schmerz jetzt noch spüren. Lange Zeit bewegte ich mich in zwei Welten: der Work-Welt mit den Workern, den Seminaren und den gegenseitigen Begleitungen. Und der anderen Welt mit meinem Mann, meinen Kindern, meiner Familie und Freunden, die kaum Interesse an der Work hatten.

Als ich 2010 begann, selbst Coachings anzubieten, wollte ich zu Hause nicht mehr etwas anderes leben als in den Workshops. Und so begann ich, die Übungen einfach dort fortzusetzen.

Egal, ob mein Mann mir zum wiederholten Male erzählte, wie sehr ihn die lange Schlange an der Kasse im Supermarkt nervte, ob er mich »anmaulte« oder mir Vorwürfe machte oder ob wir in unserer Beziehung eine »schwierige Entscheidung« zu treffen hatten: Ich stellte fest, dass ich *jede* Situation nutzen konnte, um die Übungen zu praktizieren, die mir so wichtig geworden waren: Ich begann zu lernen, wörtlich zuzuhören, um festzustellen, wo und wann genau meine Geschichten anfingen. Ich begann zu lernen aufzuhören, mich in seine Angelegenheiten einzumischen. Ich begann zu lernen, Kritik als Geschenk zu sehen, wenn er »ein Feedback« für mich hatte.

Nach und nach lernte ich, mich aus einer ganz neuen Perspektive zu sehen und gleichzeitig meine und seine Unschuld zu erkennen. Immer weniger sah ich mich als Opfer, immer seltener wurde ich zur Täterin. Ich hatte Gelegenheit, mit meinen Befürchtungen in Kontakt zu sein und zu erkennen, dass ich auf meine eigene Wahrheit immer vertrauen kann.

Wo früher Trennung, Missverständnisse, Stress, Angst und Streit waren, gibt es nun immer häufiger Interesse, Nähe, Offenheit, Chance für Wachstum und beidseitige Unterstützung.
Ich bin so unendlich dankbar für diese unzähligen Chancen, die ich bis heute bekomme. Rückwirkend betrachtet ist die Tatsache, dass mein Mann nicht workt, einfach nur ein riesengroßes Geschenk, das mein Leben so nachhaltig verändert hat und immer noch verändert.
In tiefer Dankbarkeit für The Work in meinem Leben
Pim

Sie brauchen nichts von Ihrem Partner, Sie brauchen nicht einmal einen Partner

Sie brauchen also keinen Partner, der mit Ihnen workt. Sie können vielmehr davon ausgehen, dass es immer so am besten ist, wie es gerade ist. Wenn ich dies dem Leben unterstelle und danach lebe, dann wird es nach meiner Erfahrung sogar immer noch besser, als es ohnehin schon ist.

Früher hatte ich Ziele, war immer mit einer Liste unterwegs, was ich alles noch gerne erreichen würde. Heute lebe ich eher mit der Überzeugung, dass das Universum viel Schöneres für mich bereithält, als mein Verstand sich ausdenken kann. So fallen die Ziele weg und damit der ganze Aufwand, etwas erreichen zu müssen. Das, was geschieht, geschieht ganz von allein und im Flow.

Sie haben keinen Partner, der mit Ihnen workt? Wunderbar, das gibt Ihnen die Gelegenheit, andere Menschen kennenzulernen und dieses wunderbare Werkzeug mit ihnen zu teilen. Wer weiß, wen Sie alles kennenlernen und wie dies das Beste sein wird, das Ihnen passieren kann.

Sie haben nicht einmal einen Partner oder eine Partnerin? Wunderbar, das gibt Ihnen die Gelegenheit zu erleben, dass Sie nichts und niemanden auf diesem Planeten brauchen, um glücklich zu sein. Nutzen Sie die Zeit, und sorgen Sie dafür, sich selbst glücklich zu machen. Denn das ist aus meiner Sicht die Aufgabe, die wir Menschen auf dieser Erde haben: glücklich sein.

Wie wäre es, wenn Sie zunächst als Single viel glücklicher werden, als Sie es sich jemals in einer Partnerschaft hätten vorstellen können? Sind Sie offen für diese Möglichkeit? Und dann lassen Sie sich überraschen, welches andere menschliche Wesen der Ozean des Lebens an Ihre Seite spült, wenn Sie schon ganz für sich allein glücklich sind. Stellen Sie sich vor, welche Beziehung geboren wird, wenn Sie als Single schon so glücklich sind, dass es gar nicht mehr besser werden kann. Wenn Sie auf diese Art und Weise mit jemandem zusammenkommen, wissen Sie, dass Sie jederzeit gehen können, weil es naheliegt, dass Sie dann wieder genauso glücklich sein können, wie Sie es vor der Beziehung waren. In meinem Leben entstand die intensivste Beziehung, *nachdem* ich mich damit abgefunden hatte, dass ich wohl in diesem Leben in keiner Partnerschaft glücklich sein würde. Was blieb mir da anderes übrig, als zu beginnen, mich um mein eigenes Glück zu kümmern?

Aus meiner Sicht ist es müßig, darüber nachzudenken, ob es Zufall ist, dass Sie Single sind oder ob Sie in irgendeiner Form dazu beitragen oder beigetragen haben. Falls Sie Single und mit diesem »Status« nicht rundum zufrieden und glücklich sind, dann deutet das lediglich auf stressvolle Gedanken rund um dieses Thema hin. Vermutlich ist der »Beziehungsstatus« – wie vieles andere auch – einfach ein Ausdruck der Summe all Ihrer Überzeugungen. Unabhängig davon, ob Sie dieser These zustimmen oder nicht, spricht vieles dafür, diese stressvollen Überzeugungen zu untersuchen.

Dazu müssen Sie natürlich erst einmal wissen, um welche Überzeugungen es sich handelt. Um das herauszufinden, sind entweder Fragen hilfreich, die beantwortet werden, oder Satzanfänge, die man vervollständigt. Sie kennen das bereits aus den beiden letzten Kapiteln.

Ich lade Sie daher ein, die folgenden Fragen ganz in Ruhe – und wie gewohnt schriftlich – zu beantworten beziehungsweise die Satzanfänge zu vervollständigen. Lassen Sie sich für jeden Punkt ausreichend Zeit. Antworten Sie in ganzen, vollständigen Sätzen (nicht in Stichworten oder Halbsätzen). Erstellen Sie auf diese Weise eine Liste Ihrer Antworten. Nehmen Sie sich am besten einen ganzen Tag für eine Frage. Bewegen Sie diese mehrmals innerlich hin und her, philosophieren Sie ein wenig darüber, und laden Sie alle Gedanken dazu ein aufzutauchen. Es ist manchmal erstaunlich, welche Gedanken durch diese Offenheit zutage treten. Im zweiten Schritt geht es dann darum, jeden einzelnen Satz der Liste, die Sie geschrieben haben, zu untersuchen.

Zu jeder Frage nenne ich Ihnen auch ein paar Beispielantworten. Ich habe einfach einige ausgesucht, die ich in meinen Coachings häufiger gehört habe. Vielleicht haben Sie bei der einen oder anderen Antwort das Gefühl, dass Sie das auch kennen, dass die Antwort von Ihnen stammen könnte. Dann übernehmen Sie diese gern auf Ihre Liste. Grundsätzlich dienen diese Antworten allerdings dazu, Ihnen Hinweise zu geben, wie die Fragen gemeint sind. Bitte machen Sie sich also in erster Linie die Fragen zu eigen, nicht die Antworten.

1. Ich bin Single, und das bedeutet …

- Ich werde allein alt werden.
- Ich traue mich nicht, allein auf Veranstaltungen und Partys zu gehen.
- Meine Freunde bemitleiden mich.
- Ich finde nie den richtigen Partner.
- Niemand hält es lange mit mir aus.
- Mir entgeht etwas Wichtiges im Leben.
- Ich bin es nicht wert, eine glückliche Beziehung zu haben.

Finden Sie Ihre eigenen Antworten, die so oder ganz anders ausfallen können. Was bedeutet es aus Ihrer Sicht, Single zu sein? Was ist schlimm daran oder nicht in Ordnung? Worauf weist das Single-Sein hin, und was sagt es über Sie aus?

2. Ich habe keine feste Beziehung (oder ich bin nicht für eine feste Beziehung geeignet), weil …

- Ich kann mich nicht gut genug abgrenzen.
- Ich bin zu egoistisch.
- Ich bin nicht attraktiv genug.

Hierbei handelt es sich um Sätze über Sie selbst, auf die Sie womöglich schon beim Lesen des Kapitels »Gedanken über mich selbst, Gott und die Welt« gestoßen sind. Finden Sie all das, was Sie über sich selbst denken, was im Widerspruch zu einer glücklichen Partnerschaft steht und was als guter Grund dafür herhalten kann, dass Sie keine Beziehung führen.

3. Was ich gewinnen würde, wenn ich eine feste Beziehung hätte:

- Ich hätte jemanden, mit dem ich mich austauschen kann.
- Ich wäre nicht mehr allein.
- Ich wäre entspannter und glücklicher.
- Ich hätte regelmäßig guten Sex.

Wenn Sie Single sind und damit nicht rundum glücklich, dann haben Sie eine bewusste oder unbewusste Liste dessen, was Sie in einer festen Beziehung gewinnen würden. Lassen Sie sich Zeit, und finden Sie heraus, was es ist.

Und dann führen Sie sich bitte noch einmal den folgenden Zusammenhang vor Augen, den ich Ihnen anhand eines Beispiels verdeutlichen möchte: Nehmen wir einmal an, Sie glauben, Sie »wären entspannter und glücklicher«, wenn Sie in einer Beziehung leben würden. Was bedeutet das? Es bedeutet – in der Umkehrung – dass Sie in Ihrem momentanen Singleleben unbewusst oder bewusst beständig beweisen, nicht entspannt und glücklich zu sein. Der Verstand liebt es, Beispiele für das zu finden, was er sowieso schon weiß. Oder kurz gesagt: Wir lieben es, Recht zu haben. Und dafür bringen wir zum Beispiel das Opfer, nicht wahrzunehmen, wie wir bereits jetzt – ohne Partner – entspannt und glücklich sind oder wie wir es – zukünftig – ohne Partner werden können.

Wir berauben uns auf diese Art und Weise der Möglichkeit, das, was wir uns wünschen, jetzt schon zu haben.

Sie wären entspannter und glücklicher in einer Beziehung. Ist das wahr? Können Sie sich absolut sicher sein? Wie reagieren Sie – in Ihrem Singleleben, zum Beispiel abends, wenn Sie einmal allein zu Hause sind –, wenn Sie diesen Gedanken glauben?

Untersuchen Sie die Sätze Ihrer Liste, und testen Sie, ob der Zusammenhang, den ich oben beschrieben habe, für Sie genauso stimmt wie für mich.

Singles, die davon schwärmen, eine Beziehung zu haben, fällt es meist relativ leicht, diese Liste zu schreiben. »Was ich hätte/bekäme in einer Beziehung« liegt sozusagen auf der Hand.

Mehr im Hintergrund bleiben oftmals die Befürchtungen, was uns genommen würde beziehungsweise abhandenkäme, wenn wir eine Beziehung eingehen. Die Liste dieser Befürchtungen halte ich persönlich für genauso wichtig wie die vorangegangene Liste, und manchmal dauert es ein wenig länger, bis die Antworten auftauchen.

4. Was ich befürchte zu verlieren, wenn ich eine Beziehung hätte:

- Ich müsste Kompromisse eingehen.
- Ich hätte weniger Zeit für meine Freunde.
- Ich hätte weniger Zeit für mich allein.
- Ich müsste alles teilen, Zeit, Bett, Geld.
- Ich gebe zu viel von mir auf.

Und schließlich können Sie auch eine Liste dessen erstellen, was Sie ganz grundsätzlich über Beziehungen denken. Das wäre die Kurzform dessen, was Sie bereits kennen: ein Arbeitsblatt »Urteile über deinen Nächsten« über Beziehungen schreiben.

5. Meine (stressvollen) Gedanken über Beziehungen:

- Auf die Dauer ist jede Beziehung langweilig.
- Mit der Zeit ist jede Beziehung Routine.
- Eine feste Beziehung schränkt mich ein.
- Eine gute Beziehung zu führen ist anstrengend.

Als Singles neigen wir manchmal dazu zu glauben, alles würde anders, wenn wir nur endlich die Richtige oder den Richtigen gefunden hätten. Aus meiner Sicht stehen die Chancen schlecht, dass das eintritt, denn auf diese Art und Weise wird der Partner beziehungsweise die Partnerin schon bevor er oder sie in mein Leben tritt, zum Lückenbüßer für all unsere unerfüllten Bedürfnisse. Und welcher reife, erwachsene Mensch, mit dem wir eine glückliche, harmonische Beziehung führen könnten, erfüllt schon gerne diese Funktion? Dies führt eher zu faulen Kompromissen, zu Verträgen miteinander oder zu der Idee, dass Geben und Nehmen in einer Beziehung immer ausgeglichen sein müssten. Ich bin dann nicht mehr frei in meinen Entscheidungen, sondern werde berechnend, manipulativ und trainiere mein Verhandlungsgeschick. Schlimmer noch: Wenn ich unglücklich eine Beziehung eingehe, werde ich ständig das Ende der Beziehung fürchten, und dass ich dann wieder allein bin und so unglücklich wie zuvor.

Die Idee, ich bräuchte meinen Partner, um glücklich zu sein oder zu werden, macht entweder ihn, mich oder uns beide abhängig. Auf diese Art und Weise mag die Beziehung eine Zeit lang gelingen, auf bedingungsloser Liebe beruht sie aber leider nicht. Diese wiederum schaffen und erhalten Sie sich als Basis, wenn Sie den anderen beziehungsweise die andere nicht brauchen, wenn Sie nicht abhängig sind und ihn/sie nicht abhängig machen wollen, wenn Sie stattdessen aufeinander bezogen sind und wenn im freien Fluss miteinander Gemeinsames entsteht. Und dazu gehört, dass Partner zusammenkommen und sich wieder trennen – nach ein paar Wochen, Jahren oder wenn einer von beiden stirbt. Beziehungen entstehen, bestehen und lösen sich wieder auf, während gleichzeitig viele, viele stressvolle Gedanken auftauchen und wieder gehen.

Anders werden die Dinge aus meiner Erfahrung nicht dadurch, dass der oder die Richtige auftaucht, sondern dadurch, dass ich Verantwortung für meine eigenen stressvollen Überzeugungen übernehme und diese untersuche.

Trennung und Tod

Das gilt auch, wenn es um Trennung und Tod beziehungsweise um den Umgang damit geht. Können Sie sich sicher sein, dass Sie jemanden verloren haben? Dass Sie überhaupt jemanden verlieren können?

Stellen Sie sich vor, es ist Mittwoch, später Nachmittag, circa 18 Uhr. Sie sind allein zu Hause. Die Abendsonne scheint durch das Wohnzimmerfenster. Sie haben es sich mit Ihrem Lieblingsgetränk in Ihrem Lieblingssessel bequem gemacht. In etwa einer Stunde wird Ihr Partner nach Hause kommen. Sie genießen den Moment, und Sie genießen die Vorfreude auf den gemeinsamen Feierabend. Alles ist gut!

Und nun stellen Sie sich vor, es ist Mittwoch, später Nachmittag, circa 18 Uhr, sechs Monate später. Sie sind allein zu Hause. Die Abendsonne scheint durch das Wohnzimmerfenster. Sie haben es sich mit Ihrem Lieblingsgetränk in Ihrem Lieblingssessel bequem gemacht. Ihr Partner wird heute Abend nicht kommen, denn er hat sich vor ein paar Wochen von Ihnen getrennt. Geht es Ihnen gut? Falls nicht, woran genau liegt das jetzt in diesem Moment? An der Trennung oder an Ihren Gedanken?

Stellen Sie sich vor, Ihr Partner sei in der Zwischenzeit verstorben. Wenn Sie den Moment nicht genießen, worauf ist das zurückzuführen? Auf den Tod? Oder auf die Gedanken und Bilder, die in diesem Moment in Ihnen lebendig sind?

Das klingt jetzt vermutlich radikal oder sehr provokativ. Und ich möchte Sie bitten, das einmal in Ruhe zu durchdenken und wirklich innerlich durchzuspielen. Die Liste der Gedanken, die in einer dieser Situationen den Stress auslösen, ist vielleicht lang, aber diese Liste besteht allein aus Gedanken. Und diese Gedanken sind und bleiben das »Problem« – sofern überhaupt eines existiert.

Der beste Weg, den ich kenne, um eine Trennung zu verarbeiten oder über den Tod eines geliebten Menschen hinwegzukommen, ist der, die stressvollen Gedanken zu untersuchen, die in diesem Zusammenhang auftauchen. Dabei stoßen wir dann auf all das, was wir meinen, verloren zu haben, und vor allem sind wir erneut mit unseren Ängsten und Befürchtungen, die Zukunft betreffend, konfrontiert.

Persönlich leide ich momentan nicht unter der Trennung von einem Partner, und ich habe auch noch nie den Tod eines Partners zu beklagen gehabt. Allerdings ist meine Mutter gestorben, als ich noch ein Junge war, und zwar an meinem zwölften Geburtstag. Und was ich von ganzem Herzen sagen kann, ist, dass ich heute eine herzliche, innige Beziehung zu ihr habe, ganz anders als in den ersten 25 Jahren nach ihrem Tod, also zwischen meinem zwölften und siebenunddreißigsten Geburtstag. Sie fehlt mir nicht, sie kann mir nicht fehlen, denn sie ist ja die ganze Zeit für mich da. Sie hat in meinem Herzen einen wunderbaren Platz, und ich liebe ihren warmen, gütigen Blick, mit dem sie mich so häufig anschaut. Ich habe wundervolle Bilder von ihr und von den Dingen, die wir miteinander erlebt haben. Ganz egal, ob ich an ihrem Grab stehe oder in meinem Lieblingssessel sitze.

Sie können jemanden verlieren. Ist das wirklich wahr?

»Growing old is mandatory. Growing wise is optional.«
»Alt zu werden ist vorgegeben, weise zu werden ist möglich.«
Oder …
»Alt werden wir alle, weise nur manche.«
Frei übersetzt:
»Wir werden unweigerlich alt, aber nicht unbedingt weise.«

Unbekannter Verfasser

9. Wenn es schwierig wird …

Ich bin derzeit ein großer Fan von Bikram Yoga. Dabei handelt es sich um eine feststehende Abfolge von zwei Atem- und 26 Körperübungen, die der aus Indien stammende und in Los Angeles lebende Yogameister Bikram Choudhury entwickelt hat. Bikram Yoga wird inzwischen weltweit in mehr als 600 Yogazentren angeboten und findet immer in einem 41 Grad heißen Raum statt. Wie man sich leicht vorstellen kann, ist das Ganze eine ziemlich schweißtreibende Angelegenheit – außer beim »Savasana«, der sogenannten Todesstellung. Dann liegen die Übenden mit geschlossenen Augen auf dem Rücken, die Fersen berühren sich, die Fußspitzen zeigen nach außen, die Arme liegen eng am Körper, die Handflächen zeigen zur Decke, man konzentriert sich auf die Atmung, ohne diese dabei aktiv zu beeinflussen.

Von allen Yogapositionen stellt die Ruhehaltung körperlich die geringsten Anforderungen, und dennoch weisen die

Lehrer fast in jeder Stunde darauf hin, dass es die schwierigste Übung von allen ist, die ganze Spannung aus Körper und Geist entweichen zu lassen.

In der Ruhe liegt die Kraft

Mit The Work ist es ganz ähnlich. Manchmal ist das Ruhigwerden und Wahrnehmen der Gedanken, die in mir passieren, der schwierigste Teil der ganzen Abfolge. Vielleicht liegt es einfach daran, dass es zunächst einmal ungewöhnlich ist, etwas so Unübliches zu tun, wie uns selbst beim Denken zu beobachten. Und genau in diesem Moment, in dem wir unsere Gedanken beobachten, sind wir nicht der Denker – sondern der Beobachter.

Von Eckhart Tolle lernen wir, dass die Fokussierung auf den Atem eine der besten Möglichkeiten ist, im Jetzt zu sein. Wenn man darin nicht so geübt ist, hilft es, sich einen ruhigen Platz zu suchen, an dem man für ein paar Minuten ungestört sein kann.

Machen Sie ein Ritual daraus. Üben Sie das einige Minuten am Tag, vielleicht jeden Morgen nach dem Aufwachen oder abends vor dem Einschlafen. Üben Sie jeden Tag ein wenig mehr, der Beobachter, die Beobachterin zu sein und weniger der/die »Unbewusste«, der/die minuten-, stunden-, tage- oder monatelang auf jeden Gedanken reagiert, ohne einen einzigen davon bewusst wahrzunehmen.

Je mehr sich eine Regelmäßigkeit einstellt, desto selbstverständlicher und leichter wird es. Und schließlich brauchen Sie dafür dann weder einen Ort der Ruhe noch das Ungestörtsein. Dann erleben Sie sich selbst bewusst selbst im größten Trubel, vielleicht an einer U-Bahn-Station, umgeben von Hunderten Menschen. Von außen sieht es so aus, als würden Sie warten – auf die nächste Bahn. Und dabei stehen Sie einfach da, schauen aus Ihren Augen, nehmen Ihre ruhigen, tiefen Atemzüge wahr und dazu die einzelnen Gedanken, die durch Ihr Bewusstsein ziehen. Die Gedanken kommen und gehen, während Sie sie beobachten.

Sie spüren in diesen Momenten, dass Sie weniger der- oder diejenige sind, der/die denkt, sondern eher jemand, der die Gedanken beobachtet, der sich selbst beim Denken beobachtet. Sie entscheiden nicht, welche Gedanken kommen oder gehen. Sie haben keinen Einfluss darauf, was Sie als Nächstes denken. Es ist, als hätten die Gedanken ein Eigenleben. Sie kommen und gehen, und Sie können sie dabei beobachten. In gewisser Weise ergibt es also mehr Sinn zu sagen, »es denkt Sie« genauso wie »es Sie atmet«.

Und manchmal reicht ein Wort oder ein Blick Ihres Gegenübers, und all die Ruhe und das Beobachten, das tiefe Wissen um diese Zusammenhänge gehen verloren und sind wie vom Erdboden verschluckt. Von einem auf den anderen Moment vergessen Sie, dass Sie der Beobachter sind. Es ist, als würde ein Gedanke, den Sie glauben, Sie mitnehmen oder hineinziehen in die Geschichte, die gerade entsteht. Dann sind Sie wieder derjenige, der denkt. Sie identifizieren sich mit diesen Gedanken und erleben das Ganze, als sei es real.

Verteidigung ist Krieg, Rückzug auch und Angriff sowieso

Heute Abend war es mal wieder soweit. Es war gerade so schön, dass es sich schon fast kitschig anhört. Eben noch waren wir mit unserem kleinen Motorroller die Küstenstraße im Westen Ko Samuis entlanggefahren, hatten bei einem traumhaften Sonnenuntergang über dem Meer und der Nachbarinsel Ko Phangan in einem urigen Lokal direkt am Strand zu Abend gegessen und uns einfach darüber gefreut, wie sehr wir ein einfaches Essen in einem einfachen Restaurant mitten unter Einheimischen genießen können.

Und dann, wie aus heiterem Himmel, werde ich laut, weil es mich derartig nervt, was Chris mir mitteilt. Geplant war, den letzten Abend noch einmal im Trubel auf der Ostseite der Insel zu verbringen, und nun hat Chris plötzlich kein Interesse mehr daran. Keine Lust auf den Trubel, stattdessen will er lieber zu Hause bleiben und nicht mehr ausgehen. Ich finde das total doof und unfair und sage das – ehe ich mich versehe – in aller »Deutlichkeit«, und deutlich heißt dann manchmal einfach: lauter.

In solchen Momenten habe ich so sehr das Gefühl, Recht zu haben, dass die Reaktion einfach aus mir herausbricht. Es fühlt sich weder so an, als sei es eine bewusste Entscheidung, noch kann ich es kontrollieren. Es passiert einfach. Es passiert mit mir. So gesehen bin ich froh, dass meine Reaktionen nicht noch »krasser« ausfallen. In solchen Momenten stelle ich komplett um auf Angriffsmodus und eröffne den Krieg. Was ich in erster Linie will: Recht haben. Ich will, dass Chris seinen Fehler einsieht, sich im Idealfall entschuldigt und sein Verhalten ändert. Das fühlt sich an wie der einzige Weg, die einzige Möglichkeit, um meine Welt wieder in Ordnung zu bringen, und ich will es am liebsten erzwingen.

Dabei war an dem besagten Abend das Kind ja schon in den Brunnen gefallen. Zu einem gemeinsamen Ausflug würde es nicht mehr kommen. Zum Glück gab es aber noch etwas anderes zu erledigen, uns so hatte ich einen guten Grund, mich gleich auf den Roller zu schwingen und mir erst einmal für eine halbe Stunde die kühle Abendbrise um die Nase wehen zu lassen. Nachdem ich ein paar Minuten unterwegs war, kehrte wieder ein wenig Ruhe ein. Zuerst fand ich es unfassbar, gerade ein Buch über The Work und Beziehungen zu schreiben und in eine solche Situation zu geraten. Doch ein paar Minuten später fiel mir auf, wie hilfreich das gerade war: Es erinnerte mich daran, dass ich noch etwas schreiben wollte über genau dieses Thema: Dass es manchmal ein wenig dauert, bis man Zugang hat zu dem Wissen und der Weisheit, dass jeder, wirklich jeder einzelne Moment des Lebens, an dem man nicht glücklich und zufrieden ist, mit den Gedanken zu tun hat, die man in diesem Moment hat. Dass die Auflösung, die Veränderung allein in diesen Gedanken zu finden ist. Um es martialisch auszudrücken: Indem wir den anderen anklagen, indem wir versuchen, Macht auszuüben, lässt sich vielleicht die eine oder andere Schlacht gewinnen, aber sicherlich kein Krieg. Und selbst wenn es so wäre: Krieg ist keine gute Grundlage für eine Beziehung. Eine Partnerschaft kann auf diese Weise nicht besser werden.

So sitze ich also auf dem Roller, beruhige mich langsam wieder, und dann kehrt zuerst das theoretische Wissen um diese Zusammenhänge zurück. Das macht es schon mal ein wenig leichter, das lässt mich tiefer atmen, doch geklärt ist die Sache dadurch noch nicht. Nun geht es darum herauszufinden, welche Gedanken ich in dem Moment hatte, als ich laut wurde. Und das Gute ist: Das kann ich sogar beim Rollerfahren herausfinden. Ich stoße auf den Gedanken: »Chris sabotiert unseren Plan.«

Und während ich mich frage, ob das stimmt und ob ich mir dessen wirklich sicher sein kann, stoße ich ziemlich schnell auf eine interessante Erkenntnis. Ich finde heraus, dass es nie wirklich Chris' Plan gewesen war, sich heute noch in das Getümmel zu stürzen und auszugehen. Es war meine Idee gewesen, der er von vorneherein nur halbherzig zugestimmt hatte. Hätte ich es wissen wollen, wäre mir die ganze Zeit klar gewesen, dass er gar keine Lust dazu verspürte. Der Plan war also einzig und allein meiner. Und einen Plan, der nicht seiner war, konnte Chris auch nicht sabotieren. Ich konnte wahrnehmen, wie *ich* versucht hatte, ihn zu manipulieren, um zu bekommen, was ich wollte – und dabei hätte ich noch Minuten zuvor geschworen, dass »Chris unseren Plan sabotierte«.

Selbst Roller fahren kann also eine erleuchtende Erfahrung sein, und das, was sich bei meiner Rückkehr richtig anfühlte, war eine Entschuldigung meinerseits.

Angriff – und dazu gehört schon das leichteste Anheben der Stimme – hilft einfach nicht weiter. Er beruht auf der Voraunahme, ich hätte Recht. Dabei übersehe ich gerade in diesen Momenten etwas – nämlich, dass ein Gedanke, der in mir dominiert, sich bei näherem Hinsehen vermutlich nicht als wahr herausstellen wird. Diesen »Fehler« kann ich am besten wiedergutmachen, indem ich ihn zunächst einmal erkenne und dann den Gedanken, den ich gefunden habe, untersuche. Und was mich wirklich frei macht, ist, dies einzugestehen und anzubieten beziehungsweise nachzufragen, wie ich es wiedergutmachen kann.

Verteidigung entspricht übrigens aus dieser Perspektive einem Angriff und ist somit ebenfalls die Eröffnung eines Krieges. »Defense is the first act of war«, sagt Byron Katie: Verteidigung ist die erste Kriegshandlung. Denn egal, was der andere sagt, er kann mich damit nicht verletzen.

Falls sich in Ihnen nun spontan Widerstand regt, erinnern Sie sich bitte noch einmal daran, was ich über die Bedeutung unseres Denkens geschrieben habe und wie dies mit den Gefühlen zusammenhängt, die wir empfinden. Das, was der andere sagt, kann Sie nicht wirklich bedrohen. Es ist nicht das Problem, und es ist auch nicht das Problem, *wie* er es sagt. Aus diesem Grund ergibt es gar keinen Sinn, sich zu verteidigen. Stellen Sie sich besser die Frage, mit welchen Gedanken Sie innerlich kommentieren, was der andere sagt oder tut, und wie Sie Ihren eigenen Gedanken dann durch Ihr Verhalten Taten folgen lassen. Wenn Sie beginnen, sich zu rechtfertigen, eröffnen Sie damit den Krieg. Sie sagen Stopp und unterstellen damit, dass der andere im Unrecht ist. Sie haben aufgehört zuzuhören. Und je weniger Sie zuhören, desto lauter wird der andere womöglich werden, weil er eine Botschaft hat, die er transportieren möchte.

Was, vermuten Sie, hindert uns in solchen Momenten daran zuzuhören? Meine Antwort lautet: Es ist das fehlende Interesse an der Wahrheit.

Würden wir zuhören, könnten wir das Gesagte in die drei Kategorien unterteilen, die ich Ihnen im letzten Kapitel vorgestellt habe: Sie hören etwas, das Sie (a) bereits kennen und selbst von sich wissen; Sie hören etwas, das Sie (b) nicht über sich wissen wollen; oder Sie hören etwas, das Sie (c) auf Anhieb gar nicht verstehen. Schlimmer wird es nicht.

Das gilt nicht nur, wenn der andere Ihnen seine Gedanken auf einem Arbeitsblatt zur Verfügung stellt, sondern es gilt im gleichen Maße, wenn er sie einfach laut herausposaunt.

Ihr Umgang mit etwas, das Ihr Partner oder Ihre Partnerin Ihnen gegenüber in lautem oder forderndem Ton ausspricht, kann der gleiche sein, als würde er/sie Ihnen ein Arbeitsblatt vorlesen. Wenn er/sie etwas sagt, dem Sie zustimmen können – wenn auch schweren Herzens –, tun Sie´s. Signalisieren Sie ihm/ihr, dass Sie wissen, wie Recht er/sie hat, und stellen Sie sich buchstäblich neben ihn/sie, also an seine/ihre Seite und nicht gegen ihn/sie. Vielleicht können Sie beide zusammen Ihnen ja helfen.

Hören Sie einmal wirklich zu, was Ihr Partner/Ihre Partnerin Ihnen vorwirft. Wenn es schmerzt und Sie wirklich glauben, das, was er sagt, würde nicht stimmen, können Sie sicher sein, dass er einen wunden Punkt getroffen hat. Gehen Sie auf die Suche nach echten, ehrlichen Beispielen.

Und wenn Ihr Partner Ihnen etwas vorwirft, was Sie nicht verstehen, fragen Sie nach, bitten Sie um eine Erklärung. Vielleicht erfahren Sie so etwas Wichtiges über sich, das Sie bisher übersehen haben.

Wenn Sie The Work immer mehr in Ihr Leben integrieren möchten, dann bedeutet das, dass Sie auf sich selbst die strengeren Regeln anwenden. Wenn Sie stressvolle Gedanken über Ihren Partner/Ihre Partnerin haben, untersuchen Sie diese, und wenn es so aussieht, dass die andere Person stressvolle Gedanken über Sie hat, dann finden Sie für sich echte, aufrichtige Beispiele, die bestätigen, dass er/sie Recht hat.

Bestimmt kennen Sie die Aussage, Ihr Partner sei Ihr bester Lehrer. Nun wissen Sie, warum das auch aus der Work-Perspektive zutrifft.

Nun gibt es noch eine dritte Art des Umgangs mit Kritik, Vorwürfen oder Feedback von anderen. Statt zu Angriff oder Verteidigung überzugehen, können wir uns ganz vom anderen zurückziehen. Wir schmollen, verziehen uns ins stille Kämmerlein, spüren eine tiefe Traurigkeit und bemitleiden uns selbst. Kurzum: Wir fühlen uns als Opfer.

Auch das kenne ich aus eigener Erfahrung gut. Bei mir sieht das so aus, dass ich etwas, das Chris sagt oder tut, gar nicht kommentiere. Meine Antwort besteht vielleicht aus bestimmten mimischen Reaktionen oder einem einzelnen Satz, danach bin ich einfach nur sprachlos. Mir steht nicht der Sinn nach Angriff, ich ziehe mich vielmehr in mich zurück, werde still, und es entsteht eine Haltung, die zwischen Traurigkeit und »Mir ist alles egal« hin und her oszilliert.

Ich kann mich noch gut an das letzte Mal erinnern, als mir das mit Chris passiert ist. An dieser Stelle verzichte ich auf das konkrete Beispiel, da es Sie eventuell ablenken würde, denn die Gedanken, die dazu führen, dass wir uns als Opfer fühlen, sind sehr unterschiedlich. Welche Worte, welches Verhalten Ihres Partners/Ihrer Partnerin ist es in Ihrem Fall, das dazu führt, dass Sie sich wie ein Opfer fühlen?

In mir gibt es dann so etwas wie einen stummen inneren Schrei. Alles in mir schreit, dass Chris' Verhalten nicht in Ordnung ist, dass ich mich so nicht behandeln lassen möchte, und in meinem äußeren Verhalten erstarre ich förmlich. An dem

Abend, an den ich mich erinnere, hat das dazu geführt, dass ich um 21 Uhr im Bett lag. Das kommt äußerst selten vor, und an diesem Abend bestand der Grund schlicht darin, dass ich einfach nichts Besseres mehr mit mir anzufangen wusste.

Vom Worken bin ich in solchen Situationen weit entfernt. Es gibt dann einen Teil in mir, der davon ausgeht, dass mich meine stressvollen Überzeugungen schützen. Zu groß ist die Angst, etwas zu verlieren, die Angst, »so etwas« noch häufiger »mit mir machen lassen zu müssen«, so als würde die Opferhaltung mich davor schützen, dass es wieder passiert. Gleichzeitig versuche ich zu manipulieren, so als wollte ich durch ein unmerkliches, unsichtbares Zähneknirschen, das mit riesigem Kraftaufwand betrieben wird, einen ganzen Berg versetzen.

Im ersten Moment kann ich mich nicht einmal dazu bewegen, meine Gedanken auch nur aufzuschreiben, geschweige denn sie zu untersuchen. Früher wurden aus einem Problem dann oft zwei Probleme, weil ich zusätzlich begann, mich für meine Reaktion zu verurteilen. Heute warte ich einfach ab, bis es ruhiger wird, beobachte meine Gedanken, lerne mich dabei besser kennen, bis ich dann früher oder später doch zum Stift greife, weil es letztendlich der einzige Weg ist, der sich für mich als hilfreich erwiesen hat.

Was ich dann – in einer solchen »Opfersituation« – aufschreibe, hört sich nicht wirklich anders an als das, was ich sonst laut herausschimpfe. Es hat vielleicht einen anderen Inhalt, aber die Qualität ist die gleiche: Ich weiß, was richtig ist, »wie es geht« und was »man« tut beziehungsweise nicht tut. Ich habe Recht, und ich will, dass das von meinem Gegenüber gesehen, akzeptiert und bestätigt wird. Gegebenenfalls fordere ich dies auch vehement ein.

Es läuft also alles auf das Gleiche hinaus, egal, ob es sich um Angriff, Verteidigung oder Rückzug handelt: In dem einen Fall ist der Trotzanfall eher laut und explosiv, die ganze Energie bricht sich nach außen Bahn. Im anderen Fall ist er eher leise und nach innen gerichtet, jedoch nicht unbedingt weniger vehement. Wir fordern lauthals zu einem Schuldeingeständnis auf, oder wir warten – tatenlos –, bis es von allein kommt. Wir versuchen, von uns selbst abzulenken, und gleichzeitig wollen wir den anderen manipulieren. Mal auf die eine, mal auf die andere Art.

Opfer sind laut Byron Katie oft die gewalttätigsten Menschen[24] – und ich kann gut für mich finden, inwiefern das stimmt.

Die »Materialsammlung«

Egal, ob ich nun angreife oder mich als Opfer fühle, über kurz oder lang komme ich nicht an der Erkenntnis vorbei, dass auch dieser innere Aufruhr, den ich erlebe, auf die Gedanken zurückzuführen ist, die ich in diesem Moment glaube. Egal, ob ich traurig, verwirrt, irritiert, wütend oder ärgerlich bin, als Nächstes geht es darum, diese Gedanken zu Papier zu bringen. Das Aufschreiben ist immer der nächste hilfreiche Schritt.

In den bisherigen Kapiteln habe ich Ihnen dazu verschiedene Möglichkeiten vorgestellt. Der Königsweg ist das Arbeitsblatt »Urteile über deinen Nächsten«, das Sie über reale Personen, also zum Beispiel Ihren Partner/Ihre Partnerin, über Grup-

---

24 Bei ihr heißt das im Original: »Victims are the most violent people.«

pen von Personen, über Ihren Körper oder über Institutionen und sogar über das Leben oder über Gott schreiben können. Ein solches Arbeitsblatt als Materialsammlung zu nutzen, hat immer den Vorteil, dass Sie damit verschiedene Aspekte dessen abdecken, was in jeder stressvollen Situation vorhanden ist. Sie finden nicht nur heraus, was Sie über den anderen denken, sondern auch, was Sie wollen, was Sie meinen zu brauchen, und sogar Ihre Ängste und Befürchtungen sind berücksichtigt, wenn es darum geht, was Sie nicht mehr erleben wollen.

Wenn die Befürchtungen im Mittelpunkt stehen, dann führen die Übungen, die ich Ihnen im Kapitel »Sorgen und Befürchtungen« vorgestellt habe, zu einer Materialsammlung, und wenn die Vorwürfe sich gegen Sie selbst richten, dann haben Sie im Kapitel »Gedanken über mich selbst, Gott und die Welt« verschiedene Möglichkeiten an die Hand bekommen, zahlreiche stressvolle Gedanken, die Sie glauben, zu finden und schriftlich festzuhalten.

Materialsammlung bedeutet: Bringen Sie Ihre stressvollen Gedanken in der einen oder anderen Form zu Papier. Sammeln Sie immer zuerst die stressvollen Gedanken, ohne sich zu zensieren oder etwas zurückzuhalten. Dieses »Rohmaterial« nutzen Sie anschließend, wenn Sie mit der Untersuchung beginnen.

Materialsammlung bedeutet außerdem, dass es im weiteren Verlauf nicht darauf ankommt, dass Sie jeden stressvollen Satz untersuchen, den Sie schriftlich festgehalten haben. Ihre Materialsammlung sorgt eher dafür, dass Sie eine Auswahl haben. Sobald Sie den ersten Satz untersucht haben, werfen Sie einen Blick auf Ihr Rohmaterial, um zu entscheiden, mit welchem Satz Sie weitermachen. Wenn Sie ein Arbeitsblatt

»Urteile über deinen Nächsten« geschrieben haben, gibt die Struktur des Arbeitsblattes Ihnen ja die Richtung vor. Und auch hier haben Sie die Wahl, wie lange Sie bei einem Punkt des Arbeitsblattes verweilen und wann Sie weitermachen mit dem nächsten Punkt. Wenn Sie einfach unzensiert eine Liste von Sätzen geschrieben haben, lassen Sie sich überraschen, welcher Satz Sie nach einer Untersuchung als Nächstes anspricht. Wenn ich einen Satz von einer Liste untersuche, dann ändert sich meine Beziehung beziehungsweise das Gefühl zu den anderen Sätzen. Das allein ist schon ein spannender Prozess. Einiges hat sich dann bereits erledigt, anderes zieht stärker mein Interesse auf sich. Vieles, was auf meiner Liste der Materialsammlung gelandet ist, würde ich gar nicht mehr so formulieren oder finden, nachdem ich einmal mit der Untersuchung begonnen habe und sich die inneren Wogen langsam glätten. Wenn Sie aber wirklich mehr über sich erfahren und die Wahrheit wissen wollen, dann ist es nun umso besser, dass es bereits dort steht.

Auf das Verschriftlichen folgt die Untersuchung. Und auch dafür gibt es einige Hilfen, wenn es einmal schwierig werden sollte.

Begleiten und begleitet werden

Zunächst einmal haben Sie die Wahl, ob Sie die Untersuchung wie beschrieben allein durchführen möchten oder ob Sie sich Unterstützung von außen wünschen. Wenn Sie begleitet werden möchten, dann eignet sich dazu prinzipiell jeder – vom »Laien« über einen Übungspartner bis hin zum

Mitarbeiter der The-Work-Helpline oder zum professionellen Coach. Ihr Gegenüber braucht The Work nicht einmal zu kennen. Byron Katie betont gern, dass jeder Achtjährige Sie somit beim Worken unterstützen kann. Was Sie brauchen, ist jemand, der Sie durch den Prozess führt, und das tut er, indem er Ihnen die Fragen stellt, die er einfach ablesen kann. Die Kraft, die The Work ausmacht, liegt ja nicht in den Fragen, sondern vor allem in den Antworten, die Sie finden.

Viele Anwender wählen statt eines Achtjährigen oder den Nachbarn lieber einen Übungspartner, mit dem man sich abwechseln kann – jeder ist mal in der Rolle, die Fragen zu stellen, und mal in der Rolle, die Fragen zu beantworten.

Und viele bevorzugen einen professionellen Begleiter, einen Coach, der in der Anwendung von The Work ausgebildet ist und Sie vielleicht noch besser dabei unterstützen kann, wirklich bei den Fragen zu bleiben und nicht in das Erzählen von Geschichten, in Rechtfertigungen oder Erklärungen abzudriften. Wenn Sie einmal testen wollen, wie es ist, bei einem The-Work-Prozess begleitet zu werden, können Sie übrigens die kostenlose Helpline des Institute for The Work (ITW) nutzen. Teil des Programms der Ausbildung zum zertifizierten Begleiter am ITW ist es, Menschen, die allein nicht weiterkommen, ehrenamtlich an der Helpline durch den Prozess der Fragen und Umkehrungen zu begleiten. An der Helpline können Sie sicher sein, auf jemanden zu treffen, der geschult ist und umfassende Erfahrung in der Anwendung von The Work hat. Dies gilt im internationalen Bereich auch für die vom ITW zertifizierten Begleiter (Certified Facilitator) und im deutschsprachigen Raum für die vom Verband für The Work anerkannten Coaches (vtw) und Lehrcoaches (vtw).

Der Begriff Coach für The Work ist übrigens nicht geschützt. Achten Sie also am besten auf das entsprechende Siegel des Verbandes oder auf einen anderen Nachweis, dass Ihr Gegenüber sich wirklich intensiv mit The Work beschäftigt hat. Am besten, Sie schauen sich selbst einmal um auf www.institute-forthework.com, der englischsprachigen Seite des Instituts für The Work mit einer Liste der zertifizierten Begleiter und dem Link zur Helpline. Auf www.vtw-the-work.org, der deutschsprachigen Seite des Verbandes für The Work, finden Sie eine Liste der deutschsprachigen Coaches und Lehrcoaches, die professionell mit The Work arbeiten, sowie Informationen zur Helpline und weitere hilfreiche Infos zu kostenlosen, offenen Gruppen im deutschsprachigen Raum. Informationen rund um The Work gibt es außerdem auf www.thework.com, dem »Original«, der offiziellen Webseite von Byron Katie.

Und es gibt weitere Wahlmöglichkeiten. So kenne ich viele Menschen, die The Work durch das Schauen von Videos oder das Lesen eines Buches kennengelernt und daraufhin begonnen haben, sich selbst zu begleiten. Es gibt zahlreiche Anwender, die eine längere Zeit The Work für sich allein und ohne Austausch mit anderen angewendet und ihr Leben dadurch vollkommen verändert haben.

Sowohl bei der schriftlichen Selbstbegleitung als auch beim Arbeiten mit einem Partner können Sie – wie bisher beschrieben – Ihre Antworten einfach auf ein Blatt Papier schreiben. Darüber hinaus stellt Byron Katie genau für diesen Zweck ein weiteres Arbeitsblatt mit dem Titel »Untersuche eine Überzeugung« zur Verfügung. Ich stelle Ihnen daher im Folgenden einmal alle Arbeitsmaterialien in der Übersicht vor.

Liste der Arbeitsmaterialien

Sämtliche der unten aufgeführten Materialien finden Sie auf Englisch und Deutsch auf www.thework.com. Außerdem ist der Verband für The Work im deutschsprachigen Raum mit seiner Website www.vtw-the-work.org eine gute Quelle, da er immer die aktuellen Versionen auf Deutsch verlinkt.

- Arbeitsblatt »Urteile über deinen Nächsten«
  Dieses Arbeitsblatt haben Sie bereits ausführlich kennengelernt. Es ist das Arbeitsblatt, das The Work bekannt gemacht hat. Byron Katie arbeitet damit in jeder Veranstaltung. Es ist wohl immer noch das Wichtigste und vor allem das, womit Sie Ihre ersten Erfahrungen sammeln sollten, wenn Sie mit The Work beginnen.
- Arbeitsblatt »Urteile über deinen Körper«
  Näheres zu diesem Arbeitsblatt finden Sie im Kapitel »Gedanken über mich, Gott und die Welt«.
- Arbeitsblatt »Untersuche eine Überzeugung«
  Dieses Arbeitsblatt heißt im Original »One Belief at a time«, was ein wenig freier übersetzt bedeutet: »Eine Überzeugung nach der anderen«. Es dient nicht, wie die beiden vorherigen Arbeitsblätter, dem Aufspüren stressvoller Überzeugungen, sondern unterstützt Sie bei der Untersuchung einzelner Gedanken. Es ist eine komfortable Hilfe, wenn Sie die Untersuchung schriftlich und allein durchführen möchten. Außerdem finden Sie darauf die »Unterfragen« zur dritten Frage, die identisch sind mit den Unterfragen, die Sie auf dem Leitfaden zum Begleiten (s. S. 250) finden.

- Die »gelbe Karte«
  Die »gelbe Karte« enthält die vier Fragen. Sie können die Karte ausdrucken, um sie immer zur Verfügung zu haben.
- Leitfaden zum Begleiten
  Dieser Leitfaden enthält die gleichen Informationen wie das Arbeitsblatt »Untersuche eine Überzeugung«. Der Unterschied ist, dass das Arbeitsblatt für die schriftliche Selbstbegleitung und der Leitfaden für das Begleiten einer anderen Person gedacht ist. Auf die Unterfragen, die Sie auf beiden finden, werde ich im nächsten Abschnitt dieses Kapitels genauer eingehen.
- Anleitung zu The Work
  Diese Anleitung enthält in Kurzform alle Informationen, die Sie für die Untersuchung eines kompletten Arbeitsblattes »Urteile über deinen Nächsten« brauchen.
- Liste von Gefühlen
  Auf zwei Seiten enthält diese Liste eine Übersicht über alle möglichen Gefühle, die wir als Menschen kennen. Von A wie »abgestumpft« oder »akzeptierend« bis Z wie »zurückgestoßen« oder »zuhörend«, allerdings nicht in alphabetischer Reihenfolge, sondern mit dem Versuch einer inhaltlichen Sortierung. Diese Aufzählung heißt »Liste der Gefühle«; es handelt sich meines Erachtens aber eher um eine Liste der möglichen Reaktionen – nämlich einerseits auf die Frage 3, »Wie reagiere ich, wenn ich diesen Gedanken glaube?«, und andererseits auf Frage 4, »Wer wäre ich ohne diesen Gedanken?«. Wann immer es Ihnen schwerfällt, eine dieser beiden Fragen zu beantworten, kann es hilfreich sein, diese Liste zur Hand zu nehmen und einen Blick darauf zu werfen.

Die Unterfragen zur Frage 3: »Wie reagierst du, wenn du das glaubst?«

Als ich The Work kennenlernte, erschien sie aus viel mehr als nur vier Fragen zu bestehen. Mit großer Regelmäßigkeit tauchten zahlreiche weitere Fragen auf, und es war auf den ersten Blick nicht einfach, das Muster darin zu entdecken. Bei genauerem Hinsehen ergab sich, dass es sich bei vielen Fragen um zusätzliche Fragen beziehungsweise sogenannte Unterfragen zur dritten Frage handelt. Auf dem Leitfaden zum Begleiten beziehungsweise dem Arbeitsblatt »Untersuche eine Überzeugung« sind derzeit die folgenden Unterfragen aufgeführt:

- Bringt dieser Gedanke Frieden oder Stress in dein Leben?
- Welche Bilder aus der Vergangenheit und der Zukunft siehst du, und welche körperlichen Empfindungen tauchen auf, wenn du Zeuge dieser Bilder wirst?
- Welche Gefühle tauchen auf, wenn du diesen Gedanken glaubst?
- Beginnen sich Zwänge und Süchte zu zeigen, wenn du den Gedanken glaubst? (Lebst du sie mit einem der folgenden Dinge aus: Alkohol, Drogen, Einkaufen, Essen, Sex, Fernsehen?)
- Wie behandelst du die Person in dieser Situation, wenn du den Gedanken glaubst? Wie behandelst du andere Menschen und dich selbst?

Probieren Sie es einmal aus, und beziehen Sie jeweils eine oder mehrere dieser Unterfragen in Ihre nächste Untersuchung ein. Manchmal lassen sich damit gewisse Aspekte unserer Verhaltens- und Reaktionsweisen ausleuchten, die ansonsten im Dunkel geblieben wären.

Die Liste der »aktuellen Unterfragen« ruft mir außerdem ständig in Erinnerung, dass The Work nicht statisch oder unveränderlich ist, sich nicht in eine Schachtel packen und von vorne bis hinten systematisch beschreiben lässt – auch wenn die Arbeitsblätter dies manchmal nahelegen. Die Liste der Unterfragen wird nämlich manchmal länger, manchmal kürzer oder sie verschwindet ganz. Ich erinnere mich an einen Workshop mit Byron Katie in Berlin, an dem ich als Assistent teilnahm. Am zweiten Tag kam es zu einer Frage-Antwort-Runde, und eine Teilnehmerin, die bereits viel Erfahrung mit The Work hatte, brachte das Gespräch auf eine der Unterfragen. Sie begründete, warum sie diese Unterfrage für irreführend hielt, und plädierte dafür, sie von der Liste zu nehmen. Katie hörte sich das ganz in Ruhe an, nickte und schaute dann in die Richtung ihrer Mitarbeiterin, die für Materialien auf der Website verantwortlich ist, um sie zu bitten, den Begleitleitfaden entsprechend zu ändern. So verschwand die Unterfrage vom Begleitleitfaden. Am nächsten Morgen meldete sich eine andere Teilnehmerin zu Wort. Sie äußerte den Wunsch, das Thema erneut zu kommentieren. Katie entsprach diesem Wunsch und hörte sich die Argumente der Teilnehmerin an, die die besagte Frage zu einer wundervollen und hilfreichen Unterfrage machten. Ein zweiter Blick in die Richtung der Mitarbeiterin genügte, und die Frage hatte es wieder auf den Leitfaden zum Begleiten geschafft.

Ich kenne Worker, die – aus gutem Grund – Unterfragen verwenden, die sie während ihrer Ausbildung kennengelernt haben und die für sie einfach immer noch gut funktionieren. Ich kenne Worker, die davon ausgehen, eine Work sei einfach keine Work ohne eine bestimmte Unterfrage. Vermutlich hat sich dann diese Unterfrage schon so häufig als sinnvoll erwiesen, dass man in keiner Work darauf verzichten möchte. Und ich kenne Worker, die am liebsten überhaupt keine Unterfragen stellen oder hören. Mit anderen Worten: Es gibt ein breites Spektrum und kein richtig oder falsch.

Ich persönlich finde es sinnvoll, keine Unterfragen oder nur wenige zu verwenden, wenn jemand The Work gerade erst kennenlernt. So wird eine unnötige Verwirrung vermieden, und das Worken enthält nichts, was ablenkt oder in die Irre führt. Mit ein wenig Erfahrung lohnt es sich dann, hin und wieder auch einmal mehrere oder andere Unterfragen hinzuzunehmen.

In einem meiner Seminare haben wir einmal gesammelt, welche Unterfragen wir im Laufe der Jahre kennengelernt haben, die derzeit nicht auf dem Leitfaden zum Begleiten beziehungsweise dem Arbeitsblatt »Untersuche eine Überzeugung« zu finden sind. Einige davon finden Sie zum Beispiel noch in Byron Katies ersten Büchern, andere hört man, wenn man ihre Videos oder Audioaufzeichnungen anhört:

- Welche Freiheit hast du nicht, wenn du den Gedanken glaubst? Wozu bist du nicht mehr in der Lage, wenn du diesen Gedanken glaubst?
  Diese Fragen richten meine Aufmerksamkeit auf mögliche »blinde Flecken«, auf all das, was mir in diesem Moment verloren geht, wenn ich so absorbiert bin von meinen stressvollen Gedanken.

- Was gibst du vor, nicht zu wissen, wenn du diesen Gedanken glaubst?
  Diese Frage zielt in die gleiche Richtung wie die vorherige Frage. Der Fokus liegt allerdings weniger auf dem Verhalten und mehr bei den Gedanken, die ich tilge, wenn ich an dem einen Gedanken, den ich gerade glaube, so festhalte.
- In wessen Angelegenheiten befindest du dich?
  Byron Katie sagt, sie habe nur drei verschiedene Arten von Angelegenheiten im ganzen Universum entdeckt: meine, deine und Gottes. Was ich tue, ist meine Angelegenheit, was du tust, ist deine Angelegenheit, und wie das Wetter wird, ist »Gottes« Angelegenheit. Manchmal ist es hilfreich, in die eigenen Angelegenheiten zurückzufinden, insbesondere dann, wenn ich meine, der andere müsste in irgendeiner Form anders sein, als er ist.
- Wie nimmst du deine Umgebung wahr, wenn du das glaubst?
  Ich habe ja in einem früheren Kapitel ausgeführt, dass Überzeugungen wie Wahrnehmungsfilter wirken. Diese Frage rückt die Wahrnehmung in den Vordergrund, sodass dieser Zusammenhang in Bezug auf den untersuchten Gedanken deutlich wird.
- Was hast du davon, an dem Gedanken festzuhalten? Wofür brauchst du diesen Gedanken?
  Diese Fragen beruhen auf der Idee, dass wir meist unbewusst davon ausgehen, stressvolle Gedanken wären nützlich in dem Sinne, dass sie einen Zweck für uns erfüllen. Oft stellt sich heraus, dass das nicht der Fall ist, wenn wir der darunterliegenden Überzeugung auf den Grund gehen: Ist es wirklich wahr, dass ich den Gedanken xy brauche, um …?

- Was, befürchtest du, könnte passieren, wenn du diesen Gedanken nicht mehr glauben würdest?
  Diese Frage zielt in eine ähnliche Richtung, allerdings geht es hier um den Verlust »ohne« den Gedanken statt um den Gewinn »mit« dem Gedanken. Manchmal haben wir Angst, etwas zu verlieren, wenn wir unsere stressvollen Überzeugungen aufgeben würden. Was könnte das sein?
- Gibt es einen Grund, an dem Gedanken festzuhalten, der dir keinen Stress verursacht? Gibt es einen friedvollen Grund, an dem Gedanken festzuhalten?
  Hierbei handelt es sich um zwei Variationen einer geschlossenen Frage, die noch dazu rhetorisch ist, denn aus der Perspektive der Work gibt es keinen friedlichen Grund, an einem stressvollen Gedanken festzuhalten. Der Wert dieser Fragen liegt darin zu erkennen, dass ich selbst beim besten Willen keinen friedvollen Grund finden kann.
- Wann in deinem Leben ist der Gedanke zum ersten Mal aufgetaucht?
  Auf diese Frage wollte ich lange Zeit bei keiner Work verzichten. Es erschien mir so hilfreich, ein ums andere Mal festzustellen, dass der Stress, den ich in meinem Alltag hatte, sich immer zurückverfolgen ließ und seine Wurzeln zu viel früheren Zeitpunkten hatte. Und heute sehe ich, dass die Frage aus genau diesem Grund nicht immer hilfreich ist. Es mag sehr erkenntnisreich sein, diese stressvollen Gedanken in die Vergangenheit zu verfolgen – aber gleichzeitig hält mich das von der eigentlichen Frage ab, nämlich, wie ich heute auf den stressvollen Gedanken reagiere.
- Wie lebst du dein Leben, wenn du glaubst …?

Diese Frage lädt dazu ein, den speziellen Kontext beziehungsweise die spezifische Situation zu verlassen. Wenn der Gedanke in der einen Situation Auswirkungen hat, dann wirkt er sich auch in anderen Situationen aus. Hier werden also die Folgen und Konsequenzen der Überzeugung über verschiedene Situationen hinweg deutlich.

- Womit lenkst du dich ab? Welche schlechten Angewohnheiten tauchen auf, wenn du den Gedanken glaubst?
  Hier geht es in abgeschwächter Form um das Thema Sucht. Suchtverhalten ist das Ergebnis stressvoller Gedanken, und hier haben wir die Gelegenheit, genau herauszufinden, welche Gedanken auf welche Weise zu welchem Suchtverhalten führen.
- Wohin reist dein Verstand, wenn du glaubst …?
  Dies ist erneut die Einladung, ein wenig auszuholen und/oder abzuschweifen. Der Vorteil besteht darin, dass ich weitere Zusammenhänge aufdecke und auf weitere stressvolle Überzeugungen stoßen kann. Der Nachteil ist, dass ich die momentane Situation verlasse und eventuell sogar den Satz, den ich gerade untersuche.

Das sind viele Fragen, und dabei erhebt die Liste noch keinen Anspruch auf Vollständigkeit. Probieren Sie es einfach bei der nächsten Untersuchung einmal aus, und stellen Sie sich im Anschluss an die dritte Frage »Wie reagierst du, wenn du diesen Gedanken glaubst?« zusätzlich eine der oben aufgeführten Fragen. Beachten Sie grundsätzlich, dass die Fragen dieser Liste die dritte Frage nicht ersetzen. Sie werden ergänzend, also zusätzlich gestellt.

Keine Ahnung, wer ich ohne den Gedanken wäre

Die »Schwierigkeiten«, die bei der Beantwortung der vierten Frage, »Wer wärst du ohne diesen Gedanken?«, auftauchen können, sind anderer Natur. Hier kommen häufiger Antworten wie: »Ich weiß es nicht«, »Keine Ahnung«, »Mir fällt nichts ein« oder »Genau die Person, die ich sonst auch wäre«. Denken Sie dann daran, dass es grundsätzlich für den weiteren Verlauf der Untersuchung nicht notwendig ist, dass diese Frage beantwortet wird. Wenn keine Antwort auftaucht, gibt es eben keine, und es geht einfach mit den Umkehrungen weiter.

Allerdings fühlen wir uns meist wohler, wenn wir auf die uns gestellten Fragen eine Antwort haben, und ebenso fühlt es sich oft stimmiger an, wenn wir als Begleiter unserem Gegenüber eine Hilfe zur Beantwortung anbieten können. Byron Katie hat in ihrem Buch *Ich brauche deine Liebe – ist das wahr?* einige Vorschläge für andere Formulierungen gemacht, die hier hilfreich sein können[25]:

- Wer wärst du, wenn du den Gedanken nicht glauben würdest?
- Schließe deine Augen, und sieh dich selbst mit der Person, in der Situation ohne den Gedanken. Beschreibe, wie sich das anfühlt. Was siehst du?
- Stell dir vor, du triffst die andere Person zum ersten Mal ohne Gedanken über sie/ihn. Was nimmst du wahr?

---

25 Byron Katie/Michael Katz: *Ich brauche deine Liebe – ist das wahr?*, München (Goldmann), S. 310

- Wer bist du in diesem Moment. Während du hier sitzt, ohne den Gedanken?

Und auch in Seminaren haben wir uns mit diesem Thema schon häufiger beschäftigt. In diesem Rahmen ist die folgende Zusammenstellung entstanden:

- Nutze die »Liste der Gefühle«:
  Wenn es Ihnen schwerfällt, etwas zu benennen oder die passenden Worte zu finden, dann hilft ein Blick auf diese Liste manchmal weiter. Wenn Sie Worte sehen wie »freudig«, »entspannt«, »erleichtert«, dann trägt das zu größerer Klarheit bei, weil Sie zum Beispiel ganz deutlich sagen können, dass Sie eher »erleichtert« als »freudig« sind.
- Stell dir vor, du kämst von einem anderen Planeten, dessen Bewohner nicht in der Lage sind, diesen Gedanken zu denken.
- Stell dir vor, du littest an Gedächtnisverlust und wärst nicht in der Lage, dich an den Gedanken zu erinnern.
- Frage dich, wer du warst, bevor du den Gedanken zum ersten Mal hattest.
- Gehe zunächst weiter zu den Umkehrungen, und komme anschließend noch einmal zur vierten Frage zurück. Manchmal ist es leichter zu wissen, wer ich wäre, wenn ich bereits Beispiele für die Umkehrungen gefunden habe.
- Bearbeite zunächst weitere Sätze und andere Gedanken, und komme dann noch einmal zurück. Manchmal ist es leichter zu wissen, wer ich wäre ohne einen bestimmten Gedanken, wenn ich in der Zwischenzeit andere, damit zusammenhängende Gedanken untersucht habe.

- Denke daran, dich auf einen spezifischen Moment zu fokussieren, und dass es nur um einen Moment geht, in dem du den Gedanken nicht hättest.
- Stelle sicher, gedanklich ganz bei der Situation zu sein, und dann gehe zurück zum Beginn dieser Situation und gegebenenfalls einen kurzen Moment vor die Situation, als der Stress noch nicht so groß oder noch gar nicht da war.
- Nimm diese Frage als kleine »Hausaufgabe« mit in den Tag: Wie würdest du dein Leben leben ohne diesen Gedanken – in verschiedenen Situationen während dieses Tages?
- Manchmal ist das »Ich weiß nicht« ein Hinweis darauf, dass es noch nicht ausreichend Gelegenheit gab, die Folgen, die Konsequenzen dieses Gedankens in Erfahrung zu bringen. Mache also eine kleine Schleife, und gehe noch einmal zurück zur dritten Frage.
- Begib dich in einen Moment am gleichen Tag, in dem du diesen Gedanken sicherlich nicht hattest. Zum Beispiel in dem Moment, als das Telefon klingelte. Wer warst du in diesem Moment ohne den Gedanken?
- Stell die Frage ein wenig »objektiver« beziehungsweise »distanzierter«: Wie wäre das Leben für jemand anderen, ohne diesen Gedanken in der Situation?
- Wer wärst du in dieser Situation, ohne überhaupt irgendwelche Gedanken zu haben? Kannst du dich an eine Situation erinnern, in der du ganz ruhig und still warst, so im Flow mit dem, was war, dass keine Gedanken da waren? Wer bist du in diesem Moment jenseits aller Gedanken?

Die Umkehrungen

Sie wissen bereits, dass es grundsätzlich drei Arten von Umkehrungen gibt: die Umkehrungen ins Gegenteil, zu sich selbst und zum anderen. Auch den Sonderfall, dass in einigen Fällen aus der Umkehrung zu sich selbst die Umkehrung zu »meine Gedanken« wird, haben wir besprochen.

Ich möchte das nun noch ein wenig weiter ausführen, damit Sie wissen, worauf Sie bei der Suche nach Umkehrungen achten könnten, warum es nicht immer drei Umkehrungen gibt und welche Besonderheiten es zu beachten gilt.

Schauen wir uns dazu zunächst einfache Aussagesätze an. Welche Umkehrungen möglich sind und wie viele verschiedene Umkehrungen es gibt, hängt vor allem von den Pronomen ab, die im Ursprungssatz auftauchen.

Sätze mit zwei Pronomen

Wenn Sie ein Arbeitsblatt »Urteile über deinen Nächsten« ausfüllen, werden viele Sätze zwei Pronomen enthalten. Schauen wir uns einmal ein typisches Beispiel an. Ursprungssatz: »Er respektiert mich nicht.«

Es gibt dann die oben genannten drei verschiedenen Umkehrungen, und sie lauten folgendermaßen:

Umkehrung ins Gegenteil: »*Er* respektiert *mich.*« (Das »nicht« entfällt.)

Umkehrung zu mir selbst: »*Ich* respektiere *mich* nicht.« (Beide Pronomen des Satzes beziehen sich auf mich selbst.)

Umkehrung zum anderen: »*Ich* respektiere *ihn* nicht.« (Die

Personen werden vertauscht, nun mache ich das, was ich vorher dem anderen unterstellt habe.)

Bei dem Satz »Ich respektiere ihn« handelt es sich nicht um eine Umkehrung. Manchmal werden dafür die Begriffe »doppelte Umkehrung« oder »Spinning« verwendet, da hier der Originalsatz gleichzeitig zum anderen und ins Gegenteil umgekehrt wurde. Sie drehen sich damit gewissermaßen im Kreis. Wenn Sie für diese Aussage Beispiele suchen, bestätigen Sie womöglich eher den Status quo, also das, was Sie ohnehin schon wissen, anstatt Ihren Blick für eine neue Perspektive zu öffnen.

Ein weiterer Sonderfall liegt vor, wenn »Ich« als Person in einem Satz mit zwei Pronomen nicht auftaucht und es sich stattdessen um zwei andere Personen handelt. Ein solcher Satz könnte zum Beispiel lauten:

»Chris sollte seinen Ex-Partner respektieren.«

Die Umkehrung ins Gegenteil lautet: »Er sollte seinen Ex-Partner nicht respektieren.« Interessant wird es bei den Umkehrungen zu mir und zum anderen. Aus dem Ursprungssatz wird dann:

- Ich sollte Chris respektieren.
- Ich sollte mich respektieren.

Darüber hinaus ist bestimmt auch mindestens einer der folgenden Sätze interessant:

- Ich sollte meinen Ex-Partner respektieren.
- Ich sollte seinen Ex-Partner respektieren.

Je mehr Menschen involviert sind, je mehr Pronomen der Satz enthält, desto vielfältiger sind also die Möglichkeiten.

Sätze mit einem Pronomen

Einfache, kurze Sätze enthalten oft nur ein Pronomen. Ein Beispiel könnte lauten: »Er ist krank.«

Hier kann ich zwei Formen der bekannten Umkehrungen bilden. Die Umkehrung ins Gegenteil lautet: »Er ist nicht krank« und/oder »Er ist gesund«. Die Umkehrung zu mir selbst wäre: »Ich bin krank.«

Die Umkehrung zum anderen entfällt in diesen Sätzen, die nur ein Pronomen enthalten. Es gibt ganz einfach keine zwei Pronomen, die ich vertauschen oder austauschen könnte.

Manchmal ist allerdings der Aussagesatz nicht vollständig. Schauen wir uns dazu ein anderes Beispiel an: »Er hört nicht zu.«

Auch dieser Satz hat erst einmal nur ein Pronomen. Das würde dazu führen, dass wir keine Umkehrung zum anderen bilden können. Wenn wir den Satz inhaltlich näher betrachten, stellen wir fest, dass gemeint sein könnte: »Er hört mir nicht zu.« Das zweite Pronomen wurde vielleicht nur getilgt und nicht ausgesprochen. In dem Fall könnten wir es entweder zu Beginn der Untersuchung ergänzen oder dann, wenn wir zu den Umkehrungen kommen. Die Umkehrung zum anderen lautet in diesem Fall: »Ich höre ihm nicht zu.« Und es ist ziemlich offensichtlich, dass uns etwas verloren ginge, wenn wir diese Option übersehen und auslassen würden. Klären Sie also nach Möglichkeit vor Beginn einer jeden Untersuchung, ob der Satz vollständig ist oder ob Tilgungen vorliegen.

»Meine Gedanken« oder »In meinen Gedanken«

Wie bereits im Kapitel »Gedanken über mich selbst, Gott und die Welt« ausgeführt, wird aus der »Umkehrung zu mir« in manchen Fällen die Umkehrung zu »meine Gedanken«. Dies ist immer dann der Fall, wenn es sich beim Subjekt des Satzes nicht um eine Person, sondern um ein Objekt (zum Beispiel den Körper) handelt. Außerdem können Sie diese Umkehrung ausprobieren und mit ihr spielen, wenn sich die ursprüngliche Aussage auf Personengruppen (zum Beispiel Politiker, Lehrer, Banker, Teenager, Männer, Frauen), auf Institutionen (zum Beispiel die Regierung, die Kirche) oder auf das Leben, auf Gott oder das Universum bezieht.

Aus dem Ursprungssatz: »Mein Körper ist alt« wird zum Beispiel zunächst »Mein Körper ist nicht alt« und »Mein Körper ist jung«. Dies sind zwei verschiedene Versionen der Umkehrung ins Gegenteil. Eine Umkehrung zum anderen existiert nicht, da weder ein zweites Substantiv noch ein weiteres Pronomen enthalten ist. Und aus der Umkehrung zu mir selbst wird die Umkehrung zu »meine Gedanken«, die in diesem Fall lautet: »Meine Gedanken sind alt« oder »In meinen Gedanken bin ich alt«.

Ich-Sätze

Auch Sätze über uns selbst können wir untersuchen. Die Zahl der möglichen Umkehrungen ist dann meist auf die Umkehrung ins Gegenteil begrenzt. Gut zu wissen, dass diese Umkehrung *immer* existiert. Es gibt keine Aussage, die man nicht ins Gegenteil umkehren könnte. Aus dem Satz »Ich bin zu langsam« wird die Umkehrung ins Gegenteil: »Ich bin nicht zu langsam« und/oder »Ich bin zu schnell«.

Was ich häufig beobachte, ist, dass bei Ich-Sätzen ebenfalls die Umkehrung zu »meine Gedanken« verwendet wird. Diese würde hier lauten: »Meine Gedanken sind zu langsam« und/oder »Ich bin zu langsam in meinen Gedanken«. Soweit ich es beurteilen kann, kommt diese Anregung nicht von Byron Katie. Andererseits ist es Byron Katie sehr wichtig, dass es mehr auf die Praxis und weniger auf die Theorie ankommt. Mit anderen Worten: Es ist sinnvoll, wenn es funktioniert. Probieren Sie es also aus, sammeln Sie am besten Ihre eigenen Erfahrungen damit. Für mich war diese Form der Umkehrung schon häufig nützlich, und ich kenne viele, denen es ganz ähnlich geht.

»Ich freue mich darauf …«

Der Vollständigkeit halber möchte ich auch noch einmal die Umkehrungen zum Punkt 6 des Arbeitsblattes »Urteile über deinen Nächsten« erwähnen. Hier bilden wir die Umkehrungen, indem wir den ersten Teil des Satzes verändern. Aus »Ich will nie wieder erleben …« wird im ersten Schritt »Ich bin bereit, wieder zu erleben …« und im zweiten Schritt »Ich freue mich darauf, wieder zu erleben …«.

In Bezug auf den Beispielsatz »Ich will nie wieder erleben, dass er mich anlügt!« würde die erste Umkehrung lauten: »Ich bin bereit, wieder zu erleben, dass er mich anlügt!«, und die zweite hieße »Ich freue mich darauf, wieder zu erleben, dass er mich anlügt!«.

Finden Sie heraus, während Sie auf der Suche nach Beispielen sind, welche Gründe es gibt, »bereit zu sein« oder

»sich zu freuen« auf etwas, das Sie zuvor nie wieder erleben wollten. In diesem Fall: Welchen Grund können Sie finden, sich darauf zu freuen, wieder angelogen zu werden? Und wie wäre das Wieder-angelogen-Werden ein Zeichen für ein Universum, das freundlich ist? Freundlich zu Ihnen und zu Ihrem Gegenüber?

Sätze mit »müssen« und »sollen«

Wenn der Ursprungssatz das Verb »müssen« enthält, können Sie bei den Umkehrungen »brauchen« und »dürfen« ins Spiel bringen.

Beispielsatz: »Ich muss pünktlich sein.«

Die Umkehrung ins Gegenteil lautet: »Ich muss nicht pünktlich sein.« (Oder auch: »Ich muss unpünktlich sein.«) Da es sich um einen Ich-Satz handelt, gibt es weder eine Umkehrung zu mir selbst noch zum anderen.

Allerdings sind die beiden Sätze »Ich brauche nicht pünktlich zu sein« und »Ich darf pünktlich sein« ebenfalls eine nähere Betrachtung und drei Beispiele wert, auch wenn es sich nicht im wörtlichen Sinne um Umkehrungen handelt.

Ganz ähnlich ist es, wenn der Satz das Verb »sollen« enthält.

Beispielsatz: »Ich sollte aufpassen.«

Die Umkehrung ins Gegenteil lautet dann: »Ich sollte nicht aufpassen.« Auch hier entfallen die Umkehrungen zu mir selbst und zum anderen, da es sich um einen Ich-Satz handelt. Stattdessen ist womöglich »Ich darf aufpassen« eine nähere Betrachtung wert.

Insgesamt gilt: Je mehr Erfahrung Sie sammeln, desto leichter wird es Ihnen fallen zu entscheiden, welche Aussage eine Umkehrung ist und welche nicht. Und wenn es doch einmal schwierig ist, können Sie sich an der folgenden Faustregel orientieren: Jede Umkehrung unterstützt Sie dabei, neue Einsichten zu gewinnen. Sie weist Sie auf »blinde Flecken« hin und ist aus diesem Grund auch nicht immer mit ausschließlich angenehmen Gefühlen verbunden. Manchmal schmerzt eine solche Erkenntnis im ersten Moment. Sollte eine Aussage Sie hingegen in Ihrer ursprünglichen Überzeugung bestätigen, handelt es sich mit ziemlicher Sicherheit nicht um eine Umkehrung.

Worken ohne Absicht und ohne Ziel

Zum Abschluss dieses Kapitels möchte ich noch einmal auf einen Punkt zurückkommen, auf den ich Sie schon bei der Einführung des Arbeitsblattes »Urteile über deinen Nächsten« kurz hingewiesen habe. Wenn etwas beim Worken nicht zu funktionieren scheint, können Sie sich immer die Frage stellen, ob Sie gerade eine Absicht oder ein Ziel verfolgen. Eine Absicht kann zum Beispiel sein, dass es Ihnen selbst oder jemand anderem besser gehen soll. Oder vielleicht haben Sie das Ziel, jemand anders möge etwas Bestimmtes doch endlich zur Kenntnis nehmen oder Sie auf eine bestimmte Weise behandeln. Wenn die Antwort also Ja lautet, dann denken Sie daran, dass Sie sich damit gerade selbst im Weg stehen. So selbstverständlich es auf der einen Seite erscheinen mag, dass Worken das Ziel hat, weniger Stress zu haben oder unter bestimmten Gedanken nicht mehr zu leiden, so gilt auf der anderen Seite, dass es genau die Absichten und Ziele sind, die meinen ehrlichen Antworten im Weg stehen. Und genau diese ehrlichen Antworten sind es ja, um die es bei The Work geht. Tun Sie also Ihr Bestes, Absichten und Ziele loszulassen, wenn Sie Ihre Gedanken zu Papier bringen oder wenn Sie diese untersuchen. Erinnern Sie sich daran, dass Sie auf dem Weg sind, Ihre eigene Wahrheit kennenzulernen und dass es erst im zweiten Schritt um die Veränderung geht, die sich daraus ergibt.

»Byron Katie ist eine der wahrhaft großen und inspirierenden Lehrerinnen unserer Zeit. Sie hat mir persönlich enorm geholfen. Ich liebe diese weise Frau.«

Dr. Wayne W. Dyer

»The Work ist ein großer Segen für unseren Planeten. Die Ursache, die all unserem Leiden zugrunde liegt, ist unsere Identifikation mit unseren Gedanken, den ›Geschichten‹, die andauernd in unserem Verstand kreisen. The Work wirkt wie ein rasierklingenscharfes Schwert, das diese Illusion durchtrennt und uns ermöglicht, die zeitlose Essenz unseres Wesens zu erfahren. Nun können Freude, Friede und Liebe unserem natürlichen Zustand entströmen.«

Eckhart Tolle

10. Byron Katie, The Work und gute Aussichten

Wie ich Ihnen, liebe Leserin, lieber Leser, ja bereits zu Beginn des Buches erzählt habe, erlebte ich Byron Katie im Sommer 2004 zum ersten Mal live. Mein persönliches Interesse daran habe ich Ihnen ja ebenfalls schon geschildert. Es gab allerdings noch ein zweites Motiv: Aufgrund meiner Tätigkeit als Kommunikationstrainer mit dem Schwerpunktthema »Persönliche Entwicklung« war ich sehr interessiert an Menschen, die zu diesem Thema etwas beizutragen hatten. Und der Name Byron Katie tauchte in dieser Zeit und in diesem Zusammenhang immer häufiger auf. So buchte ich für Juli 2004 gleich zwei Wochenendseminare. Für das erste flog ich nach London, und das zweite fand am darauffolgenden Wochenende in Amsterdam statt. Das Wochenende in London wollte ich für meine persönlichen Themen nutzen, das Seminar in Amsterdam wollte ich eher aus der Trainingsperspektive erleben. Ich wollte genau hinschauen, wie Katie ihre Veranstaltungen aufbaut, wie sie die Übungen anleitet und den Rahmen schafft, der bei Veranstaltungen dieser Größe so wichtig ist. Damals nahmen an den Wochenendseminaren etwa 80 bis 150 Personen teil, und zu den kostenlosen mehrstündigen und öffentlichen Veranstaltungen kamen auch schon einmal mehrere Hundert Menschen.

Für mich kam es anders als geplant, und das begann gleich in den ersten Minuten in London. Katie kam auf die Bühne, nahm schweigend und völlig entspannt Platz, und es wurde ein ruhiger, meditativer Song von Deva Premal gespielt. Danach öffnete Katie ihre Augen, warf einen Blick in die Runde, identifizierte lächelnd das eine oder andere bekannte Gesicht und begann mit dem Seminar. Sie sprach zu der großen Gruppe, die sie hin und wieder als »Family« bezeichnete, als säße sie in ihrem Lieblingssessel in ihrem Wohnzimmer und zwei oder drei Freunde hätten auf ihrer Couch Platz genommen. Ich hatte mit einem großen Auftritt gerechnet. Diese Natürlichkeit und Selbstverständlichkeit kamen überraschend und faszinierten mich. Konnte es sein, dass diese Frau weder nervös oder aufgeregt war, noch in irgendeiner Form »der Star« sein wollte?

Zwei Tage lang zog mich die Intensität der einzelnen Prozesse in ihren Bann. Heute, zehn Jahre später, können Sie übrigens ähnliche Erfahrungen mit Katie sammeln, ohne dafür eine Reise oder Seminarkosten in Kauf nehmen zu müssen. Auf thework.com und auf YouTube gibt es viele Videos, die zeigen, wie Byron Katie live mit Teilnehmern arbeitet, und ungefähr einmal im Monat gibt es aus Ojai, Katies derzeitigem Wohnort in Kalifornien, eine Live-Übertragung ins Internet. Natürlich haben Sie Recht, wenn Sie nun einwenden, dass es noch etwas anderes ist, die Stimmung in einer Gruppe gemeinsam und live zu erleben. Mich ließ die Faszination an diesem Wochenende in London in der Tat bis zur letzten Minute nicht mehr los.

Es folgte eine fünftägige Wartezeit bis zum Start des zweiten Seminars in Amsterdam, die ich beinahe ausschließlich allein und mit Worken verbrachte. Als es in Amsterdam losging, hatte ich völlig vergessen, dass ich ja eigentlich vor allem »beobachten« wollte.

Mein Freund und Kollege Sascha, den Sie inzwischen auch schon ein wenig kennengelernt haben, kam ebenfalls zu diesem Seminar dazu. Am Abend zuvor hatte er mich noch angerufen. Es ging ihm körperlich nicht gut, und er überlegte, seine Teilnahme kurzfristig abzusagen. Meine Begeisterung sprang allerdings in unserem Gespräch über, und so entschied er sich, doch zu kommen. Als ich ihn vom Bahnhof abholte, konnte ich ihm ansehen, wie schlecht er sich fühlte. Ein Krankheitsfall in seiner Familie bereitete ihm Sorgen, und er hätte das Wochenende gut gebrauchen können, um diesbezüglich einiges auf den Weg zu bringen. Stattdessen nahm er sich nun praktisch eine Auszeit und saß gemeinsam mit mir in einem Seminar.

Und so erging es uns beiden gemeinsam so wie mir zuvor in London. Wir hielten uns für Profis beim Thema »Veränderung von Glaubenssätzen«, und dennoch oder vielleicht auch gerade deswegen machten uns die schnellen, sichtbaren Veränderungen der Menschen, mit denen Katie arbeitete, sprachlos.

Als wir am Sonntagabend gemeinsam im Zug nach Berlin saßen, kam uns die in Coachings häufig gestellte Frage in den Sinn: »Wie zufrieden bin ich gerade auf einer Skala von 1 bis 100?«

Und sowohl Saschas als auch meine Antwort lautete ohne zu zögern: »100.« Wir hatten das Gefühl, auf etwas Besonderes gestoßen zu sein, das unser Leben verändern würde, und wir hatten ja keine Ahnung, wie richtig wir damit lagen.

Vielen Menschen, die The Work kennenlernen, geht es am Anfang ganz ähnlich. Es ist, als bräche eine große Freude in uns aus, als würde eine tiefe Wahrheit oder ein tiefes Verstehen in uns angerührt oder angesprochen und als hätten wir schon lange auf diese Kontaktaufnahme gewartet.

Mich erinnert es manchmal an den Moment, in dem ich plötzlich allein, ohne Stützräder und ohne die Hilfe meines Vaters, Fahrrad fahren konnte. Ich kann noch heute das Glücksgefühl in mir spüren, das ich hatte, als ich bemerkte, dass seine Hand auf meinem Rücken mich nicht mehr führte, dass ich immer schneller wurde und keine Gefahr mehr bestand, zur Seite zu kippen. Wie ich immer schneller wurde, sodass er gar nicht mehr mithalten konnte.

Und in Amsterdam war es mein Verstand, mein Denken, das etwas Wesentliches lernte. Für einen Moment hatte ich die glasklare Einsicht, dass jede Umkehrung eines Gedankens ebenfalls wahr ist, dass es keine Bedrohung ist, Beispiele zu finden, sondern der Beginn von Weisheit, die sich in mir ausbreitet, und dass ich mir und meiner Umgebung einen Gefallen tue, wenn ich dies zulasse. Ich verstand, dass sogar im Schlimmsten, was passieren kann, immer ein Geschenk verborgen ist, und noch viel besser: dass gar nichts wirklich Schlimmes passieren kann – außer in meinen Gedanken. Und bei Sascha war es ganz offensichtlich. Die gesundheitlichen Themen hatten sich ja über das Wochenende nicht verändert. Stattdessen war nun sonnenklar, dass es sich dabei einfach um Zustände handelte, die so waren, wie sie waren. Und dass allein dies noch kein Problem darstellte.

Auf dieser Rückfahrt nach Berlin war ich unendlich froh, dass Byron Katie meine spontane Einladung zu einer Veranstaltung in Berlin im Sommer 2005 angenommen hatte. So hielt The Work in diesem Jahr nicht nur in meinem Leben, sondern auch in unser Institut Einzug.

Je näher der Veranstaltungstermin in Berlin rückte, desto mehr freute ich mich darauf, Byron Katie erneut persönlich zu erleben. Ich war gespannt, ob die Ruhe und Ausgeglichenheit, die ich von ihr auf der Bühne kannte, auch das Geschehen hinter der Bühne bestimmen würden. Und die Antwort auf diese Frage hätte nicht eindeutiger ausfallen können. Was ich erlebte, waren aus meiner Sicht pure Authentizität und Integrität. Und gerne gestehe ich ein, dass diese Erfahrung mich zum Fan machte. Zum Fan von The Work und auch von Byron Katie persönlich. Sie wurde für mich zu einer Leitfigur, zu einem Modell. Von ihrer Klarheit und Weisheit konnte ich in jeder Sekunde lernen. Ich wollte sie fortan unterstützen, The Work auf diesem Planeten zu verbreiten.

Einige Jahre später hatte ich dazu mal wieder neue, ganz konkrete Ideen und einen ausgeklügelten Vorschlag, den ich an Katie herantragen wollte. Ich hatte eigens eine umfassende Präsentation vorbereitet, um meine Ideen anschaulicher zu machen. In dieser Präsentation spielte auch ein Sternchen eine Rolle. Es stand für Katie, die ich in dem Zusammenhang als »Source«, die Quelle, bezeichnete. Unser Meeting endete bereits nach zwei Sätzen. »It won´t work until source is here, here and here.« Es wird nicht funktionieren, bis die Quelle hier, hier und hier ist, sagte Katie, während sie auf all die Menschen zeigte, die in meiner Präsentation ebenfalls eine Rolle spielten.

Mir hat das geholfen zu verstehen, dass Katie keine Leitfigur sein möchte. Auch an Fans ist ihr nicht gelegen. Leitfigur ist sie nur für diejenigen, die dies in ihr sehen wollen, oder die – wie ich in diesen Jahren – eine brauchen.

Heute sehe ich eher, dass Byron Katie ihr Leben der Aufgabe gewidmet hat, dass jeder sich selbst als die Quelle erleben kann, die er ist. Und das funktioniert immer besser, je mehr Zugang wir zu den Gedanken haben, die wir glauben und die wir beginnen zu untersuchen. So versetzen wir uns selbst immer mehr in die Lage zu erkennen, dass niemand auf der Welt uns verletzen kann, außer wir selbst. Dass niemand uns dazu zwingen kann, etwas zu tun, das wir nicht möchten, und dass wir weder Angst noch Druck brauchen, um unser Leben in die gewünschte Richtung zu lenken. Das Einzige, was uns davon abhält, glücklich zu sein, ist immer nur ein Gedanke. Und die Weisheit, dies zu erkennen, ist in uns allen gleichmäßig verteilt. Wir sind alle gleich weise, wenn wir denn auf unsere eigene innere Weisheit hören. Aus diesem Grund hat Katie auch keine Antworten parat. Sie hat etwas Besseres, nämlich die Fragen. Und mit diesen Fragen tourt Byron Katie nach wie vor um die ganze Welt. Sie bietet überall, wohin sie eingeladen wird, öffentliche Veranstaltungen an. Auf Abendveranstaltungen und ein- bis zweitägigen Workshops begleitet sie Teilnehmerinnen und Teilnehmer dann durch ihre The-Work-Prozesse und beantwortet Fragen zur Methode. Im Sommer kommt sie meist auch nach Europa und bietet neben öffentlichen Veranstaltungen die »School for The Work« (kurz: die School) an. Die School bietet einen wunderbaren Rahmen, sich neun Tage lang intensiv mit den eigenen stressvollen Überzeugungen zu allen denkbaren Themen auseinanderzusetzen. Vorkenntnisse sind dazu nicht erforderlich, Sie sollten allerdings die Offenheit und das Interesse mitbringen, sich ganz auf Ihren persönlichen Prozess einzulassen.

The Work früher und heute

The Work hat sich seit ihrer Entstehung immer wieder verändert und weiterentwickelt. An dem Morgen, an dem Byron Katie in der Therapieeinrichtung aufwachte mit dem Bewusstsein, dass sie zuvor nicht an der Realität, sondern an ihren Gedanken darüber gelitten hatte, war da zunächst einmal Stille. Staunen. In der Zeit darauf erlebte sie sehr bewusst, wie einzelne der Gedanken, die sie alle bereits kannte, sie erneut »besuchten«. Sie war sich bewusst, dass keiner dieser Gedanken wirklich wahr war, und sie erlebte, wie sie reagiert hatte, solange sie die Gedanken geglaubt hatte, und wie es nun war, wo diese Gedanken einfach Gedanken waren, die sie zwar denken, aber nicht mehr glauben konnte. Ihr wurde klar, dass die Umkehrungen zu jedem Zeitpunkt ihres Lebens wahrer gewesen waren, ohne dass sie das zu dem damaligen Zeitpunkt hätte erkennen können. So entstanden die vier Fragen.

Und aus den Fragen und den Antworten, die sie fand, entstand ein neues Leben. Die nächsten Jahre ging es für Byron Katie hauptsächlich darum, ihren eigenen Gedanken mit Verständnis zu begegnen und einen nach dem anderen zu untersuchen. Und dann begann sie, anderen Menschen ebenfalls diese Fragen zu stellen. Die Veränderungen im Leben der Menschen, die Katie durch die Fragen begleitete, sprachen sich schnell herum, zunächst lokal und dann in immer weiteren Kreisen. Katie reagierte auf die ersten Einladungen und hielt Vorträge, woraufhin weitere Einladungen folgten. Im Sommer 1995 besuchte sie zum ersten Mal Europa.

Aus der Begleitung der Menschen, die zu ihr kamen, entwickelte sie das Arbeitsblatt »Urteile über deinen Nächsten«. Die Formulierungen wurden hin und wieder ein wenig geändert, doch im Prinzip ist das Arbeitsblatt bis heute gleich geblieben.

Ende der 1990er-Jahre lernte Katie den bekannten Autor Stephen Mitchell kennen, mit dem sie inzwischen verheiratet ist. Stephen ist manchmal Katies »Übersetzer«, der ihr hilft, für ihre Erfahrungen die richtigen Worte zu finden, die andere Menschen verstehen. So entstand das erste Buch *Lieben was ist.*[26] Doch auch danach hat sich The Work weiterentwickelt und verändert. Man könnte auch sagen, The Work ist immer präziser geworden. Am besten kann man dies nachverfolgen, wenn man sich die verschiedenen Versionen des »kleinen Büchleins« anschaut, das Byron Katie auf ihren Ver-

26 Byron Katie/Stephen Mitchell: *Lieben was ist. Wie vier Fragen Ihr Leben verändern können,* München (Arkana) 2002

anstaltungen verteilt und das man auf ihrer Website kostenlos herunterladen kann. Zunächst war es ein Auszug aus *Lieben was ist*, später hat sie diesen Kurztext gemeinsam mit Stephen ständig weiterentwickelt. Anfangs ging es nur darum zu schauen, ob die Umkehrungen auch wahr sind. Später wurde dieser Teil durch die Einladung ergänzt, konkrete, spezifische Beispiele zu finden.

Aus meiner Sicht wirkt The Work durch das Finden konkreter Beispiele noch nachhaltiger. Die Erkenntnis, dass eine Umkehrung auch wahr ist, bleibt bestehen, wenn ich mir im Moment des Workens deutlich vor Augen führe, welche Begründungen (Beispiele) ich für eine Aussage finden kann. Sämtliche Beispiele, die ich finden kann, kommen in Form innerer Bilder und Vorstellungen daher und verankern diese Aussage in meinem Verstand. Wenn ich ein Beispiel gefunden habe, fällt mir noch ein zweites ein, dann noch ein drittes, und mit diesem dritten Beispiel steht die Tür zur Unendlichkeit offen. Wenn ich schon drei Beispiele gefunden habe, kann ich mit ziemlicher Sicherheit davon ausgehen, dass es noch mehr Beispiele gibt und ich diese finden würde, wenn ich mir die Zeit dafür gebe. Ich kann die Aussage abhaken, weil ich innerlich weiß, dass sie stimmt. Die Suche nach drei Beispielen hilft mir dabei, meine Work gründlich zu machen, keine Umkehrungen zu übergehen, nichts Wesentliches zu übersehen und so für eine gewisse Nachhaltigkeit zu sorgen.

So wurden die »drei Beispiele« aufgenommen in das Rezept für die Durchführung einer Work. Und je komplexer die Vorgehensweise wird, desto größer wird die Gefahr, dass ein Dogmatismus entsteht. Daher finde ich es hilfreich, mich hin und wieder daran zu erinnern, dass The Work auch ohne die drei Beispiele für jede Umkehrung funktioniert. Ganz einfach, weil sie ja vorher auch schon funktioniert hat. Und manchmal ist es so, dass die Wahrheit einer Umkehrung mich ganz plötzlich trifft. Dann *weiß* ich mit einem Mal, auf einen Schlag, dass sie wahr ist. Dann geht es nicht unbedingt darum, unter allen Umständen nach einem weiteren Beispiel zu suchen. In diesem Fall ist es eher unnötig oder überflüssig – ganz einfach nicht hilfreich oder vielleicht sogar unpassend, weil es mich abhält von der Einsicht, die gerade von ganz allein passiert.

Ähnlich verhielt es sich mit dem Arbeitsblatt »Urteile über deinen Nächsten«. Als ich The Work und das Arbeitsblatt kennenlernte, schrieb man alles auf, was einem einfiel. Meist versuchte ich, so viel wie möglich auf einem Blatt unterzubringen. Niemand kam damals auf die Idee, das Arbeitsblatt überlegt zu schreiben, eher ließ man so richtig alles aus sich raus. Roxann, Katies Tochter, machte dann den Vorschlag, den Fokus beim Schreiben und Untersuchen eines Arbeitsblattes auf eine ganz bestimmte Situation zu richten, und Katie griff diesen Vorschlag im Frühjahr 2012 auf. Während viele denken oder sagen, das sei nun »neu« bei The Work – weil man es zum Beispiel in Katies Standardwerk *Lieben was ist* gar nicht findet –, betont Katie gerne, dass es für sie eher ein »back to the roots«, ein »Zurück zu den Anfängen« sei. Aus ihrer Sicht sei The Work immer auf eine Situation ausgerichtet gewesen, und das habe sich auch nicht verändert.

Das Schöne ist, dass beides funktioniert. Ich habe unendlich von meinen ersten Arbeitsblättern profitiert und genieße nun trotzdem, sehr spezifisch auf eine Situation ausgerichtete Arbeitsblätter zu schreiben.

Zeitlich ging die Fokussierung auf die Situation übrigens mit der Betonung der »gelebten Umkehrungen« einher, die ich Ihnen im Kapitel »Meilensteine« vorgestellt habe.

The Work ist also weder statisch noch lässt sie sich in eine Schablone pressen. Sie hat sich in den letzten Jahren weiterentwickelt und wird das vermutlich auch zukünftig tun. Ähnliches gilt für die Verbreitung von The Work. Immer mehr Menschen wenden The Work für sich persönlich an oder tragen dazu bei, dass andere diese Fragen und Umkehrungen kennenlernen. 2007 gründete Byron Katie das »Institute for The Work«, kurz ITW, das weltweit viele Hundert Mitglieder, sogenannte Begleiter, ausbildet und zertifiziert. Seit 2009 gibt es zudem den Verband für The Work of Byron Katie (vtw), der sich zum Ziel gesetzt hat, The Work im deutschsprachigen Raum zu verbreiten.

Gute Aussichten!

Wenn Sie mir bis hierher gefolgt sind, haben Sie nicht nur hinderliche Auffassungen über das Wesen von Beziehungsproblemen beseitigt. Sie haben außerdem erfahren, wie Sie Ihre stressvollen Gedanken über Ihren Partner beziehungsweise Ihre Partnerin und über sich selbst sowie über Themen wie Beziehung und Sexualität identifizieren und untersuchen können. Darüber hinaus ging es um die Befürchtungen, die auftreten können, wenn wir vergangene Ereignisse noch nicht zu 100 Prozent verarbeitet haben, und darum, was Sie tun können, damit diese Ereignisse immer weniger Ihr Leben bestimmen. Sie haben erkannt, dass Sie nicht davon abhängig sind, ob Ihr Partner diese neue Sichtweise mit Ihnen teilt. Sie haben erste Schritte gemacht, The Work für sich auszuprobieren, und sind vorbereitet auf Schwierigkeiten, die dabei auftreten können. Mit anderen Worten: Sie haben einen ausführlichen Einblick in den Weg bekommen, den es zu beschreiten gilt, wenn Sie sich aufmachen wollen zu den neuen Ufern einer glücklichen Beziehung.

Wenn Sie es also bis hierher geschafft haben, dann wissen Sie nun sehr genau, an welcher Stelle Sie stehen und wie Sie herausfinden aus dem Dickicht, als das eine Beziehung sich manchmal darstellt. Sie sind in der Lage, hinauszutreten auf eine wunderschöne Lichtung mit der allerbesten Aussicht, die sich einstellt, sobald wir überkommene Überzeugungen loslassen.

Was Sie nun brauchen, ist vor allem der Wille, diesen Weg auch wirklich zu beschreiten. Und der stellt sich ein, sobald Sie die Verantwortung dafür übernehmen, zum jetzigen Zeitpunkt an dem Ort zu sein, an dem Sie sich befinden!

Ich hoffe sehr, Sie verstehen das richtig: Es liegt mir fern zu behaupten, dass Sie die Verantwortung »haben«. Ich lade Sie lediglich ein, die Verantwortung jetzt zu übernehmen. Ich halte es für eine sehr hilfreiche Herangehensweise, davon auszugehen, dass Sie völlig unschuldig an diesen Ort geraten sind. Halten Sie sich, wenn möglich, gar nicht mit Gedanken darüber auf, wie das passieren konnte oder wie unfair das ist. Mit diesen Gedanken würden Sie sich erneut selbst zum Opfer machen. Und das wiederum führt dazu, dass Sie sich klein fühlen oder ohnmächtig und dass Sie sich weiter mit dem Elend und der Ungerechtigkeit in der Welt beschäftigen. Sie können dieses Spiel lange Zeit betreiben.

Sie können immer weitere Gründe finden, Sie werden immer wieder Menschen finden, die Ihnen zustimmen, die Sie verstehen können, die Ihnen zur Seite stehen … und Sie bleiben das arme Opfer, das sich nun einmal in dieser Misere befindet, in der es steckt! Vergessen Sie für den Moment, was Sie womöglich gehört haben über Karma oder höhere Bestimmung. Wenn Sie Ihre Zeit im Dickicht des Waldes verbringen möchten, mit guten Gründen und Erklärungen, warum ausgerechnet Sie sich dort befinden, dann hilft es Ihnen weiter. Wenn Sie hinaus auf die Lichtung wollen, nicht!

Wenn die gute Aussicht auf der Lichtung Sie reizt, dann empfehle ich Ihnen, jetzt die Verantwortung für Ihren Standort zu übernehmen. Übernehmen Sie bedingungslos die Verantwortung dafür, dass Sie nun einmal stehen, wo Sie stehen. Lassen Sie Erklärungen und Schuldzuweisungen hinter sich. Befassen Sie sich damit, Ihren Rucksack für die Reise zu packen – mit Stift und Papier –, und machen Sie sich auf den Weg. Lernen Sie, immer selbstverständlicher und automatischer Ihre Gedanken zu beobachten, aufzuschreiben und zu untersuchen. Wie eingangs erwähnt, denken wir zwar viele, womöglich Zigtausend Gedanken am Tag. Doch die gute Nachricht ist, dass viele davon jeden Tag die gleichen sind. Und somit sind auch die meisten der stressvollen Gedanken die gleichen. Sie kommen sozusagen wieder, bis Sie verstanden haben, welche Information, welches Geschenk für Sie darin enthalten ist. Und stellen Sie sich nun einmal vor, Sie würden jeden Tag mindestens einen dieser Gedanken untersuchen. Mich erinnert das an meine ersten Kommunikationsseminare. Wenn einem eine Aufgabe zu groß erschien, dann kam eine Frage, die mir zwar einerseits etwas befremdlich erschien, andererseits ihre Wirkung aber selten verfehlte: Wie verspeist man einen Elefanten? Die Antwort lautet: Stück für Stück. Und das bedeutet eben auf The Work bezogen: Satz für Satz.

Ich kann und möchte Ihnen nichts versprechen. Aber ich kann Ihnen von ganzem Herzen empfehlen, für sich allein herauszufinden, wie gut das funktioniert. Es funktioniert für mich bis heute, und es funktioniert für viele, viele Menschen, die ich rund um The Work in den letzten Jahren kennenlernen durfte.

Wenn Sie Satz für Satz Ihre stressvollen, belastenden Überzeugungen untersuchen, wird Sie das verändern. Es bedeutet zunächst »Arbeit«, man könnte es aber auch als Investition betrachten. Die Richtung, in die Sie sich dabei verändern, legen Sie weder selbst fest noch können Sie sie bestimmen. »Es verändert Sie« ist vielleicht passender als »Sie verändern sich«. Oft werden Sie sich als Zeuge dieser Veränderung erleben, zum Beispiel, wenn Sie sich in einer Situation, die Ihnen bekannt vorkommt, anders verhalten, als Sie es von sich gewohnt sind. Nicht nur Sie werden dann womöglich staunen, sondern auch Ihr Partner/Ihre Partnerin oder andere Menschen, die daran beteiligt beziehungsweise davon betroffen sind. Sie können dann vielleicht nicht einmal erklären, warum und wieso Sie auf einmal das tun, was Sie tun. Aber es wird sich richtig, stimmig und auf eine angenehme Weise reif, weise und erwachsen anfühlen.

Intensität anstelle von Drama

Und was zunächst vor allem in ruhigen, ungestörten Situationen am leichtesten ist und als Nächstes vielleicht in einer vollen U-Bahn-Station funktioniert, gelingt mit zunehmender Übung und mit der Zeit schließlich immer häufiger selbst im »Auge des Sturms«. Ihr Partner beziehungsweise Ihre Partnerin tut oder sagt etwas, das Sie bisher zur Weißglut gebracht hat, und Sie erleben sich selbst, wie Sie auf einmal anders reagieren. Dieses Mal nehmen Sie den Gedanken wahr, der in Ihnen auftaucht, zum Beispiel: »Er/Sie nimmt mich nicht ernst.« Sie erkennen, dass dieser Gedanke in vergleichbaren Situationen so stark in Ihnen gewesen ist, so wahr, dass Sie nicht einmal in der Lage waren, ihn zu bemerken. Sie erkennen, wie Sie ihn ganz automatisch ausagiert, gelebt haben, ohne darauf Einfluss nehmen zu können. Es ist einfach passiert, ohne Ihr Zutun, ohne eine Entscheidung, ohne dass Sie eine »Chance hatten«, es anders zu machen. Sie sehen, wie Sie ausgeteilt oder sich zum Opfer gemacht haben, wie Sie sich selbst oder dem anderen die Schuld gegeben haben für etwas, das einfach passiert.

Und während Sie dies beobachten, entsteht Bewusstheit. Bewusstheit um diese Zusammenhänge, die mich tief in mir spüren lässt, dass das Drama zu Ende geht. An seine Stelle tritt tiefe Dankbarkeit. Mir sind oftmals einfach so die Tränen gelaufen, ohne dass ich hätte sagen können, woher sie kamen.

Wenn Sie dem Drama ein wenig nachtrauern, dann liegt dies vermutlich daran, dass Sie Drama mit einer Intensität verwechseln, die Sie bisher vielleicht nicht auf eine andere Weise in Ihrer Beziehung gefunden haben. Vielleicht befürchten Sie auch, ohne Ihre Dramen etwas zu verlieren – oder Sie glauben, Dramen gehörten nun einmal zu einer guten Beziehung dazu. Je mehr diese Dramen selbstverständlicher Bestandteil Ihrer Beziehung sind, desto weniger Raum ist da für wirkliche Intensität. Intensität entsteht durch die Abwesenheit von Störungen. Und ein Drama ist eine Störung. Vertrauen Sie darauf, dass es zunächst vielleicht ein wenig ruhiger wird, wenn die Dramen nachlassen. Vertrauen Sie darauf, dass anschließend Intensität entsteht und dass Sie diese nicht mehr missen möchten, geschweige denn eintauschen würden gegen diese »Vorform« von Intensität, die wir als Drama kennengelernt haben.

Die Dankbarkeit bleibt für eine Weile, und dann gibt es plötzlich wieder ein Drama. Es ist weder statisch noch entwickelt es sich vorhersehbar in eine bestimmte Richtung. Es ist eher ein Pulsieren, ein Sich-Öffnen und -Schließen, das nicht unserer Kontrolle unterliegt.

Dass Sie die Dramen nicht einfach beenden können, wie Sie möchten, ist klar. Solange Sie glauben, was Sie glauben, werden die gleichen Dramen weiter existieren. Mit jeder einschränkenden Überzeugung, die Sie auf den Prüfstand stellen, wird tendenziell das Maß an Dramen in Ihrer Beziehung abnehmen. Sie werden feststellen, dass Dramen immer weniger zu einem weisen Verstand passen, der sich im Laufe der Zeit mehr und mehr zeigen wird.

Zum Abschluss möchte ich daher das Wort an Byron Katie und Stephen Mitchell abgeben, die Sie mitnehmen werden auf den nächsten Abschnitt der Reise. Schauen wir uns einmal an, was Ihnen womöglich bevorsteht, wenn Sie bereits ein Stück weiter auf diesem Weg vorangekommen sind –

einerseits, um Ihnen die Mühe ein wenig schmackhaft zu machen, andererseits, um Ihnen zu verdeutlichen, worauf Sie sich einlassen. Denn eines steht fest: Wenn Sie The Work in Ihr Leben integrieren, werden Sie nicht mehr derselbe Mensch sein.

»Das deutlichste Anzeichen von Weisheit ist anhaltende gute Laune!«

Michel de Montaigne

Nachwort von Byron Katie

Ich hoffe, dass Sie nach dem Lesen dieses Buches die einfache Wahrheit verstanden haben, wie Sie in Ihrer Beziehung glücklich sein können. Diese lässt sich auf mehrere Arten zusammenfassen. Hierzu ein paar Beispiele:

- Das, wonach Sie suchen, können Sie niemals von außen bekommen.
- Seien Sie gewiss, dass keines der vermeintlichen Probleme in Ihrer Partnerschaft mit Ihrem Partner zu tun hat. Es sind Ihre eigenen Gedanken, die Ihr Problem verursachen. Die Lösung liegt allein bei Ihnen.
- Sobald Sie mit der Überprüfung Ihrer Gedanken beginnen, sind Ihre Partner – seien sie lebendig, tot oder geschieden – stets Ihre größten Lehrer. Es gibt keine Fehler an der Person, mit der Sie zusammen sind; er oder sie ist der perfekte Lehrer für Sie, ob die Beziehung nun funktioniert oder nicht. Wenn Sie mit der Untersuchung begin-

nen, werden Sie dies ganz klar erkennen. Es gibt niemals einen Fehler im Universum. Wenn Ihr Partner also wütend ist, gut so. Wenn es Dinge an ihm gibt, die Sie als Makel wahrnehmen, gut, denn diese Makel sind Ihre eigenen. Sie projizieren sie auf Ihren Partner, und Sie können sie aufschreiben, untersuchen und sich selbst die Freiheit schenken. Manche Menschen reisen bis nach Indien, um ihren Guru zu finden, aber das müssen Sie nicht: Sie leben mit einem zusammen. Ihr Partner wird Ihnen alles geben, was Sie brauchen, um sich selbst die Freiheit zu schenken.
- Ihr Partner ist Ihr Spiegel. Er ist der, für den Sie ihn halten, und kann niemals mehr oder weniger sein als das. Sie sollten sich nicht über ihn ärgern. Sie können sich nur über die *Geschichte* ärgern, die Sie sich über ihn erzählen.
- Die romantische Liebe ist eine Geschichte, die uns erzählt, dass wir einen anderen Menschen brauchen, um vollständig zu sein. Diese Geschichte ist vollkommen verrückt. In Wirklichkeit brauchen Sie niemanden, um vollständig zu sein. Sie sind bereits vollkommen. Sobald Sie das erkannt haben, vervollständigt Sie jeder.

Wenn Sie Ihre belastenden Gedanken überprüfen, wird das Leben ganz einfach. Wenn Sie ein Problem mit Ihrem Partner haben, schreiben Sie Ihre Urteile auf ein »Urteile-über-deinen-Nächsten-Arbeitsblatt«. Überprüfen Sie jedes einzelne davon, kehren Sie es um, und führen Sie ein glückliches Leben. Bei Ihrem Problem geht es niemals um den anderen. Seine scheinbaren Schwächen existieren einzig und allein zu Ihrer Erhellung. Das ist eine sehr gute Nachricht. Der Schlüssel zu

Ihrem Glück liegt in Ihren Händen. Ihr Partner ist nicht dafür verantwortlich; er kann es gar nicht sein.

Mein Freund Ralf Giesen bat mich, an dieser Stelle etwas darüber zu sagen, wie es ist, in einer glücklichen Ehe zu leben. Für eine glückliche Ehe braucht man keine zwei Menschen; es reicht schon einer. Ich liebe meinen Mann von ganzem Herzen, weil ich alle meine Gedanken über ihn liebe. Ich bin 71 Jahre alt und immer noch entzückt, wenn ich morgens sein Gesicht sehe. Wenn er mich berührt, ist dies eine tiefgreifende Erfahrung für mich. Im Laufe des Tages besteht unser Miteinander aus einer ständigen Freude. Es gibt keine ungeprüften Gedanken über ihn, die sich dem in den Weg stellen könnten. Es ist ein ununterbrochener Strom des Liebens.

In Wahrheit bin ich nur mit der Wirklichkeit verheiratet. Ihr bin ich verpflichtet, im Guten wie im Schlechten (mit anderen Worten, im Guten wie im Guten). Ich kann mich nicht einem bestimmten Menschen verpflichten. Mein Mann würde auch nichts anderes wollen. Sie heiraten in erster Linie sich selbst, anders kann es keine wahre Ehe geben. Dies ist die einzig wahre Liebesgeschichte. Ich bin in mir selbst verheiratet, ich liebe mich selbst, und diese Liebe projiziere ich auf ihn. Ich liebe ihn ganz und gar, und er muss nicht einmal mitspielen. Hinter den Worten »Ich liebe dich« verbirgt sich kein Motiv. Wenn ich ein Problem mit ihm habe, habe ich zuallererst eines mit mir selbst.

Das Einzige, was die vollkommene Nähe zu Ihrem Partner verhindern kann, ist ein ungeprüfter Gedanke.